Karl Kälin/Peter Müri

Sich und andere führen

Man kann einen Menschen nichts
lehren.
Man kann ihm nur helfen, es in sich selbst
zu entdecken.

Galilei

Karl Kälin / Peter Müri

Sich und andere führen

Psychologie für Führungskräfte, Mitarbeiterinnen und Mitarbeiter

Mit Beiträgen von
Hans Bernhard, Karl Blöchliger, Rolf Fink, Ueli Frischknecht
und Eugen W. Schmid

Mit einem Vorwort von Prof. Dr. François Stoll,
Psychologisches Institut der Universität Zürich

Illustrationen: Bruno Peyer

CIP-Kurztitelaufnahme der Deutschen Bibliothek

Kälin, Karl:
Sich und andere führen: Psychologie für Führungskräfte, Mitarbeiterinnen und Mitarbeiter / Karl Kälin; Peter Müri. Mit Beitr. von Hans Bernhard ... Mit e. Vorw. von François Stoll. Ill.: Bruno Peyer.– 9., völlig überarbeitete Aufl. – Thun: Ott, 1996
ISBN 3-7225-6665-7
NE: Müri Peter:

Dieses Buch erscheint in französischer Sprache unter dem Titel:
«Se diriger soi-même et diriger les autres»,
Edition Cosmos SA, 3074 Muri près Berne.

ISBN 3-7225-6665-7
9. völlig neu überarbeitete Auflage 1996

Gesamtherstellung: Ott Verlag + Druck AG Thun
Lektorat: Sabine Reiner, Münster

Inhaltsverzeichnis

Vorwort zur 9. Auflage

Beim Erscheinen der ersten Auflage dieses Buches 1985 haben wir auf einen damals beobachtbaren Trend hingewiesen, der sich in den letzten zehn Jahren deutlich verstärkt hat: «Führungskräfte werden mehr und mehr zu Experten in Fragen der Veränderung von Organisationen. Die rasche Anpassung des Unternehmens an die beschleunigten Umfeldveränderungen setzen erhöhte Lern- und Veränderungsbereitschaft der Führungskräfte und Mitarbeitenden voraus». Veränderungsprojekte zeigen, dass besonders in den Bereichen Sozialkompetenz und Persönlichkeitsentwicklung in Zukunft höhere Anforderungen gestellt werden.

Es freut uns, dass dieses Buch nun bereits in der 9. Auflage erscheint und so etwas wie ein «Standardwerk» in der Aus- und Weiterbildung von Führungskräften und Mitarbeitenden geworden ist, insbesondere in der Entwicklung von Nachwuchskräften und Personen, die erstmals Führungsfunktionen übernehmen.

Nach wie vor sind wir überzeugt, dass echte Veränderungen bei uns selbst beginnen und dass Selbst-, Team- und Organisationsentwicklung voneinander abhängen und sich gegenseitig beeinflussen.

Wir benutzen die 9. Auflage, um einiges zu verbessern und zu ergänzen. Besonders die intensive Entwicklung des Neuro-Linguistischen Programmierens (NLP) in Organisationen hat uns veranlasst, das Kapitel 6 völlig neu zu schreiben.

Die Fragebogen zur Selbstanalyse, die in der Praxis breite Verwendung finden, haben wir nur minimal verändert, so dass die Auswertungsdaten (z. B. bei Langzeituntersuchungen) nach wie vor vergleichbar sind.

Das Literaturverzeichnis wurde ergänzt sowie einige Cartoons von Bruno Peyer neu gestaltet.

Härtere Wettbewerbsbedingungen fordern die Unternehmen heute besonders heraus. Allerdings kann die Lösung nicht allein in Restruktrierungs- und Redimensionierungsprojekten liegen. Wo der pausenlose Druck auf die Mitarbeitenden zu inneren Kündigungen und Frustrationen führt, stimmen über kurz oder lang die Kundenbeziehungen und damit auch die Zahlen nicht mehr. Untersuchungen haben längst den Wert positiver Stimmungen und Gefühle für erfolgreiches Arbeiten nachgewiesen.

Ein entscheidender Erfolgsfaktor liegt nach wie vor in der Optimierung des Zwischenmenschlichen im Unternehmen.

Sommer 1996 Die Autoren

Vorwort zur ersten Auflage

Nehmen wir ein gewöhnliches Objekt, das wir benutzen: ein kleines Radio oder einen Reisepass. Bis uns das Radio im Alltag mit Musik oder Nachrichten versorgt, bis uns dank unserem Pass eine Landesgrenze geöffnet wird, braucht es eine Unmenge von koordinierten Herstellungsschritten, Abmachungen, Gesetzen und Registrierungen, welche die Herstellung des Produktes und seinen Gebrauch ermöglichen. Unsere Gesellschaft hat einen ganz erstaunlichen Grad an arbeits- und funktionsteiliger Organisation erreicht. Der grösste Teil dieser Organisation ist uns gar nicht bewusst. Müsste eine Person heute alles selbst planen und realisieren, vom Holzfällen für die Papierherstellung des Reisepasses bis zum Grenzübergang, würde sie nicht weit kommen. In diesem Sinne kann von ganz erstaunlichen Leistungen von interagierenden Menschen gesprochen werden.

Ein Teil dieser erstaunlichen Leistung geht auf die Führung der einzelnen Arbeitselemente und Funktionsträger zurück. Was bedeutet nun Führung für einen Psychologen? Führung ist eine besondere Art von menschlicher Kommunikation. Es ist die Kommunikation, durch die wir bewusst und beabsichtigt versuchen, auf das Verhalten einer Arbeitsgruppe Einfluss zu nehmen. Somit heisst führen auch: Ziele setzen, Abläufe organisieren und koordinieren, kontrollieren, und sich um das Wohl des Einzelnen kümmern.

Aus Gründen, die wahrscheinlich mit der Verteilung und Erhaltung von Machtpositionen in unserer Gesellschaft zu tun haben, hat man lange Zeit angenommen, dass sich die guten Führer einer Arbeitsgruppe von den Geführten grundsätzlich unterscheiden. Danach gäbe es eine besondere Persönlichkeitsstruktur, die eine Person zum guten Führer prädisponiert. Die Ergebnisse, die bis heute zu diesem personalistischen Forschungsansatz vorliegen, sind bescheiden, und sie lassen nur geringe Korrelationen zwischen Führungsposition und Eigenschaften wie Intelligenz, Dominanz und Kooperationsfähigkeit feststellen.

Das Buch «Sich und andere führen» steht in einer ganz anderen Tradition. Die Autoren schliessen sich jenen Vertretern an, welche zweierlei erkannt haben: erstens, dass nicht nur die Führer auf die Geführten Einfluss nehmen, sondern auch die Geführten auf das Verhalten des Führers und zweitens, dass unterschiedliche Arbeitssituationen auch unterschiedliche Führungsverhalten erfordern. Wenn sich die zur Führung bestimmte Kommunikation in einer sehr differenzierten Weise abspielt, dann erstaunt es auch nicht weiter, dass man auf die Idee kam, ganz andere Modelle als das personalistische zur Erklärung und Verbesserung des Führungsverhaltens heranzuziehen: z. B. kognitive Kommunikationstheorien, sozialpsychologische Themen der Gruppendynamik und die verschiedenen modernen Formen von Psychotherapien. Es ist der Verdienst dieses Buches zu zeigen, wie solche Ansätze für die Analyse und Verbesserung des Führungsverhaltens fruchtbar gemacht werden können.

Allerdings machen die Autoren keinen Umweg über die Theorie. Sie gehen von der Praxis aus, verfolgen praktische Ziele und gehen sehr pragmatisch vor. Immer wieder wird der Leser zur Selbstbeobachtung und Selbsteinschätzung eingeladen. Diese Aufgaben werden durch Karikaturen aufgelockert. Dass sich die Autoren damit öfters auch über ihr eigenes Œuvre lustig machen, zeugt von gesundem Selbstvertrauen und wohltuender Distanziertheit. Damit geben sie auch den Lesenden ganz deutlich zu verstehen, dass es auf diesem Gebiet keine endgültigen Rezepte geben kann, sondern nur ein ständiges Suchen, Ausprobieren und Reifen.

Tatsächlich bleibt – auch am Ende dieses Buches – Führung mehr eine Kunst als eine Wissenschaft.

Pfäffikon, März 1985 François Stoll

Einleitung

Der Erfolg eines Unternehmens ist heute in einer Zeit des raschen wirtschaftlichen und gesellschaftlichen Wandels stärker von qualifizierten Führungskräften abhängig als in Zeiten des gleichmässigen Wachstums. Viele Unternehmen verfügen heute über hochentwickelte und gut funktionierende Management-Systeme. Datentransparenz und Datenzugriff verbessern sich dauernd. In dem Masse aber, wie Führungskräfte mit Führungstechnologien, Planungssystemen und Computerprogrammen immer wirkungsvoller unterstützt werden, spielt sich die Führungsarbeit zunehmend auch im menschlich-sozialen Bereich ab.

Viele Führungskräfte bestätigen, dass sie dort nicht mehr weiterkommen, wo Menschliches ins Spiel gerät, also dort, wo die Zusammenarbeit mit Kollegen und Kolleginnen, Vorgesetzten, im Team, mit den Mitarbeitenden beginnt. Vielen wird mehr und mehr bewusst, dass der Stand ihrer Führungskompetenz hinter dem Technologisch-Betriebswirtschaftlichen zurücksteht. Wir sind überzeugt, dass sich die Anforderungen an Führungskräfte gegenwärtig verändern. Persönliche und zwischenmenschliche Führungskompetenz sind gefragter denn je. Von der Führungskraft der allernächsten Zukunft wird verlangt, dass sie sich zum Experten in Fragen der zwischenmenschlichen Beziehungen, in Fragen der Veränderung von Organisationen durch Einflussnahme auf den Menschen entwickelt. Unsere Überzeugung stützt sich auf nachvollziehbare Beobachtungen:

- Das Führen mit Systemen hat seine Grenzen erreicht. Nachdem die Führungstechnologie ausgeschöpft ist, wird die folgende Phase durch eine evolutionäre Auffassung von Management geprägt sein.
- Ein beschleunigter gesellschaftlicher Wandel schafft im Führungsbereich neue Wertvorstellungen und damit neue Arbeits- und Lernformen.
- Die rasche Anpassung des Unternehmens an die Umwelt setzt erhöhte Lern- und Veränderungsbereitschaft voraus, die von Führungskräften bedeutend höhere Flexibilität erfordert.

Das vorliegende Buch möchte Mitarbeitenden und Führungskräften in Organisationen das psychologische Wissen vermitteln, auf dem persönliche und sozialpsychologische Führungskompetenz aufbaut. Wir bieten kein geschlossenes System an, sondern eher eine Momentaufnahme einer Entwicklung. Das Buch soll Bestätigung und Empfehlung, Herausforderung und Illustration sein, damit psychologische Zusammenhänge erkannt werden.

Das Buch ist das Ergebnis einer Zusammenarbeit von Fachleuten mit psychologischer Ausbildung und langjähriger Erfahrung in der Management-Schulung und -beratung.

Thematisch gliedert sich das Buch in drei Teile:

I. Selbstentwicklung

Die Führungskraft als Persönlichkeit im unternehmerischen Prozess.

- Sich und andere besser verstehen
- Das eigene Führungsverhalten kennenlernen
- Wer bin ich? (Die eigene Persönlichkeitsstruktur)
- Was prägt meine Entscheidungen, mein Verhalten?
- PersönlicheKommunikationsmuster
- Möglichkeiten der Verhaltensänderung
- Die Führungspersönlichkeit

II. Teamentwicklung

Das Team als Bestandteil des Arbeits- und Entscheidungsgeschehens im Unternehmen.

- Die Dynamik in Arbeitsgruppen
- Voraussetzungen für die Leistungsfähigkeit von Teams
- Gruppenprozess-Steuerung
- Teamentwicklung
- Frühwarnsysteme bei Gruppenproblemen
- Konfliktbewältigung
- Der Zugang zum Gesprächspartner

III. Organisationsentwicklung

Die Unternehmung in der Wechselwirkung von sozialen, gesellschaftlichen, politischen, wirtschaftlichen und technischen Rahmenbedingungen.

– Unternehmungs-Entwicklung schliesst Management-Entwicklung ein
– Lernen lernen – die Basis der Organisationsentwicklung
– Organisationsentwicklung und Managementschulung
– Veränderung von Organisationen
– Management-Selektion
– Die Entwicklung der Organisationsentwicklung

Das Buch ist für die Praxis geschrieben worden. Es ist kein wissenschaftliches Buch. Wir möchten die Leser und Leserinnen bitten, mit den Inhalten des Buches kreativ umzugehen. Für die visuell geprägten Menschen unserer Leserschaft hat Bruno Peyer einige Inhalte des Buches bildlich dargestellt.

Unser Dank gilt den vielen Seminarteilnehmern und -teilnehmerinnen, Führungskräften und Arbeitsgruppen, die in Diskussionen dazu beigetragen haben, dass dieses Buch eine Verbindung von theoretischen Problemen mit praktischer Erfahrung werden konnte.

Die Autoren

I. Selbst- entwicklung

Die Führungskraft als Persönlichkeit im unternehmerischen Prozess

1

Die situativ-kooperative Führung

Karl Kälin

1.1

Sich und andere besser verstehen

Im Laufe unseres Lebens entsteht in uns auf Grund von Erfahrungen ein Bild, das wir von uns selbst und von der Umwelt machen. Wir wollen es «Selbst-Bild» nennen. Dieses Selbst-Bild ist individuell geprägt und deckt sich nicht mit dem Bild, das andere von uns haben. Da wir nun unsere individuelle Welt als «Realität» betrachten, führt dies im Führungsalltag zwangsläufig immer wieder zu Missverständnissen (Parikh, 1994).

Im allgemeinen nehmen wir an, dass unsere eigenen Vorstellungen von Führung und Autorität «wahr» und «richtig» sind. Viele Führungskräfte fragen sich kaum, welches ihre typischen Verhaltensweisen sind, und wie ihr Verhalten auf andere Menschen – z. B. auf die Mitarbeiter – wirkt.

Sich besser zu verstehen ist deshalb die Grundlage jeglicher Führungsarbeit. Es ist sogar eine grundlegende Forderung, welche die Griechen mit dem «Erkenne dich selbst» ja nicht nur für Führungskräfte auf ihren Tempel gemeisselt haben.

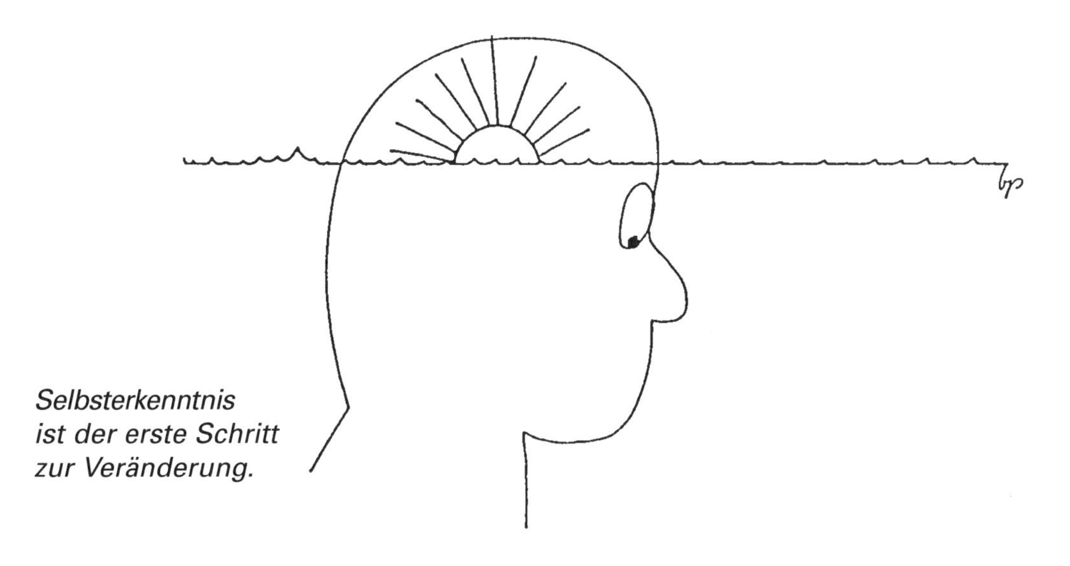

Selbsterkenntnis ist der erste Schritt zur Veränderung.

Vieles kann ich bei anderen besser begreifen und akzeptieren, wenn ich mich selber etwas besser kenne. Wir beginnen daher mit einem Fragebogen zum Führungsverhalten.

1.2 Das eigene Führungsverhalten kennenlernen

Sie finden auf den folgenden Seiten je vier Aussagen zu sieben elementaren Verhaltensbereichen im Umgang mit Mitarbeitern.

Lesen Sie zunächst die vier Sätze A bis D unter Punkt 1 (Verhalten beim Ziele-Setzen). Betrachten Sie jeden dieser vier Sätze als eine mögliche Beschreibung Ihres eigenen Verhaltens. Setzen Sie eine 4 zu jenem Satz, der am ehesten auf Sie zutrifft, und zwar so, wie Sie Ihrer Meinung nach tatsächlich sind, und nicht, wie Sie sein möchten oder sein sollten. Geben Sie dann jenem Satz eine 3, der Ihr Verhalten am zweitbesten beschreibt. Fahren Sie mit den restlichen Sätzen fort, indem Sie der drittbesten Schilderung Ihres Verhaltens eine 2 und dem Satz, der am wenigsten auf Sie zutrifft, eine 1 zuordnen.

Verhalten beim Ziele-Setzen

A ____ Ich stecke das Ziel möglichst hoch und achte auf knappe Termine. Nur bei starker Herausforderung der Mitarbeitenden entsteht eine gute Leistung.

B ____ Der Mitarbeiter soll sich die Ziele möglichst selbst setzen, da er sich bei selbstgesetzen Zielen mehr anstrengt. Ich gebe höchstens Richtwerte oder sehr grobe Ziele vor.

C ____ Wichtiger als eine Zielsetzung durch mich ist es, dass die Mitarbeitenden ihre Aufgaben gemäss Stellenbeschreibung pflichtgemäss erfüllen. Ziele, die von der Geschäftsleitung kommen, gebe ich selbstverständlich nach unten weiter.

D ____ Ich vereinbare mit meinen Mitarbeitern und Mitarbeiterinnen regelmässig Ziele, so dass sich Unternehmensziele und individuelle Ziele ergänzen. Die Mitarbeitenden sollen die Ziele verstehen und akzeptieren, aber auch gleichzeitig durch sie herausgefordert werden.

Verhalten beim Planen

A ____ Ich mache nur da Pläne, wo es die Situation erfordert. Jeder Mitarbeiter sollte sich auf seine eigene Weise «durchbeissen».

B ____ Ich stelle die Pläne so auf, dass eine langfristige Entwicklung gesichert und jeder Abschnitt klar umrissen ist. Pläne sollen gut durchdacht sein und den Mitarbeiter aktivieren.

C ____ Ich mache Vorschläge, überlasse aber die Feinplanung den Mitarbeitenden. Ich vertraue ihren Fähigkeiten. Zudem sollen sie einen grossen Handlungsspielraum haben.

D ____ In meinen Plänen stehen Gewinn- und Kostendenken im Vordergrund. Ich plane nur so weit, als ich es auf Grund meiner Erfahrung für nötig erachte, sorge aber dafür, dass die Pläne konsequent eingehalten werden.

Verhalten bei der Ideensuche

A ____ Bringen andere Ideen ein, so versuche ich, möglichst neutral zu bleiben und nicht Partei zu ergreifen.

B ____ Ich höre zu und suche neue Ideen und Meinungen. Ich habe zwar klare Vorstellungen, bin aber jederzeit bereit, bei guten Vorschlägen meine Meinung zu ändern.

C____ Ich ziehe es vor, Ideen anderer Personen zu übernehmen und nicht die eigenen in den Vordergrund zu stellen oder gar durchzusetzen.

D____ Ich stehe für meine Ideen auch dann ein, wenn nicht alle mit mir einig sind und ich gezwungen bin, andere dadurch zu enttäuschen.

Verhalten beim Entscheiden

A____ Ich gehe auf alle Vorschläge ein und komme mit meinen Entscheidungen den Mitarbeitern möglichst entgegen. So vermeide ich Widerstände, und die Mitarbeiter reagieren positiv.

B____ Ich schliesse mich wenn möglich den Entscheidungen anderer an, trage jedoch meinen Teil zum Entscheid bei, wenn man dies verlangt.

C____ Ich entscheide soviel wie möglich in eigener Instanz auf Grund meiner Erfahrungen, denn ich trage für die Folgen auch die Verantwortung. Ich lege grossen Wert darauf, Entscheidungen durchzusetzen.

D____ Entscheidungen sollen begründet und vernünftig sein, deshalb arbeite ich mit meinen Mitarbeiterinnen und Mitarbeitern an der Entscheidungsfindung, bis die beste Entscheidung gefunden ist.

Verhalten beim Realisieren

A____ Ich setze mich selbst unter Druck, da nur mit Selbstdisziplin schnelle Erfolge möglich sind. Bei Schwierigkeiten verstärke ich meinen Einsatz und versuche, mich durchzusetzen.

B____ Ich ermutige und unterstütze meine Mitarbeitenden, wann immer es möglich ist. Meine Tür ist immer offen. Oft erledige ich eine Arbeit selbst, um die Mitarbeiter nicht zu überlasten.

C____ Ich überlege mir vor der Durchführung, wie ich mit dem geringsten Aufwand am schnellsten vorankomme.

D____ Ich bin über die laufende Entwicklung stets informiert und setze jeweils Prioritäten. Auftretende Schwierigkeiten untersuche ich, um daraus für den Fortgang der Arbeit zu lernen.

Verhalten beim Kontrollieren

A____ Ich kontrolliere das, was der Mitarbeiter nicht selbst kontrollieren kann. Mehrheitlich konzentriere ich mich dabei auf das Ergebnis. Abweichungen sind

Anlass zur Analyse und zu Verbesserungsmassnahmen.

B ____ Meine direkten Stichprobenkontrollen sind streng, aber gerecht. Ich will damit feststellen, ob ich eingreifen oder korrigieren muss, oder ob neue Anweisungen erforderlich sind.

C ____ Ich kontrolliere auf unauffällige Art. Bei Fehlern hebe ich das Positive hervor. Kritikgespräche sind stets konstruktiv und ermunternd.

D ____ Meine Aufgabe ist es, ein Kontrollsystem einzurichten, das «automatisch» funktioniert, d.h. mir die persönliche Kontrolle weitgehend abnimmt.

Verhalten bei Konflikten

A ____ Ich möchte von Anfang an verhindern, dass Konflikte entstehen. Treten sie aber trotzdem auf, versuche ich, die Mitarbeiter zu beruhigen und wieder ein gutes, freundliches Klima herzustellen.

B ____ Wenn Meinungsverschiedenheiten oder Konflikte entstehen, versuche ich, neutral zu bleiben und mich aus der Diskussion herauszuhalten. Meist wächst dann ohnehin Gras darüber.

C ____ Wenn Konflikte und Schwierigkeiten entstehen, versuche ich, die Gründe herauszufinden und die Ursachen mit allen Beteiligten zu klären.

D ____ Konflikte und Meinungsverschiedenheiten sind meistens nur so zu beseitigen, indem man klar die eigene Meinung durchsetzt.

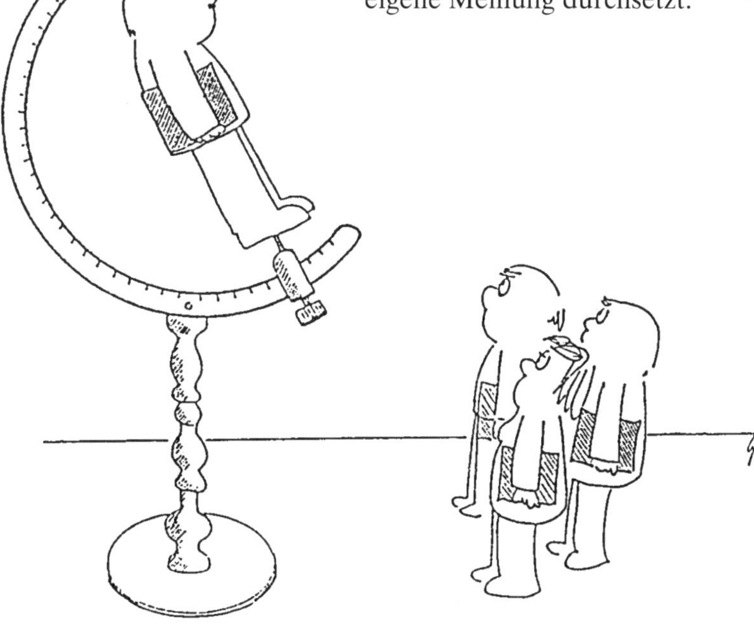

Auswertung des Fragebogens

Die nachstehende Tabelle hilft Ihnen, die Antwort auf die Frage zu finden: «Welches Verhalten trifft am ehesten auf mich zu?»

Beginnen Sie mit dem Verhaltenselement «Verhalten beim Ziele-Setzen»: Übertragen Sie die Werte des Fragebogens in die Tabelle. Fahren Sie anschliessend mit den anderen Verhaltenselementen fort. Zählen Sie schliesslich die Werte jeder Kolonne zusammen.

Verhaltenselement	Stil I	Stil II	Stil III	Stil IV
Zielsetzung	C___	B___	A___	D___
Planung	A___	C___	D___	B___
Ideensuche	A___	C___	D___	B___
Entscheidung	B___	A___	C___	D___
Realisierung	C___	B___	A___	D___
Kontrolle	D___	C___	B___	A___
Konfliktlösung	B___	A___	D___	C___
Summe:	___	___	___	___

1.3

Führen verlangt soziale und technische Fähigkeiten

Um Ihnen eine Interpretation Ihrer Daten zu ermöglichen, wählen wir als theoretische Grundlage den sozio-technischen Ansatz zur Mitarbeiterführung (Blake und Mouton, 1978; Blake und McCanse, 1992; Reddin, 1977; Hersey und Blanchard, 1969).

Dieser Ansatz geht davon aus, dass eine optimale Führung zum einen eine ausgeprägte Fähigkeit voraussetzt, Sachziele zu erreichen. Dazu braucht es vor allem technische Fähigkeiten wie Ziele-Setzen, Planen, Entscheiden, Durchsetzen, Realisieren und Kontrollieren. Zum anderen setzt optimale Führungsarbeit soziale Fähigkeiten voraus, wie Rücksichtnahme auf die Bedürfnisse der Mitarbeiter, Zuhören, Vertrauensgewinn, Motivieren usw.

Das Ziel der Führungsschulung ist in der Regel die Förderung sowohl der technischen als auch der sozialen Fähigkeiten der Führungskräfte.

Der sozio-technische Ansatz zur Mitarbeiterführung ermöglicht die Beschreibung verschiedener Verhaltensstile. Wir beschränken uns hier auf vier Stile:

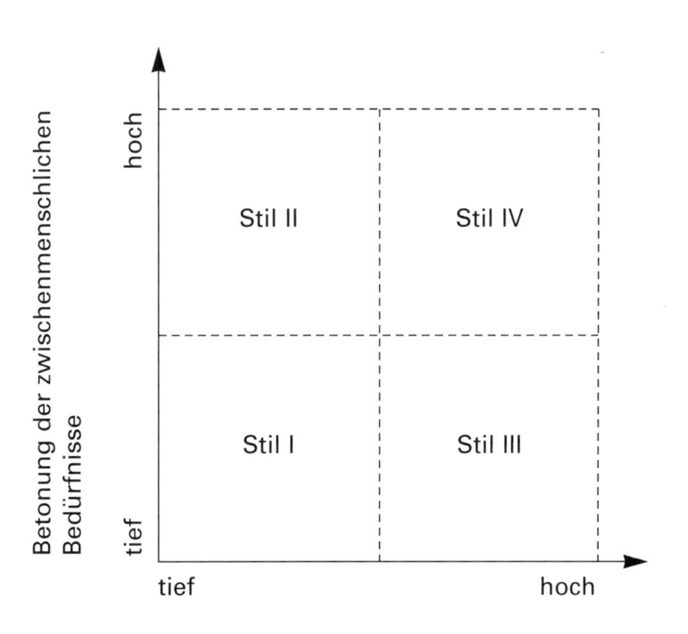

Stil I

Führungskräfte in diesem Verhaltensbereich
- bevorzugen genaue Richtlinien
- stellen das Reglement in den Mittelpunkt
- halten sich möglichst zurück
- bleiben möglichst neutral
- halten Vorschriften genau ein
- nehmen wenig Einfluss auf das Erreichen der Sachziele
- nehmen wenig Einfluss auf das Betriebsklima

Dieser Führungsstil entspricht im allgemeinen dem «Laisser-faire»-Führungsverhalten.

Stil I: Das Reglement im Mittelpunkt ...

Stil II

Führungskräfte in diesem Verhaltensbereich
- sehen vor allem das menschliche Element
- überlegen sich alles in bezug auf die Zusammenarbeit
- lassen den Mitarbeitern grosse Freiräume
- vertrauen den Fähigkeiten der Mitarbeitenden
- wirken wohlwollend, ruhig und freundlich
- ermutigen und unterstützen die Mitarbeitenden
- nehmen wenig Einfluss auf das Erreichen der Sachziele
- nehmen starken Einfluss auf zwischenmenschliche Beziehungen

Dieser Führungsstil entspricht im allgemeinen dem «karitativen» Führungsverhalten.

Einfluss auf die Befriedigung der zwischenmenschlichen Bedürfnisse

Stil III

Führungskräfte in diesem Verhaltensbereich
- stecken die Ziele möglichst hoch
- stellen das Gewinn- und Kostendenken in den Vordergrund
- sind stark leistungsorientiert
- sind «hart» mit sich selber
- vertrauen den eigenen Fähigkeiten mehr als denjenigen der Mitarbeitenden
- setzen die eigene Meinung durch
- nehmen starken Einfluss auf das Erreichen der Sachziele
- nehmen wenig Einfluss auf die Befriedigung der zwischenmenschlichen Bedürfnisse

Dieser Führungsstil entspricht im allgemeinen dem «autoritären» Führungsverhalten.

Stil IV

Führungskräfte in diesem Verhaltensbereich
- befassen sich je nach Situation mit dem Zwischenmenschlichen, der Zusammenarbeit, der Motivation bzw. der Leistung, dem Gewinn- und Kostendenken
- ziehen die Mitarbeiter für die Lösung sachlicher und menschlicher Probleme bei
- haben klare Vorstellungen, was sie wollen
- suchen nach neuen Ideen
- berücksichtigen vor allem die Priorität
- suchen nach den Ursachen von Problemen
- nehmen starken Einfluss auf das Erreichen der Sachziele
- nehmen starken Einfluss auf das Betriebsklima und die Bedürfnisse der Mitarbeiter und Mitarbeiterinnen

Dieser Führungsstil entspricht im allgemeinen dem «kooperativen» Führungsverhalten.

Wie steht es bei mir?

Die Auswertungsdaten des Fragebogens (vgl. Seite 26) ermöglichen Ihnen nun eine erste grobe Standortbestimmung. Führungsverhalten besteht aus Elementen aller vier Stile. In vielen Fällen neigen Führungskräfte aber zu einem der Verhaltensbereiche. Diese Tendenz lässt sich in der Summe ablesen. Der Verhaltensstil mit der höchsten Punktzahl weist auf den *dominanten Führungsstil* hin. So verhalten Sie sich im allgemeinen – wenigstens Ihrer Meinung nach.

Interessant ist auch die zweithöchste Punktzahl. Sie weist auf Ihren *Ersatzstil* hin, auf den Sie ausweichen, wenn Sie mit dem dominanten Stil keinen Erfolg haben oder wenn sich dieser Stil aus irgendwelchen Gründen nicht eignet.

Befragt man die Mitarbeitenden nach dem Verhaltensstil ihres Vorgesetzten, nennen diese in der Regel den Ersatzstil. Der Stil mit den tiefsten Werten ist ein Führungsverhalten, das Sie im allgemeinen ablehnen.

Sind die Unterschiede zwischen den summierten Punktzahlen der Verhaltensstile sehr gering, bedeutet dies möglicherweise, dass Sie Ihr Verhalten schnell der jeweiligen Situation anpassen oder dass Ihr Führungsverhalten für andere nicht ausgeprägt und somit schwer zu beurteilen ist.

1.4

Optimales Führungsverhalten ist situationsgerecht

Dem sozio-technischen Ansatz zur Mitarbeiterführung entsprechend, beschreibt der Stil IV im Sinne des kooperativen Stils ein optimales Führungsverhalten, denn es zielt darauf ab, dass beste Leistungen erbracht werden und die Zufriedenheit der Mitarbeiter möglichst gross ist. In der Praxis jedoch wird sich einmal eine stärkere Betonung der zwischenmenschlichen Dimension, ein andermal, z. B. in einer Krisensituation, eine stärkere Betonung der Sachziel-Dimension aufdrängen.

Führungsverhalten wird durch sehr viele Faktoren aus der technologischen, ökonomischen, sozialen und ökologischen Umwelt beeinflusst.

So beeinflussen u. a. auch die Fähigkeiten und die Motivation der Mitarbeiter das Führungsverhalten.

Aus dem Verhaltensgitter können wir ableiten, dass bei Mitarbeitern mit hoher Fachausbildung und gleichzeitig tiefer Motivation der Verhaltensstil II meistens erfolgreicher ist als etwa der Verhaltensstil III; Motivationsprobleme können wohl kaum mit dem Verhaltensstil III gelöst werden.

Andererseits würde es eher wenig nützen, stark motivierte Mitarbeiter, denen für die Erledigung einer Aufgabe aber das notwendige Fachwissen fehlt, im Sinne des Verhaltensstils II Mut und Trost zuzusprechen. Hier ist der Verhaltensstil III situationsgerechter.

Unser Schema zeigt auch, dass bei hochmotivierten Fachleuten sogar der Verhaltensstil I «erfolgreich» sein kann. So werden sehr gute Arbeitsresultate erzielt, ohne dass die Führungskraft starken Einfluss auf das Erreichen der Sachziele und auf die menschliche Dimension zu nehmen braucht: der «Laden läuft von selbst», die Führungskraft wird überflüssig oder frei für neue Aufgaben.

Diese erste, recht allgemeine Standortbestimmung möchten wir nun etwas weiter vertiefen. Wir verbinden dabei den sozio-technischen Ansatz zur Mitarbeiterführung mit einem Konzept aus der Psychotherapie.

1.5 Führungsverhalten und Psychotherapie

Befragt man die psychologische Forschung nach Versuchen, das zwischenmenschliche Verhalten zu erklären, so bietet sie heute eine Fülle von Denkmodellen und Methoden an (Neel, 1974).

In der Führungsschulung wird in Europa zunehmend die Methode der Transaktionalen Analyse verwendet (Hablitz und Stingelin, 1990), die in den USA – u. a. in der Astronautenausbildung – die Bewährungsprobe bereits hinter sich hat.

Diese vom amerikanischen Psychoanalytiker Eric Berne entwickelte Methode ist ein psychotherapeutisches Verfahren, das Patienten eine bessere Einsicht in die unterschiedlichen Beziehungen zu anderen Personen und zu sich selbst gibt. Eric Berne war ein Schüler von Paul Federn, der seinerseits Schüler Sigmund Freuds war. Bei der Transaktionalen Analyse handelt es sich also um psychoanalytisches Gedankengut, das mit Elementen der humanistischen Psychologie verbunden wird.

Mitte der sechziger Jahre haben Verhaltenswissenschaftler erkannt, dass die Transaktionale Analyse (TA) auch in nicht-therapeutischen Situationen zum besseren Verständnis der zwischenmenschlichen Beziehungen beitragen kann. Die TA wird heute nicht nur in der Psychotherapie, ihrem zentralen Anwendungsgebiet, eingesetzt, sondern auch in der Pädagogik, der Erwachsenenbildung, in Organisationen und vor allem auch in der Ausbildung von Führungskräften (Barnes, 1979, 1980, 1981; Kälin, 1995; Schlegel, 1987, 1993; Stewart und Joines, 1990; Wenger, 1987).

2

Die Transaktionale Analyse im Führungsalltag

Karl Kälin

Im Wirtschaftsleben führt die Anwendung der TA zu besserer Kommunikation und Teamarbeit, ohne dass dadurch der Mensch seinen persönlichen Stil aufgeben muss. Indem verschlüsselte, widersprüchliche und gegenläufige Kommunikation aufgezeigt wird, lassen sich Verständigungsbarrieren beseitigen. Mit ihrer Theorie stellt die Transaktionale Analyse eine klare und praktische Terminologie bereit, dank der Probleme besser erfasst und mit geringeren Verständnisschwierigkeiten besprochen werden können. In der aufgabenorientierten Gruppenarbeit können so zwischenmenschliche Konflikte ohne übermässigen Aufwand ausgetragen werden, so dass sachliche Ziele und Aufgaben der Gruppe nicht beeinträchtigt werden.

2.1

Die vier Bereiche der Transaktionalen Analyse

Die Strukturanalyse

Sie befasst sich mit der Persönlichkeitsstruktur des Menschen, also mit dem, was *im* Menschen vorgeht.

Die Transaktionsanalyse

Sie befasst sich mit dem, was in der Kommunikation *zwischen* zwei Menschen vorgeht.

Die Spielanalyse

Sie befasst sich mit komplizierten Kommunikationsketten, die in «Standardversionen» immer wieder ablaufen.

Die Skriptanalyse

Sie befasst sich mit der Frage, wie das Kommunikationsverhalten eines Menschen mit seiner persönlichen Vergangenheit zusammenhängt.

Die Transaktionsanalyse befasst sich mit dem, was zwischen Menschen vorgeht.

2.2

Das Persönlichkeitsmodell der Transaktionalen Analyse

Was ist eine Transaktion?

Im Sinne der TA ist eine Transaktion die Grundeinheit der Kommunikation zwischen zwei Personen. Transaktionen bestehen aus einem Transaktionsreiz und einer Transaktionsantwort.

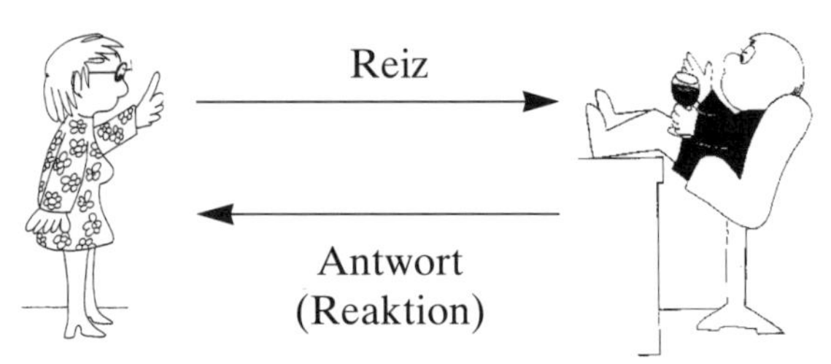

Die Antwort (oder Reaktion) meines Gesprächspartners ist nicht nur eine Reaktion auf das, was ich sage, sondern auch auf das, was mein Gesprächspartner von mir hält.

Alles Denken, Fühlen und Handeln lässt sich im Sinne der TA verschiedenen Persönlichkeitsbereichen zuordnen. Das Persönlichkeitsmodell der TA ist so einfach und verständlich, dass auch psychologisch nicht geschulte Führungskräfte schnell lernen können, damit umzugehen. Wann immer verschiedene Menschen zusammenkommen, können wir beobachten, dass sie sich unterschiedlich verhalten, wobei sogar ein und derselbe Mensch während einer Besprechung oder Unterhaltung seinen Verhaltensstil verändern kann: Einmal gibt er sich wie ein Kind, befangen oder unbefangen, dann wie ein Vater kritisierend, herablassend, jovial oder wohlwollend oder aber auch sachlich und rational auf die Realität bezogen. Die TA geht nun davon aus, dass jeder von uns sich immer in einem bestimmten Augenblick entweder in einem Kindheits-Ich-Zustand, in einem Eltern-Ich-Zustand oder in einem Erwachsenen-Ich-Zustand befindet. Mit diesen drei Ich-Zuständen erklärt das TA-Modell unsere Persönlichkeitsstruktur.

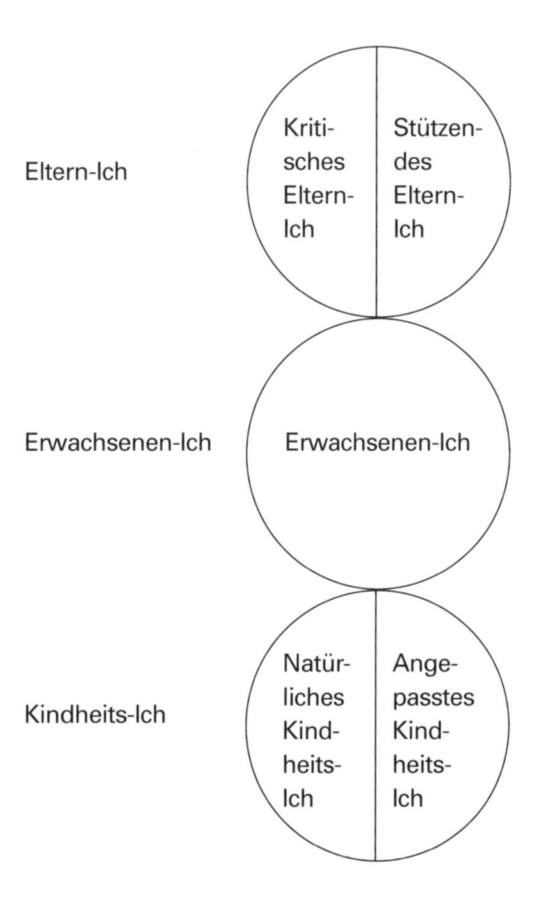

Eltern-Ich

Das Eltern-Ich ist das *gelernte Lebenskonzept*. Es besteht aus den Wertvorstellungen, Normen, Regeln, Gesetzen, Gedanken, Prinzipien, die wir von unseren Eltern und Bezugspersonen gelernt haben. Diese in der frühen Kindheit gelernten Inhalte bestimmen unser Verhalten auch in der Gegenwart automatisch, vor allem in Drucksituationen. Das Eltern-Ich setzt sich aus einer kritisch-wertenden und einer stützend-fürsorglichen Komponente zusammen.

Das stützende Eltern-Ich

Eltern-Ich

Das Erwachsenen-Ich ist das *gedachte, vernunftorientierte Lebenskonzept*. Es entwickelt sich beim Heranwachsen durch die Auseinandersetzung mit der Wirklichkeit. Aus dem Erwachsenen-Ich heraus handeln wir, wenn wir Erfahrungen vorurteilsfrei verarbeiten und Informationen objektiv bewerten, um «vernünftige» Entscheidungen treffen zu können. Wir «bedienen» uns des Erwachsenen-Ichs vor allem beim sachlichen Informationsaustausch. Wer eine Erwachsenen-Ich-Haltung einnimmt, trifft seine Entscheidungen bewusst und verantwortlich.

Das Erwachsenen-Ich prüft auch, ob die Inhalte und Daten im Eltern-Ich und im Kindheits-Ich in der Gegenwart noch zutreffen. Es kann diese Daten übernehmen, verarbeiten oder ablehnen.

Kindheits-Ich

Das Kindheits-Ich ist das *gefühlte* Lebenskonzept. Im Kindheits-Ich sind die Gefühle gespeichert, die wir als Kinder hatten. Wenn wir uns in diesem Ich-Zustand befinden, treffen wir auf Grund von Gefühlen Schlussfolgerungen über uns selbst. Das Kindheits-Ich setzt sich aus einer natürlich-spontanen und einer angepasst-unterwürfigen Komponente zusammen.

Verhaltensweisen aus diesen Ich-Zuständen können verbal (in Worten) oder nicht-verbal (Mimik, Gestik, Körperhaltung) sein. Sie können der Situation angemessen oder nicht angemessen sein.

Es gibt keine «guten» oder «schlechten» Ich-Zustände; alle drei Ich-Bereiche vertreten unsere Persönlichkeit. Fehlt ein Ich-Zustand, dann «fehlt einem etwas». «Was fehlt Ihnen?» frug man früher einen Kranken. Wenn einem nichts fehlt, ist man «heil», d. h. ganz.

Das *kritische Eltern-Ich* wertet, moralisiert, weist zurecht, kritisiert, befiehlt, beherrscht, tyrannisiert, bestraft, kontrolliert, sorgt für Ordnung. Charakteristisch sind der erhobene Zeigefinger, zusammengezogene Augenbrauen, furchterregender Blick, Kopfschütteln, Naserümpfen usw. Beim Sprechen aus dem kritischen Eltern-Ich heraus fallen häufig Worte wie «müssen», «sollen», «immer», «nie», «nein», «Idiot» usw.

Das *stützende Eltern-Ich* hört zu, hat Verständnis, lobt, tröstet, pflegt, unterstützt, hilft, umsorgt, nährt, streichelt. Man erkennt diesen Zustand an der warmen, beruhigenden Stimme, an liebevollen Gebärden, Schulterklopfen sowie an Worten wie «Kopf hoch», «Du Armer» usw.

Das *Erwachsenen-Ich* beobachtet objektiv, sammelt Informationen leidenschaftslos, nüchtern, gefühllos, verarbeitet die Information logisch und zieht schliesslich daraus die Schlüsse. Charakteristisch ist die sachlich klare, leidenschaftslose Stimme. Mimik und Gestik fehlen. Häufig gebrauchte Worte sind: «wer», «was», «wann», «wo», «wie», «wieviel».

Das *natürliche Kindheits-Ich* spielt, faulenzt, freut und ärgert sich, erfindet, weint oder lacht. Es kümmert sich nicht um die andern, verhält sich spontan, tanzt, schreit, ist egoistisch und hemmungslos. Es braucht Worte wie «toll», «irrsinnig», «juhu» usw.

Das *angepasste Kindheits-Ich* gehorcht, zieht sich zurück, fühlt sich schuldig, zögert, fürchtet sich, ist unsicher, höflich, ohne eigene Meinung und Initiative, richtet sich nach den anderen.

Wenn wir bei uns und bei andern erkennen, aus welchem Ich-Zustand heraus wir uns verhalten, können wir Gesprächsabläufe bewusst steuern und gestalten.

Problemlösendes Verhalten zeigt sich vorwiegend im Erwachsenen-Ich. Wenn zum Beispiel ein Mitarbeiter eine wichtige Arbeitsunterlage nicht finden kann, hätte sein Vorgesetzter mehrere Möglichkeiten, darauf zu reagieren:

a) «Warum können Sie nicht wenigstens einmal in Ihrem Leben eine Sache sorgfältig erledigen, verdammt nochmal!»
b) «Am besten fragen Sie jeden, der die Unterlage in den letzten Tagen gebraucht haben könnte und gehen ihrem Weg durch die Abteilung nach.»
c) «Ich weiss auch nicht weiter, was machen wir jetzt bloss?»

Sowohl die Eltern-Ich-Reaktion (a) als auch die Kindheits-Ich-Reaktion (c) lösen das Problem kaum. Die Förderung des Verhaltens aus dem Erwachsenen-Ich (b) ist ein wichtiger Bestandteil eines Verhaltenstrainings in Transaktionaler Analyse.

Die Strukturanalyse

2.3

Meine Persönlichkeitsstruktur: Das Egogramm

Nach Dusay (1977) ist das Egogramm eine graphische Darstellung, die zeigt, wie häufig und intensiv die verschiedenen Ich-Zustände eines bestimmten Menschen im Alltag in Erscheinung treten.

Damit Sie sich Ihrer Ich-Zustände deutlicher bewusst werden, schlagen wir Ihnen vor, folgenden Fragebogen auszufüllen:

2.3.1

Fragebogen zur Transaktionalen Analyse

Zu den folgenden Aussagen sollten Sie so offen wie möglich Stellung nehmen. Bei denjenigen Aussagen, die Sie eher befürworten, als dass Sie sie ablehnen, kreisen Sie das Symbol + ein; bei solchen, wo Sie eher dagegen als dafür sind, das Symbol –.

* Die Bedeutung der Sternchen wird später erklärt; Sie brauchen sie vorläufig nicht zu beachten.

Skala I

+ – 1. Ich kann gut zuhören.
+ – *2. Ich neige dazu, in Gruppen der Tonangebende sein zu wollen.
+ – *3. Es scheint, dass ich anderen bald einmal widerspreche.
+ – 4. Ich stehe eher auf der Seite der Schwächeren.
+ – 5. Ohne Fleiss kein Preis.
+ – *6. Wenn ich bei einer Auseinandersetzung in die Enge getrieben werde, neige ich dazu, ärgerlich zu reagieren.
+ – 7. Den Satz, «Jede wahre Liebe ist auf Achtung begründet», finde ich zutreffend.
+ – *8. Man kann tun, was man will: den Charakter eines Menschen kann man nicht ändern.
+ – *9. Ich neige dazu, in verworrenen oder verfahrenen Situationen die Führung zu übernehmen.
+ – 10. Es fällt mir leicht, andere zu trösten.
+ – *11. Öfter als ich möchte, suche ich Fehler bei den anderen.
+ – 12. Die meisten Menschen wollen geführt sein.
+ – 13. Ich halte jene Berufe für die wertvollsten, in denen Menschen geholfen wird.
+ – 14. Ich bin sehr verständnisvoll, wenn andere Probleme haben.
+ – *15. Ich habe feste Überzeugungen und ändere diese nicht so leicht.
+ – *16. Öfter ertappe ich mich beim «schulmeistern».
+ – 17. Eine wirkliche Änderung findet eigentlich nur dann statt, wenn eine starke Person eine Sache in die Hand nimmt und sie vorwärtsbringt.
+ – *18. Ich neige dazu, mich in meinem Leben auf Tradition und Bewährtes zu verlassen.
+ – *19. Ich neige dazu, mich über Personen aufzuregen, die bewährte und anerkannte Denkweisen und Handlungen in Frage stellen.
+ – *20. Meiner Meinung nach ist es hilfreich, andere auf ihre Fehler aufmerksam zu machen.
+ – *21. Ich habe ziemlich klare Vorstellungen darüber, was richtig und falsch ist.
+ – 22. Den Gedanken, dass Leute menschlich sein sollten, finde ich richtig.
+ – 23. Ich werde oft von anderen um Rat gefragt.

+ – *24. Ein Problem, das uns immer zu begleiten scheint, ist, dass es zu wenig Leute gibt, die arbeiten, und zu viele, die befehlen wollen.

+ – *25. Das Sprichwort «Was Hänschen nicht lernt, lernt Hans nimmermehr» finde ich zutreffend.

+ – *26. Vielen Menschen ist zuwenig klar, dass man besonders im Geschäftsleben sehr kämpferisch sein muss, um erfolgreich zu sein.

+ – 27. Es ist doch so, dass Menschen dazu gedrängt werden müssen, gewisse Dinge zu tun, die gut für sie sind.

+ – *28. Ich glaube, dass unsere Gesellschaft gesünder wäre, wenn Verstösse gegen die Gesetze strenger geahndet würden.

+ – *29. Ich bin schon öfters von anderen auf meinen «Befehlston» angesprochen worden.

+ – 30. Es scheint, dass ich den Mitmenschen mehr Vertrauen schenke, als viele andere es tun.

+ – 31. Befehle zu erteilen fällt mir leichter als Befehle zu befolgen.

+ – 32. Das grösste Missgeschick, das jemandem widerfahren kann, ist, die Geduld zu verlieren.

+ – *33. Strenge Bestrafung von Verbrechern wäre geeignet, von Vergehen abzuschrecken.

+ – 34. Wann immer jemand Hilfe braucht, leiste ich sie.

+ – *35. Eltern neigen heute dazu, allzu nachsichtig zu sein.

+ – 36. Andere in ihrer Entwicklung zu unterstützen, gibt mir eine grosse Befriedigung.

+ – *37. Die Berichterstattung der Medien (Fernsehen, Zeitungen usw.) sollte besser kontrolliert werden.

+ – *38. Im Führungsalltag muss klar sein, wer der Chef oder die Chefin ist.

+ – 39. Einer der Gründe, warum die Werbung so erfolgreich ist, ist der Umstand, dass die Menschen es mögen, wenn ihnen gesagt wird, was sie zu kaufen haben.

+ – *40. Es ist mir wichtig, dass im Führungsalltag die Disziplin aufrechterhalten wird.

+ – 41. Die patriotische Einstellung gegenüber dem eigenen Land wird immer wichtiger sein als das sogenannte «Weltbürgertum».

+ – *42. Die Leute sollten sich mit gewissen Grundsätzen von Moral, Recht und Unrecht mehr identifizieren.

+ – *43. Was billig ist, ist nichts wert!

+ – 44. Wenn ich sehe, dass jemand bei einer Arbeit Schwierigkeiten hat, nehme ich sie ihm gerne ab.

+ – *45. Wir benötigen eher mehr als weniger Kontrolle in der Führungsarbeit.

+ – *46. Ich bin der Ansicht, dass man gewisse Berufstraditionen in der Familie aufrechterhalten soll.

+ – *47. Eine starke Führungskraft braucht keine Mitbestimmung.

+ – 48. In der Regel komme ich mit allen Leuten gut aus.

+ – *49. Ich bin der Meinung, dass Kinder ihren Eltern Respekt entgegenbringen müssen.

+ – 50. Ich habe Mitleid mit Menschen, die sich in Schwierigkeiten befinden.

+ – 51. Im Vergleich mit anderen mache ich eher mehr Überstunden.

+ – 52. Ich neige dazu, mich der Meinung der Mehrheit anzuschliessen.

+ – 53. Mir ist es wichtig, dass die Zusammenarbeit mit anderen möglichst ohne Konflikte abläuft.

+ – 54. «Undank ist der Welt Lohn» habe ich schon oft erfahren müssen.

+ – 55. Statt Zeit damit zu verlieren, jemandem etwas zu erklären, erledige ich es lieber selber.

+ – *56. Ich bin oft verblüfft, zu sehen, wie blöd die Leute sind.

+ – *57. Ich neige dazu, anderen Personen zu sagen, was mit ihnen nicht stimmt.

+ – 58. Viele Leute gehen fehl, weil sie Verantwortung ablehnen.

+ – 59. Wenn man nicht zuviel von den Menschen erwartet, wird man auch nicht so leicht enttäuscht.

+ – 60. Wenn sich jemand über mich ärgert, versuche ich, ihn zu besänftigen.

Skala II

+ – 61. Mir scheint, dass ich ein besserer Beobachter bin als viele andere Leute.
+ – 62. Ich neige dazu, einen kühlen Kopf zu bewahren, wenn andere aufgeben oder abschalten.
+ – 63. Meine Eltern oder Erzieher hatten grosse Freude daran, wenn ich selbständig lernte und forschte.
+ – 64. Ich sammle Informationen und plane, bevor ich handle.
+ – 65. Ich erröte selten oder nie.
+ – 66. Es fällt mir leicht, in öffentlichen Veranstaltungen das Wort zu ergreifen.
+ – 67. Ich weine selten oder nie.
+ – 68. Ich bin risikofreudiger als die meisten meiner Bekannten.
+ – 69. Es macht mir nichts aus, allein zu sein.
+ – 70. Meine Eltern oder Erzieher neigten dazu, den Gebrauch des Verstandes höher zu schätzen als die Gefühle.
+ – 71. Ich bin fähig, eine gewisse wachsame Unvoreingenommenheit zu bewahren, wenn andere allzu erregt werden.
+ – 72. Mehr als viele andere ziehe ich problemlösendes Verhalten dem Feilschen und Kompromisse-Schliessen vor.
+ – 73. Es fällt mir leicht, meine Gefühle unter Kontrolle zu halten.
+ – 74. Bei der Planung eines Projektes achte ich darauf, Leute, die zupacken, miteinzubeziehen.
+ – 75. Ich habe feste Überzeugungen und verleihe ihnen auch Ausdruck, reagiere aber positiv auf vernünftige Gegenargumente, indem ich meine Meinung ändere.
+ – 76. Obwohl andere zeitweise dazu neigen, zwischenmenschliche Konflikte zu unterdrücken, zu vertuschen oder durch Kompromisse beizulegen, versuche ich unter allen Umständen, die Ursachen herauszufinden.
+ – 77. In Stress-Situationen bleibe ich ruhig.
+ – 78. Es scheint mir, dass ich dazu neige, vor dem Fällen von Entscheidungen die Risiken abzuwägen.

+ – 79. Mehr als viele andere mir bekannte Leute bemühe ich mich, Ideen, Meinungen und Haltungen zu suchen, die sich von meinen eigenen unterscheiden.

+ – 80. Leute, die mit mir zusammenarbeiten, würden sagen, ich sei entscheidungsfreudig und entschlossen.

+ – 81. Ich kann gut mit Misserfolgen umgehen.

+ – 82. Zwischenmenschliche Konflikte erledige ich im persönlichen Gespräch.

+ – 83. Ich bin der Überzeugung, dass eine wirksame Führung die Mitarbeiter dazu anspornt, das Beste zu geben.

+ – 84. Ich glaube, dass das, was andere Leute fühlen und denken, wichtig ist.

+ – 85. Schon als Kind ermutigten mich meine Eltern, meine Ansichten auszusprechen, ohne Angst vor Strafe zu haben oder davor, mich lächerlich zu machen.

+ – 86. Mich interessieren die Ergebnisse aus Forschung und Wissenschaft.

+ – 87. Es scheint, dass ich eher die Fähigkeit entwickelt habe, selbständig und unabhängig zu denken, als mich den Gedanken anderer Leute anzupassen.

+ – 88. Ich glaube, dass Menschen fähig sind, sich selbst zu führen und zu kontrollieren und damit sich selbst zu entwickeln.

+ – 89. Die meisten Fehler entstehen eher wegen eines Missverständnisses als aus Nachlässigkeit.

+ – 90. Irgendwie scheint es, dass ich gelernt habe, der Welt auf entspannte, zuversichtliche und positive Art entgegenzutreten.

+ – 91. Ich bin aktives Mitglied von drei und mehr Vereinen und Organisationen.

+ – 92. Offenheit und Ehrlichkeit anderen gegenüber lohnen sich in der Regel.

+ – 93. Beim Problemlösen gehe ich eher logisch-rational als gefühlsmässig vor.

+ – 94. Ich bringe es fertig, nach aussen ruhig zu bleiben, obwohl es in mir kocht.

+ – 95. Ich besuche Kurse, Seminare, Vorträge usw. häufiger als die meisten mir bekannten Personen.

+ – 96. Ich habe den Ruf, fair und objektiv zu sein.
+ – 97. Ich pflege in der Regel von den anderen das zu bekommen, was ich haben möchte.
+ – 98. Ich kann anderen Personen Dinge klar und deutlich erklären.
+ – 99. Mein Erfolg im Leben beruht auf der Tatsache, dass ich es verstehe, meine Gefühle zu verbergen.
+ – 100. In einer Diskussion zählen meine Argumente oft zu den besten.
+ – 101. Ich bin der Überzeugung, dass die Menschen grundsätzlich gut sind.
+ – 102. Für mich ist es wichtig, so perfekt wie möglich zu sein.
+ – 103. Ich lese täglich eine bis zwei Tageszeitungen.
+ – 104. Ich habe eine ziemlich klare Vorstellung davon, wo ich in 5 Jahren beruflich und privat stehen möchte.

Skala III

+ – *105. Obwohl es viele nicht wahrhaben wollen, glaube ich, dass die Gefühle bei 90 Prozent der lebenswichtigen Entscheidungen den Ausschlag geben.
+ – 106. Es scheint, dass ich mich mehr als andere selbst bemitleide.
+ – 107. Wenn eine höherstehende Persönlichkeit die Verantwortung für eine schwerwiegende Entscheidung übernimmt, werde ich bei der Durchführung mithelfen, auch wenn ich davon nicht überzeugt bin.
+ – *108. Ich geniesse das Leben in vollen Zügen.
+ – *109. Es kommt öfter vor, dass ich am hellen Tag ins Blaue hinein träume.
+ – *110. Ich bin für Spontankäufe sehr anfällig.
+ – *111. Es bereitet mir Mühe, z. B. eine Abmagerungskur durchzustehen, das Rauchen aufzugeben usw.
+ – 112. Ich habe nichts dagegen, der oder die Ausführende zu sein, aber ich habe es gerne, wenn eine andere Person dabei die Führung übernimmt.
+ – *113. Ich gebrauche oft Ausdrücke wie «toll», «irre», «höllisch» usw.
+ – 114. In einer gespannten Lage neige ich eher dazu, mich zurückzuziehen.

+ – 115. Bescheidenheit ist eine Tugend, vielleicht die grösste.
+ – *116. Ich erzähle gerne Witze.
+ – *117. Ich bin immer voll neuer Ideen.
+ – 118. Ich habe keine Mühe, Anweisungen zu befolgen.
+ – 119. Befehle zu befolgen fällt mir leichter als Befehle zu erteilen.
+ – *120. Ich bin oft impulsiv.
+ – 121. Eher stimme ich anderen zu, als dass ich mit ihnen hin und her diskutieren würde.
+ – 122. Ich bemühe mich sehr um die Anerkennung anderer.
+ – 123. Hie und da ertappe ich mich dabei, dass ich zu laut lache und spreche.
+ – 124. Ich sage mir oft: «Es nützt ja doch nichts, sich hier zu engagieren.»
+ – 125. Wenn mich jemand innerlich verletzt hat, sage ich ihm in der Regel nichts davon.
+ – *126. Es ist für mich schwer zu verstehen, warum so viele Leute das Leben so ernstnehmen.
+ – 127. Oftmals äussere ich meine Ideen nicht, weil sie mir zu wenig wichtig erscheinen.
+ – *128. Meine Eltern respektierten es, wenn ich meinen Gefühlen wie Freude, Trauer, Ärger usw. voll Ausdruck gab. Sie ermutigten mich gar dazu.
+ – 129. Es scheint mir, dass ich nicht so oft, wie ich möchte, meinen Willen durchsetzen kann.
+ – 130. Ich ziehe es vor, eine Stellung mit eher wenig Verantwortung, Befugnissen, Ansehen usw. anzunehmen.
+ – 131. Es kann sein, dass meine Eltern doch eher dazu neigten, mir Angst vor der Welt und den Menschen einzuflössen, als mir die Welt von der erfreulichen Seite zu zeigen.
+ – *132. Ich habe mehr Interessen, Liebhabereien usw. als die meisten Leute, die ich kenne.
+ – 133. Aus irgendeinem Grunde kommt es oft vor, dass ich meistens den kürzeren ziehe.
+ – *134. An einem Freitagabend sitzen Sie mit ein paar Freunden zusammen und trinken einige Flaschen Wein. Plötzlich kommt einer auf die Idee, jetzt für zwei Tage nach Paris zu fahren. Fahren Sie mit?

+ – *135. Ich neige viel eher dazu, phantasievolle als logische Lösungen anzustreben.

+ – *136. Es gibt Momente, wo ich in Gegenwart anderer Leute weine, ohne mich zu schämen.

+ – *137. Irgendwann habe ich gelernt, dem Sex, meinem Körper, der Intimität usw. gegenüber eine freudige Haltung einzunehmen.

+ – 138. Man muss sich wichtigen Persönlichkeiten unterordnen.

+ – *139. Es gibt Zeiten, zu denen ich mir gerne aussergewöhnliche Freuden und Vergnügungen gönne.

+ – 140. In ungewohnten Situationen fühle ich mich sehr unbehaglich.

+ – *141. Ich finde mich oft mitten in einem Problem und frage mich, wie ich da wohl wieder hineingeschlittert bin.

+ – 142. In vielen Situationen fühle ich mich einfach hilflos.

+ – *143. Wenn ich etwas sage, ist es sehr wohl möglich, dass ich ins Fettnäpfchen trete.

2.3.2

Die Auswertung des Fragebogens

Der Fragebogen ist nach der Trefferwahrscheinlichkeitsmethode aufgebaut; deshalb werden nur die + bewertet. Zählen Sie nun alle +, die Sie bei den Fragen 1–6 (Skala I) eingekreist haben. Zählen Sie dann in der Skala I alle + bei den mit einem Stern versehenen Fragen. Dieser Wert misst den Anteil des kritischen Eltern-Ichs (2). Subtrahieren Sie nun diesen Wert vom Summenwert (1). So errechnen Sie den Anteil des stützenden Eltern-Ichs (3).

Die Summe aller + in der Skala II (Fragen 61–104) ergibt den Wert des Erwachsenen-Ichs (4).

Zählen Sie jetzt alle eingekreisten + in der Skala III (Fragen 105–143) (5). Zählen Sie dann alle + bei den Fragen, die mit einem Stern gekennzeichnet sind (natürliches Kindheits-Ich) (6). Wenn Sie diesen Wert (6) nun noch von der Summe (5) subtrahieren, erhalten Sie den Anteil des angepassten Kindheits-Ichs.

Skala I (Fragen 1–60)			
Summe aller +	=	____	(1)
Summe der + -Antworten, die mit einem Stern versehen sind (kritisches Eltern-Ich)	=	____	(2)
(1) minus (2) (stützendes Eltern-Ich)	=	____	(3)
Skala II (Fragen 61–104)			
Summe aller +	=	____	(4)
Skala III (Fragen 105–143)			
Summe aller +	=	____	(5)
Summe der + -Antworten, die mit einem Stern versehen sind (natürliches Kindheits-Ich).	=	____	(6)
(5) minus (6) (angepasstes Kindheits-Ich)	=	____	(7)

Anhand der folgenden Umrechnungstabelle werden jetzt diese berechneten Rohwerte (2) (kritisches Eltern-Ich), (3) (stützendes Eltern-Ich), (4) (Erwachsenen-Ich), (6) (natürliches Kindheits-Ich), und (7) (angepasstes Kindheits-Ich) schliesslich noch in Skalenwerte umgewandelt.

Skala I				***Skala II***		***Skala III***			
Kritisches Eltern-Ich		***Stützendes Eltern-Ich***		***Erwachsenen-Ich***		***Natürliches Kindheits-Ich***		***Angepasstes Kindheits-Ich***	
Roh-wert (2)	Skalen-wert	Roh-wert (3)	Skalen-wert	Roh-wert (4)	Skalen-wert	Roh-wert (6)	Skalen-wert	Roh-wert (7)	Skalen-wert
2	0	2	0	13	0	1	0	1	0
3	5	5	5	14	5	2	5	2	5
5	10	7	10	16	10	3	10	3	10
7	20	10	20	18	20	5	20	5	20
9	30	12	30	21	30	7	30	7	30
11	40	14	40	23	40	8	40	8	40
12	50	16	50	26	50	9	50	9	50
14	60	18	60	29	60	10	60	10	60
16	70	20	70	31	70	12	70	12	70
18	80	22	80	33	80	13	80	13	80
20	90	25	90	36	90	15	90	15	90
21	95	28	95	38	95	17	95	17	95

Die Skalenwerte werden nun auf die untenstehenden Säulen übertragen. So erhalten Sie Ihr Egogramm.

Das ist Ihr Egogramm

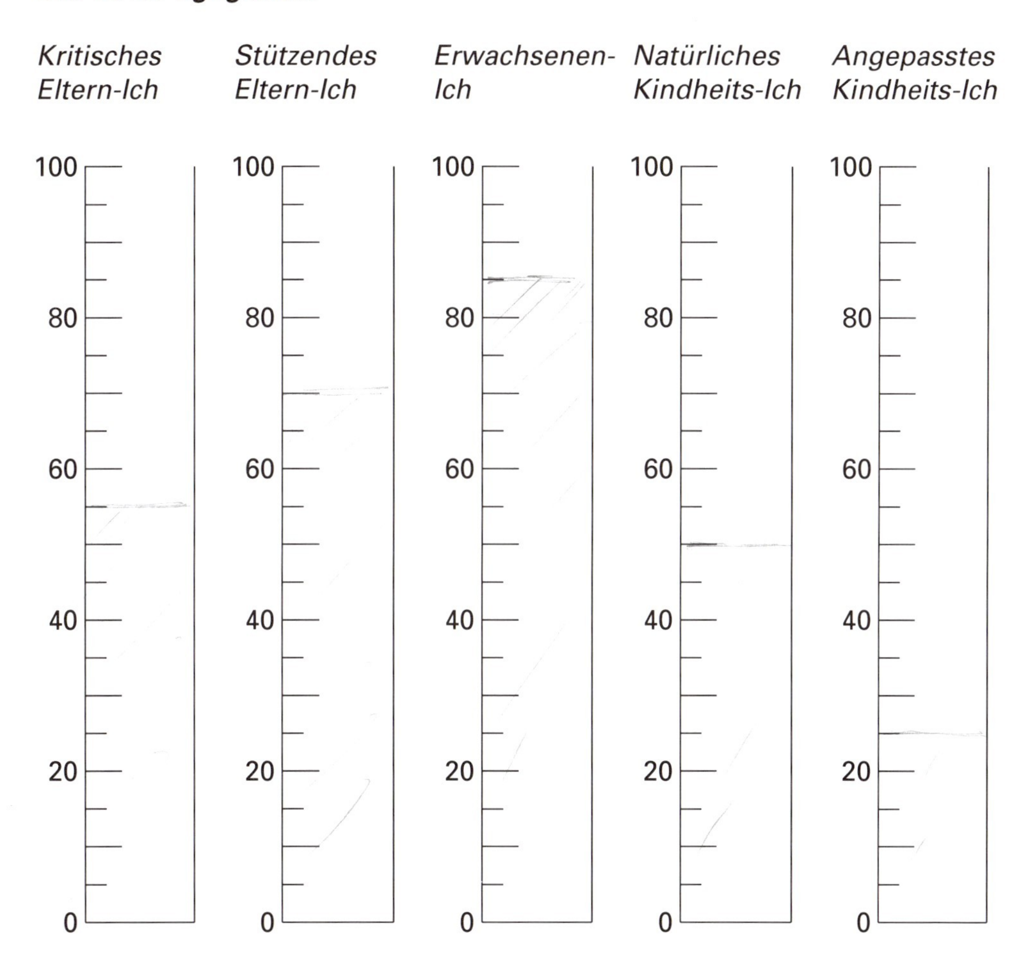

Es gibt keine «guten» oder «schlechten» Egogramme, genausowenig wie es gute oder schlechte Ich-Zustände gibt. Jeder Ich-Zustand bringt Ihnen und für die Zusammenarbeit mit Ihren Mitarbeitern Vor- und Nachteile. Das Egogramm zeigt Ihnen, wie sich Ihre psychische Energie in den einzelnen Ich-Bereichen verteilt und wie stark Ihre einzelnen Ich-Zustände ausgeprägt sind.

Je höher die Skala steigt, desto ausgeprägter ist der entsprechende Ich-Zustand (der Skalenwert 50 entspricht einem Durchschnittswert von 3000 deutschsprachigen Testpersonen). Übersteigt ein Ich-Zustand den andern um mehr als 15 Skalenwerte, bedeutet dies, dass vor allem in Drucksituationen das Verhalten vom entsprechenden Ich-Zustand dominiert wird. Es fällt uns in solchen Situationen schwer, diesen Ich-Bereich zu verlassen.

Die Dominanz eines Ich-Zustandes selektiert die Wahrnehmung. Ich nehme in einem solchen Moment nur noch das «wahr», was meine Haltung rechtfertigt; alles andere «höre» und «sehe» ich nicht mehr. Geringe Unterschiede zwischen den Ich-Bereichen weisen auf einen schnellen Wechsel zwischen den entsprechenden Verhaltensweisen hin.

Werden Mitarbeiter befragt, wie eine Führungskraft auf sie wirkt, die sich vorwiegend im Eltern- bzw. Erwachsenen- oder Kindheits-Ich befindet, nennen sie u. a. häufig folgende Vor- und Nachteile der einzelnen Ich-Zustände:

Einige Beispiele für die Vor- und Nachteile stark oder wenig ausgeprägter Ich-Bereiche

Kritisches Eltern-Ich	*Stark ausgeprägt*	*Schwach ausgeprägt*
Vorteile:	– Kann in Notsituationen rasch entscheiden – Legt Wert auf Traditionen und Normen	– Wirkt nicht autoritär – Flexibel – Nicht festgefahren – Offen für andere Meinungen
Nachteile:	– Lehnt Neues eher ab – Intolerant – Unterdrückend – Überkritisch – Frustrierend – Reagiert mit Ärger, Macht und Aggressionen	– Ineffektiv – Lädt zur Manipulation ein – Wenig bestimmt

Stützendes Eltern-Ich	*Stark ausgeprägt*	*Schwach ausgeprägt*
Vorteile:	– Schafft Geborgenheit – Hat viel Verständnis – Hört geduldig zu – Unterstützt – Ist fürsorglich	– Fordert Selbständigkeit der Mitarbeitenden – Lässt andere machen – Delegiert viel

Nachteile:	– Überfürsorglich – «Meint es gut mit den anderen» – Macht andere von sich abhängig – Verhindert Selbständigkeit der Mitarbeitenden	– Zeigt wenig Verständnis – Lobt wenig – Auf sich bezogen – Fühlt sich oft allein
Erwachsenen-Ich	*Stark ausgeprägt*	*Schwach ausgeprägt*
Vorteile:	– Fragt viel – Geht Ursachen auf den Grund – Legt Wert auf Logik – Löst Konflikte durch kreative Kooperation	– Ein schwach ausgeprägtes Erwachsenen-Ich hat keine Vorteile
Nachteile:	– Zeigt wenig Gefühle – Überkontrolliert – Roboterhaft – Hang zu übertriebener Perfektion	– Lernt wenig aus der Erfahrung – Wechselhaft – Unberechenbar – Geringes Selbstwertgefühl
Natürliches Kindheits-Ich	*Stark ausgeprägt*	*Schwach ausgeprägt*
Vorteile:	– Phantasievoll – Wirkt witzig – Charmant – Spontan – Offen – Zeigt Gefühle – Geniesst das Leben	– Wirkt ruhig – Bleibt auf dem Boden der «Realität»
Nachteile:	– Impulsiv – Flippt aus – Rücksichtslos – Chaotisch – Widersprüchlich – Cholerisch	– Zeigt Gefühle kaum – Zurückhaltend – «Trocken» – Tendenz zu depressiven Gedanken – Wirkt «wenig lebendig»

Angepasstes Kindheits-Ich	*Stark ausgeprägt*	*Schwach ausgeprägt*
Vorteile:	– Nimmt Rücksicht auf andere – Kann auf Kompromisse eingehen – Hält sich an Normen, Gesetze, Richtlinien	– Sagt, was er/sie denkt – Geht eigene Wege – Steht zur eigenen Meinung – Lässt sich kaum bestechen – Richtet sich nicht nach den anderen
Nachteile:	– Überangepasst – Zieht sich schnell zurück – Hat Angst, etwas falsch zu machen – Resigniert schnell – Gibt schnell nach	– Undiplomatisch – Geht wenig Kompromisse ein – Unhöflich – «Die einen kennen mich – die andern können mich» – Wenig kooperativ

Bei der Interpretation der Auswirkungen ist jeweils auch noch das Zusammenspiel der verschiedenen Ich-Bereiche zu berücksichtigen. Je nachdem können sich Vor- und Nachteile aufheben oder verstärken.

Eine Untersuchung mit diesem Fragebogen (S. 38) bei mehr als 4000 Führungskräften aus dem deutschsprachigen Raum hat 1994 folgendes Durchschnittsbild ergeben:

Egogramm von Führungskräften (Durchschnitt von N = 4280)

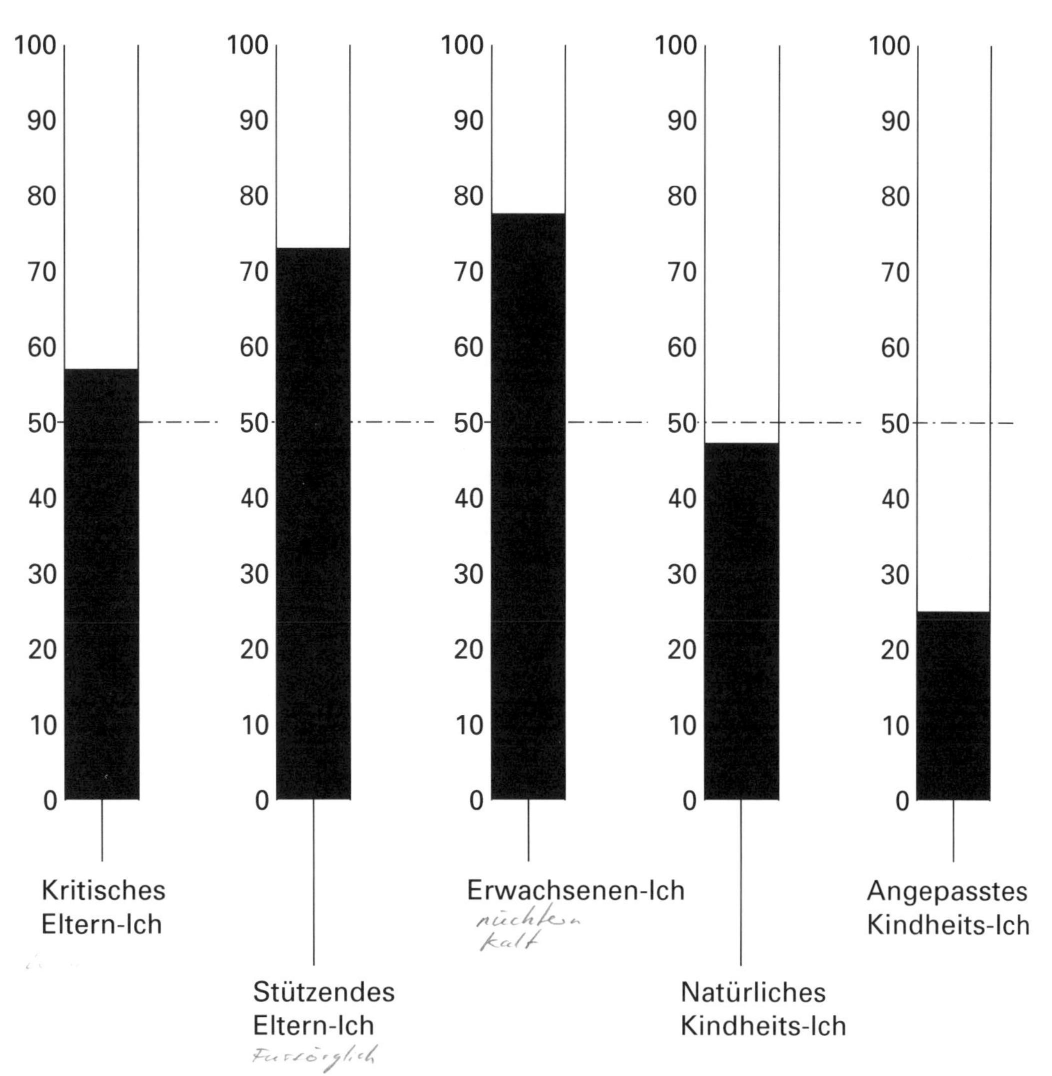

Die graphische Darstellung zeigt, dass bei Führungskräften die beiden Eltern-Ich-Bereiche und das Erwachsenen-Ich über dem Durchschnitt von 50 liegen.

Je nach Branche, Ausbildung, Alter, Geschlecht u. a. sehen die Durchschnittswerte wieder etwas anders aus. So ist zum Beispiel die Führungsstufe, auf der Führungskräfte stehen, ein Einflussfaktor. Das Durchschnittsegogramm von

800 Direktionsmitgliedern aus Grossunternehmen der deutschsprachigen Schweiz sah 1985 so aus:

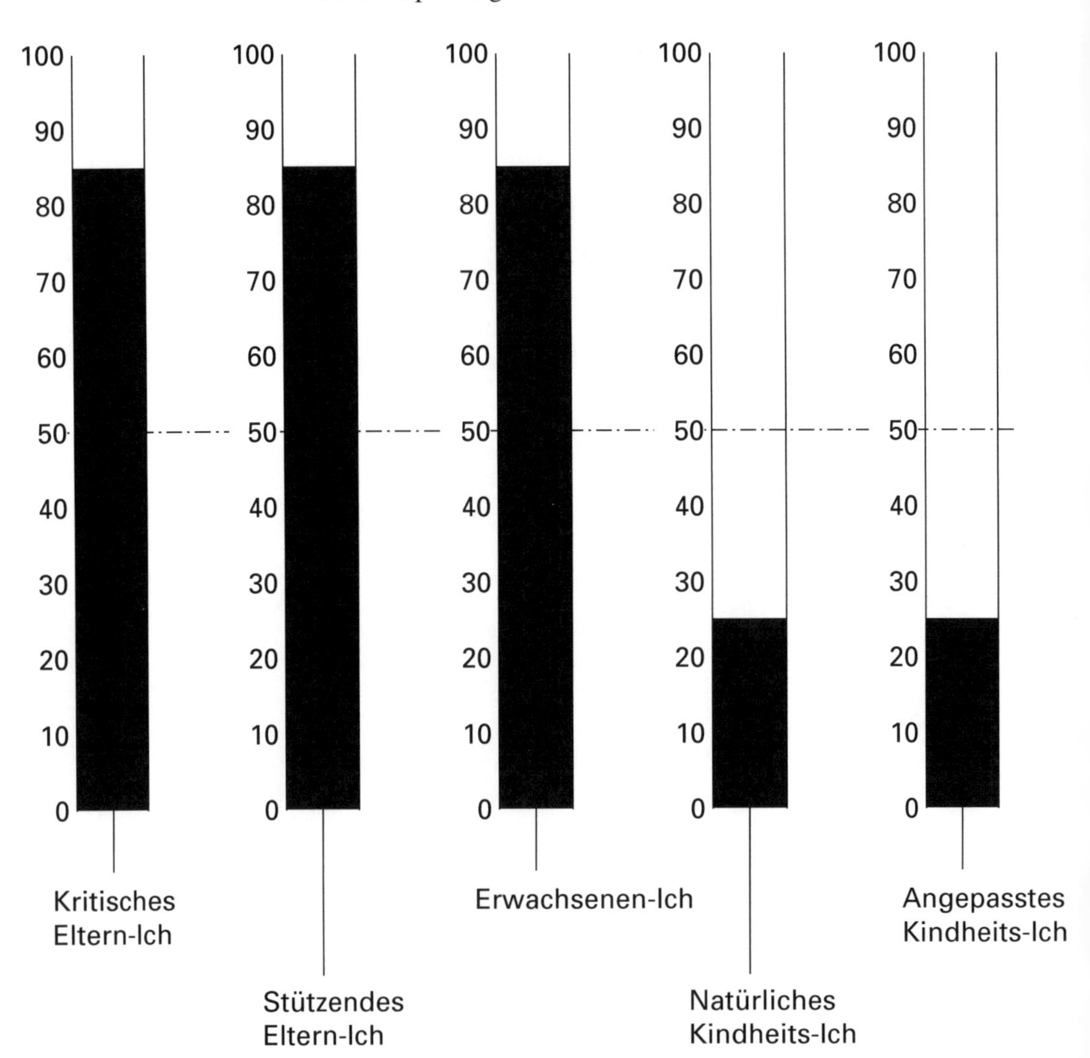

Diese graphische Darstellung lässt auf eine grosse Stabilität und Sicherheit schliessen, solange es um die Aufrechterhaltung traditioneller und bewährter Werte geht. Dagegen setzen Führungskräfte mit einer solchen Energieverteilung Veränderungen und Innovationen beachtlichen Widerstand entgegen. Solche Führungskräfte gehen auch oft sehr hilflos mit Emotionen um.

Wenn wir Egogramme betrachten, müssen wir uns bewusst sein, dass es sich dabei um Momentaufnahmen handelt: Die Energie in den Ich-Bereichen kann sich auf Grund tiefgreifender Erlebnisse in kurzer Zeit verändern, z. B. nach einem Herzinfarkt oder nach dem Verlust des Lebenspartners. Aber auch über längere Zeitperioden betrachtet, verändern sich Egogramme mit unseren Lebensphasen.

Ein wesentliches Anliegen der Transaktionalen Analyse ist es, das Erwachsenen-Ich so zu stärken, dass es im Vergleich mit den anderen Ich-Zuständen die grösste Energie aufweist. So kann das Erwachsenen-Ich in jeder Situation autonom entscheiden, mit welchem Ich-Zustand es in einer bestimmten Lage reagieren möchte.

Nach ihrem Wunsch-Egogramm befragt, zeichnen sowohl Führungskräfte als auch Mitarbeiterinnen und Mitarbeiter am häufigsten dieses Bild:

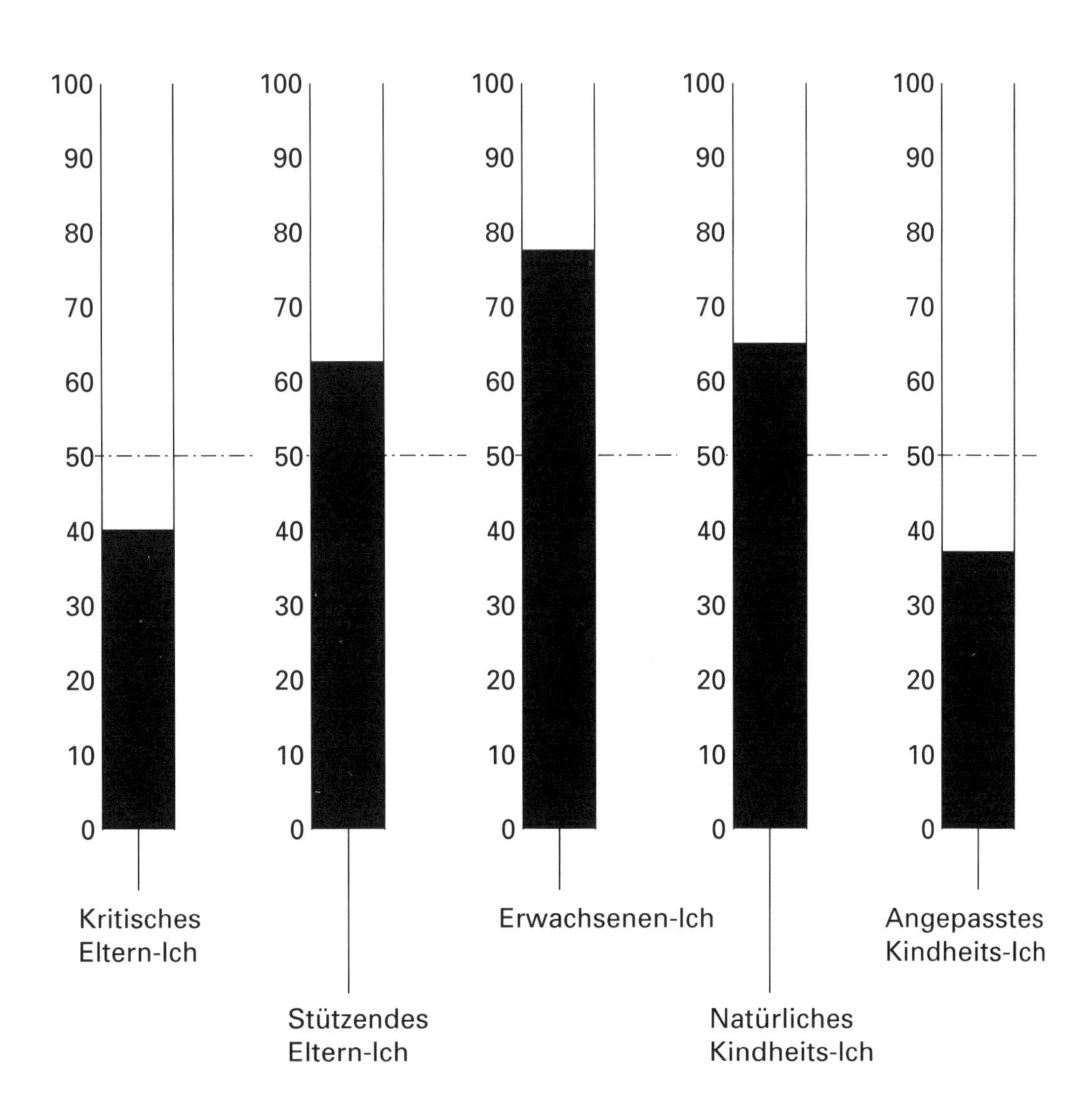

Da jeder Mensch jene Verteilung der psychischen Energie in den Ich-Zuständen braucht, die seine Bedürfnisse und diejenigen der Umwelt erfüllt, gibt es, wie oben erwähnt, kein «ideales» Egogramm. Ein Künstler wird seine Energie anders verteilen als ein Jurist; eine Krankenschwester wieder anders als ein Manager. Aber nach dem Wunschbild befragt, fühlen sich – unabhängig vom Beruf – offenbar die meisten dann am wohlsten, wenn das Erwachsenen-Ich ihr Verhalten zu steuern vermag und wenn für «die Freude am Leben» (natürliches Kindheits-Ich) und für das Wohlergehen anderer (stützendes Eltern-Ich) mehr psychische Energie vorhanden ist als für Kritik (kritisches Eltern-Ich) und für die Anpassung an andere (angepasstes Kindheits-Ich).

2.3.3

Egogramm und Führungsstil

Das Persönlichkeitsmodell der Transaktionalen Analyse lässt sich mit dem sozio-technischen Ansatz zur Mitarbeiterführung (vgl. S. 27) sehr gut verbinden. In der Regel ergeben sich folgende Zusammenhänge:

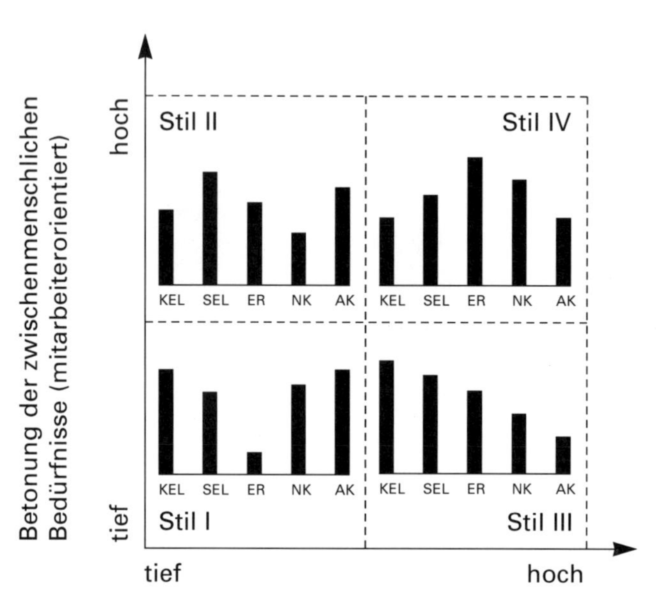

Der Führungsstil I ist häufig mit einem sehr schwachen Erwachsenen-Ich verbunden. Der Führungsstil II ist durch einen hohen Anteil von stützendem Eltern-Ich und angepasstem Kindheits-Ich gekennzeichnet. Die Eltern-Ich-Komponenten dominieren beim Führungsstil III, und der Führungsstil IV weist ein starkes Erwachsenen-Ich und ein starkes Kindheits-Ich auf.

Bei diesen Zusammenhängen zwischen Egogramm und Führungsstil sind sehr viele Zwischenformen möglich. Die Verbindung der Lebensgrundpositionen – ein weiteres Konzept der Transaktionalen Analyse – mit den Führungsstilen und mit dem Egogramm ermöglichen uns noch eine weitere Differenzierung.

2.4

Die Grundeinstellung zu mir und anderen

Ob ein Führungsverhalten überzeugend wirkt, hängt u. a. auch davon ab, welche Lebensgrundeinstellung eine Führungskraft sich selbst und seinen Mitarbeitern gegenüber hat.

Berne (1967, 1973) hat die Begriffe «o.k.» und «nicht o.k.» eingeführt, um die existentielle Grundeinstellung eines Menschen zu kennzeichnen. Diese Grundeinstellung ist eine weitgehend konstante Haltung. Sie kommt dann deutlich zum Ausdruck, wenn jemand in irgendwelche Schwierigkeiten gerät. Die Grundeinstellung entspricht der Farbtönung der Brille, durch die wir uns selbst und die Welt «wahr»-nehmen. Es gibt vier fundamentale Lebensgrundpositionen, die mit den folgenden Formeln beschrieben werden, wobei das Wort «ich» durch «wir» ersetzbar ist, und statt «du» auch «sie» stehen kann:

- Ich bin nicht o. k. / Du bist nicht o. k. (– –)
- Ich bin nicht o. k. / Du bist o. k. (– +)
- Ich bin o. k. / Du bist nicht o. k. (+ –)
- Ich bin o. k. / Du bist o. k. (+ +)

Diese «Ich bin o. k./Du bist o. k.»-Grundeinstellung, wie der gleichbautende Titel des Bestsellers von Harris (1974), hat nichts mit Sozialromantik zu tun. «Ich bin o. k.» heisst auch: Ich sage ja zu mir, so wie ich bin, mit all meinen

Sonnen- und Schattenseiten. Es ist eine Selbstwerteinschätzung. «Du bist o. k.» bedeutet: Ich sage ja zum anderen mit seinen Vor- und Nachteilen. Es ist das Mass meines Vertrauens in die Fähigkeit anderer.

Nun kann ich ja nicht jeden Verbrecher als «o. k.» annehmen. Deshalb wird von Fanita English (1980) noch eine fünfte Grundposition vorgeschlagen: «Ich bin o. k. / Du bist o. k. – realistisch». Sie meint damit das o. k.-Gefühl des Erwachsenen-Ichs, im Unterschied zu ursprünglichen «Ich bin o. k. / Du bist o. k.» im Kindheits-Ich.

Lebensgrundpositionen sind Entscheidungen über den Wert, den ich habe. Sie bilden sich bereits in der frühen Kindheit im Umgang mit den Bezugspersonen und der Realität heraus. Später sind diese Lebensgrundpositionen Wahrnehmungsfilter. Wer einmal eine Grundposition bezogen hat, neigt dazu, die Welt in der Weise zu sehen und zu erleben, die seine Haltung rechtfertigt und damit aufrechterhält.

«Brave» Kinder entwickeln häufig eine (– +)-Grundposition. Sie sehen später oft das Positive nicht an sich und wehren z. B. Komplimente ab. Wenn einem Kind das «Bravsein» im Umgang mit den Eltern nicht hilft, weil der Erziehungsstil widersprüchlich ist, entwickelt es oft eine (+ –)-Grundposition. Es wird später dann das Gute und Positive bei den anderen nicht sehen.

Im Zusammenhang mit dem Führungsverhalten wirken sich die Lebensgrundpositionen nach Rüttinger und Kruppa (1981) wie folgt aus:

(+ +)-Grundposition

Führungskräfte mit der (+ +)-Grundposition können eine Situation realistisch bewerten, Entscheidungen selbständig treffen, die Folgen von Entscheidungen abschätzen und die Konsequenzen tragen. Führungskräfte mit dieser Einstellung vertrauen den Menschen in ihrer Umgebung, solange dieses Vertrauen nicht in krasser Weise zerstört wird. James und Jongeward (1974) bezeichnen solche Personen als «Gewinner». Solche sehen die Realität, so wie sie ist, und nicht, wie sie sie haben möchten. Sie leben bewusst in der Gegenwart, ohne allerdings die Vergangenheit zu verleugnen und ohne vor der Zukunft die Augen zu verschliessen. Ein Gewinner ist autonom. Er reagiert nicht mit fixierten Verhaltensmustern, sondern unmittelbar und realitätsbezogen. Gewinner können es sich leisten, Fehler zu begehen und sich auch vorübergehend unsicher fühlen, ohne dass sie den Glauben an sich selbst verlieren.

(+ –)-Grundposition

Führungskräfte mit dieser Grundposition sagen den andern zwar gerne, was sie tun sollten, sind aber häufig kaum in der Lage, ihre eigenen Probleme zu lösen, die sie vielfach auch nicht deutlich genug sehen. Sie schieben die Schuld sehr gerne ab. Sie zwingen den anderen etwas auf, indem sie ausschliesslich ihre eigenen Massstäbe anlegen. Sie verfahren nach dem Motto: Fehler machen nur die anderen; wenn etwas nicht nach Plan geht, sind die anderen schuld. Diese Haltung dient oft dazu, das eigene «Nicht o. k.»-Verhalten zu überdecken. Führungskräfte mit dieser Einstellung umgeben sich gerne mit Ja-Sagern. Sie besitzen zudem ein hohes Mass an Misstrauen. So verweigern solche Führungskräfte ihren Mitarbeitern Anerkennung, weil sie glauben, dass die Mitarbeiter daraus einen Vorteil ziehen und dies als Zeichen von Schwäche interpretieren würden.

(– +)-Grundposition

Führungskräfte dieser Gruppe glauben sich anderen gegenüber oft unterlegen. Sie handeln häufig aus dieser vermeintlichen Unterlegenheit heraus und richten aufkommende Aggressionen in erster Linie gegen sich selbst. Ihr Selbstwertgefühl ist nicht sonderlich ausgeprägt. Nach Möglichkeiten versuchen sie, zwischenmenschliche Konflikte zu vermeiden. Um die Zuwendung von den anderen nicht zu verlieren, sagen sie sehr oft «ja», obwohl sie eigentlich «nein» sagen wollten. Im Umgang mit Mitarbeitern sagen Führungskräfte mit einer (– +)-Grundhaltung häufig: «Machen Sie sich keine Sorgen, wenn Sie das nicht können ...» oder: «Lassen Sie nur, ich mache das dann schon ...»

(– –)-Grundposition

Menschen, die diese am wenigsten wünschenswerte Grundposition über längere Zeit hinweg einnehmen, können ihrer Arbeit, dem Kontakt mit anderen und dem Leben überhaupt wenig Freude abgewinnen. Sowohl das eigene Selbstvertrauen als auch das Vertrauen in andere sind gestört. Diese Grundlage hängt oft mit einer Lebenskrise zusammen und Menschen in dieser Situation brauchen beratende, mitunter auch therapeutische Hilfe.

Wenn wir nun versuchen, diese Grundpositionen in einen Zusammenhang mit den auf Seite 60 beschriebenen Verhaltensstilen zu bringen, ergibt sich folgende graphische Darstellung:

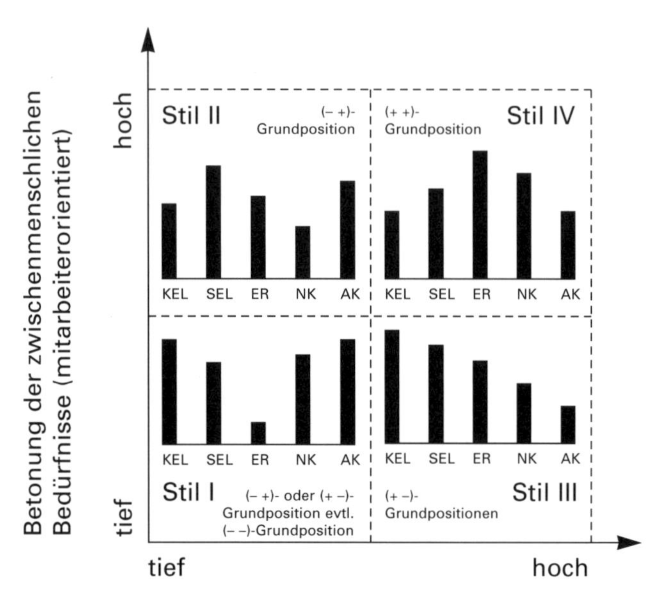

Im Sinne des situativen Führens wirken die Führungsstile III und II dann überzeugend, wenn sie aus einer (+ +)-Grundposition erfolgen. Genauso wirkt der Führungsstil IV aus einer (+ –)-Grundposition heraus pseudo-kooperativ. Die Mitarbeiter empfinden in einem solchen Fall die «kooperative» Entscheidungsfindung, bei welcher der Vorgesetzte insgeheim längst entschieden hat, als Alibiübung.

2.5

Führung und Motivation

Die Förderung des Erwachsenen-Ichs und des natürlichen Kindheits-Ichs ist ein zentraler Bereich der Führungskräfteschulung.

Dass dies einem Bedürfnis entspricht, erkennen wir, wenn wir eine der verbreitetsten und populärsten Motivationstheorien – die Zweifaktoren-Theorie von F. Herzberg – mit dem Persönlichkeitsmodell der Transaktionalen Analyse verbinden.

Herzberg, Mausner und Snyderman (1967) haben in einer mit Führungskräften durchgeführten Studie nachgewiesen, dass Faktoren, die zur Selbstaktualisierung des Menschen am Arbeitsplatz führen, als sehr wesentlich empfunden werden. So stellten diese Autoren fest, dass Führungskräfte, die aussagten, sie seien mit ihrer Arbeit sehr zufrieden, dies hauptsächlich auf Faktoren zurückführten, die mit beruflicher Leistung, mit erfolgreicher Ausführung einer Aufgabe in Verbindung standen, oder die ein Wachstum, eine Entwicklung und Erweiterung der Persönlichkeit ermöglichten und ihnen das Gefühl gaben, kompetent und leistungsfähig zu sein – Faktoren also, die einen engen Bezug zur Selbstaktualisierung hatten. Herzberg bezeichnete diese Faktoren deshalb als «Motivationsfaktoren» oder «Zufriedenmacher». Nannten Führungskräfte dagegen Faktoren, die sie für negative Gefühle bei ihrer Arbeit verantwortlich machten, so waren dies Umweltfaktoren, die nicht direkt mit der Arbeit selbst zu tun hatten, so etwa unzureichende Entlohnung, schlechte Arbeitsbedingungen, mangelnde Sicherheit des Arbeitsplatzes, schlechter Führungsstil, die Art der Anordnung oder das Arbeitsklima. Herzberg bezeichnete diese Faktoren als «Hygienefaktoren» oder «Unzufriedenmacher». In seinen Studien kam Herzberg zum Schluss, dass fehlende Hygienefaktoren Unzufriedenheit hervorrufen. Sind diese Faktoren jedoch vorhanden, besteht zwar keine Unzufriedenheit, aber die Mitarbeiter sind deshalb noch nicht zwangsläufig motiviert.

Als Ansporn für Mitarbeiter bedarf es der «Motivatoren». Sind diese nicht gegeben, bewirkt das zwar keine grosse Unzufriedenheit, aber die Mitarbeiter sind damit auch nicht motiviert. Andererseits haben die Motivatoren nur dann eine optimale Wirkung, wenn die Hygienefaktoren in ausreichender Form gegeben sind.

So wirkt zum Beispiel die Anerkennung einer guten Leistung (Motivator) durch einen Vorgesetzten, dessen zwischenmenschliche Beziehungen zu seinem Mitarbeiter gestört sind (Hygienefaktor), nie in dem Masse, wie dies der Fall ist, wenn der Faktor «Zwischenmenschliche Beziehung» in Ordnung ist.

Mitarbeiter und Mitarbeiterinnen – im besonderen solche mit fundierter Ausbildung – suchen zur Erfüllung ihrer Bedürfnisse eine Arbeit, die sie herausfordert und Selbständigkeit verlangt. Diese Bedürfnisse werden nicht durch die Hygienefaktoren – also durch äussere Umstände – befriedigt, sondern ausschliesslich durch die Motivatoren, nämlich durch sinngebende und verantwortungsvolle Arbeit, unabhängiges Handeln und die Anerkennung ihrer Leistungen.

Die folgende graphische Darstellung macht deutlich, dass zur Aufrechterhaltung der Hygienefaktoren Eltern-Ich- und Erwachsenen-Ich-Einflüsse notwendig sind, für die echte Motivation der Mitarbeiter hingegen zunehmend Verhaltenselemente des Erwachsenen- und des natürlichen Kindheits-Ichs.

Hygienefaktoren

- Entlohnung
- Arbeitsplatzsicherheit
- Arbeitsbedingungen
- Status
- Regelungen
- Funktionsweise der Verwaltung
- Art und Qualität der zwischenmenschlichen Beziehungen am Arbeitsplatz

Motivatoren

- Leistung
- Anerkennung
- Verantwortung
- Beförderung
- Interessante Arbeit
- Möglichkeit des persönlich-geistigen Wachsens durch die Verrichtung einer interessanten Arbeit

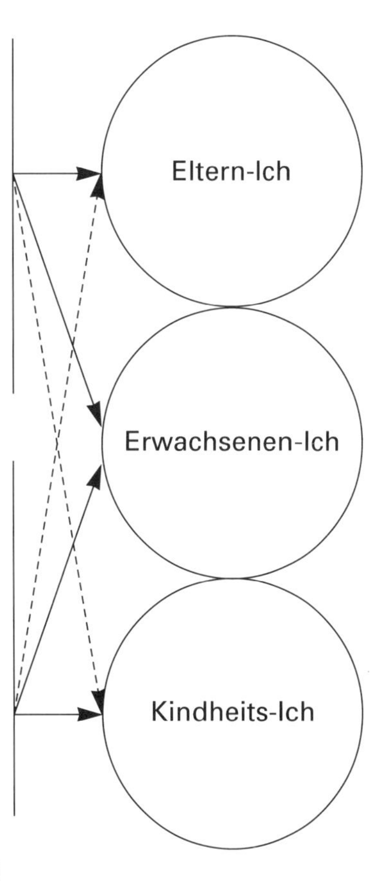

(nach Novey, 1976, S. 100)

2.6

Richtungen der Persönlichkeitsentwicklung

Die Erfahrung zeigt, dass es in vielen Fällen leichter und auch sinnvoller ist, einen «schwachen» Ich-Zustand zu stärken, als einen «starken» Ich-Zustand abzubauen.

Je mehr Raum und Zeit die zurückgebliebenen Ich-Bereiche in uns gewinnen, desto mehr treten die anderen von selbst zurück.

Obwohl für die Persönlichkeitsentwicklung alle Ich-Zustände von Bedeutung sind, kommt in der Transaktionalen Analyse wie auch in anderen Therapierichtungen der Stärkung des Erwachsenen-Ichs eine besondere Bedeutung zu. Dieses keinesfalls einfache Ziel wird in der Führungsschulung in Verhaltenstrainings mit Hilfe von Übungen und Selbsterfahrungen angestrebt.

Erwachsenen-Ich fördern

- Ich werde die Verantwortung für mein Leben selber übernehmen.
- Die Realität so sehen, wie sie ist, und nicht, wie ich sie haben möchte.
- Mich so sehen, wie ich bin, und nicht, wie ich sein möchte.
- Statt sofort loszulegen oder jammern, überlegen und fragen.
- Statt zu behaupten, zuhören und Fragen stellen.
- Statt zu warten, den ersten Schritt noch heute machen.
- Sagen, wenn mich etwas stört.

Stützendes Eltern-Ich fördern

- Verständnis für die Handlungsweisen anderer haben.
- Zuwendung geben und Zuwendung annehmen.
- Aktives Zuhören einsetzen.

Natürliches Kindheits-Ich fördern

- Eigene Gefühle, «wahr»-nehmen, annehmen und – wenn es sinnvoll ist – ausdrücken.
- Dinge tun, die einem wirklich Spass machen, sofern sie nicht zerstörerisch sind.
- Geniessen, statt ungeniessbar zu sein.
- Sich an kleinen und grossen Dingen freuen.
- Wieder Staunen lernen.

Hohes angepasstes Kindheits-Ich abbauen

- Statt sich auf das «Ich kann nicht» auf das «Ich will nicht» konzentrieren.
- Das «Ich muss ...» durch «Ich entscheide mich ...» ersetzen.
- Klar ausdrücken, was ich will.
- Lernen «nein zu sagen» und die Konsequenzen daraus zu tragen.

Hohes kritisches Eltern-Ich abbauen

- Fragen, statt zu behaupten.
- Zuhören.
- Warten, statt sofort loslegen.
- Eigene Werte hinterfragen: «Ist es wirklich so?»

Hohes stützendes Eltern-Ich abbauen

- Andere fragen: «Was genau erwartest Du jetzt von mir?»
- Andere fragen: «Was hast Du Dir bis jetzt überlegt?»
- Andere fragen: «Was hast Du schon ausprobiert?»
- Lernen, nein zu sagen.
- Vertrauen in das Potential der andern haben.

2.7

Die Analyse von Transaktionen

Im Sinne der Transaktionalen Analyse wird eine Mitteilung von einem Individuum zu einem anderen je aus einem bestimmten Ich-Zustand heraus «gesendet» und im anderen an einen bestimmten Ich-Zustand gerichtet. Es gibt also Mitteilungen, die vom Eltern-Ich eines «Senders» ausgehen und sich an das Kindheits-Ich im «Empfänger» richten, aber auch Mitteilungen, die vom Erwachsenen-Ich des «Senders» ausgehen und sich an das Erwachsenen-Ich des «Empfängers» richten.
Dazu ein Beispiel:

Frau Weiss fährt mit dem Wagen in die Stadt. Sie holt aus der Reinigung den Anzug ihres Mannes ab. Auf der Heimfahrt übersieht sie in der Eile ein von rechts einbiegendes Fahrzeug. Es kommt zu einem leichten Zusammenstoss.

Frau Weiss hat nun die folgenden Möglichkeiten, ihrem Mann von diesem Vorfall zu berichten:

a) «In Zukunft kannst du deine Klamotten selber abholen! In der Hetze passiert doch immer etwas. Rammt mir doch so ein Idiot den Wagen!»

b) «Du, ich muss dir etwas sagen. Mir ist etwas Dummes passiert. Als ich deinen Anzug aus der Reinigung abholte, übersah ich auf der Heimfahrt ein Auto, das von rechts einbog. Ich wollte noch bremsen, aber da krachte es schon.»

c) (Mit weinerlicher Stimme:) «Du, mir ist etwas Furchtbares passiert. Ich holte deinen Anzug. Und auf der Heimfahrt habe ich einen anderen gerammt. Ich kann wirklich nichts dafür.»

Sie finden bestimmt leicht heraus, aus welchem Ich-Zustand Frau Weiss in den Situationen a, b und c reagiert hat.

Für den weiteren Verlauf des Gespräches ist es entscheidend, an welchen Ich-Zustand ihres Mannes sich Frau Weiss richtet und mit welchem Ich-Zustand Herr Weiss auf diese Aussage reagiert.

Auf den Reiz aus dem Erwachsenen-Ich «Du, ich muss dir etwas sagen. Mir ist etwas Dummes passiert ...» kann Herr Weiss aus seinem Erwachsenen-Ich reagieren: «Hast du dich verletzt?»

Die Pfeile, mit denen Reiz und Reaktion dargestellt sind, verlaufen parallel. Es sind Parallel-Transaktionen. Immer dann, wenn die Antwort unseres Gesprächspartners aus dem angesprochenen Ich-Zustand kommt, sprechen wir von Parallel-Transaktionen. Anders gewendet: Wenn die erwartete Reaktion eintritt, ist die Transaktion parallel. Parallel-Transaktionen können zwischen jedem Ich-Zustand ablaufen. Auch wenn die Transaktionen nicht horizontal verlaufen, z. B. vom Eltern-Ich zum Kindheits-Ich und umgekehrt, sprechen wir von einer Parallel-Transaktion. Auf den Reiz aus dem Kindheits-Ich von Frau Weiss an das Eltern-Ich ihres Ehemannes: (Mit weinerlicher Stimme:) «Du, mir ist

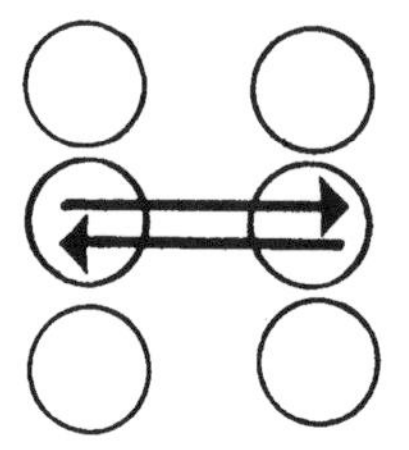

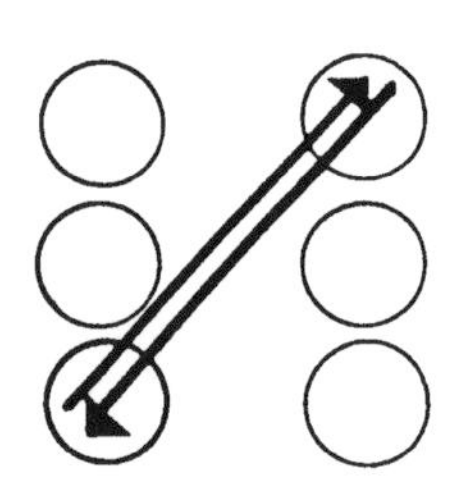

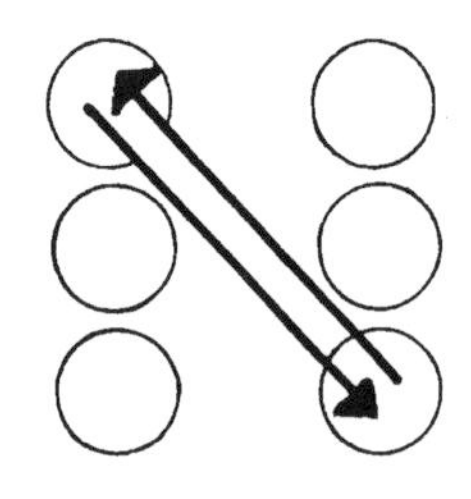

etwas Furchtbares passiert ...» kann Herr Weiss aus dem stützenden Eltern-Ich antworten: «Gott sei Dank ist dir nichts passiert.» Oder auf den Reiz aus dem kritischen Eltern-Ich der Ehefrau: «In Zukunft kannst du deine Klamotten selber abholen!» könnte Herr Weiss aus seinem angepassten Kindheits-Ich antworten: «Ja, du hast sicher recht.»

Es wäre auch eine Parallel-Transaktion zwischen Eltern-Ich und Eltern-Ich denkbar:

Oder zwischen den beiden Kindheits-Ichs:

Als Grundregel gilt:

Solange Reiz und Reaktion zwischen den Ich-Zuständen parallel verlaufen, kann die Kommunikation unbegrenzt weitergehen.

Für den Arbeitsalltag dürften wohl die Erwachsenen-Ich/Erwachsenen-Ich-Transaktionen die besten sein: sie sind problemlösend.

Kehren wir noch einmal zum Ehepaar Weiss zurück. Es hätte sich auch folgendes abspielen können: Auf den Reiz aus dem Erwachsenen-Ich von Frau Weiss an das Erwachsenen-Ich ihres Mannes: «Du, ich muss dir etwas sagen. Mir ist etwas Dummes passiert ...», hätte Herr Weiss antworten können: «Kannst du denn nicht besser aufpassen, ich hab' dir doch schon hundertmal gesagt, du sollst vorsichtig sein ...». Herr Weiss reagiert nicht, wie seine Frau wohl erwartet, aus dem Erwachsenen-Ich, sondern aus seinem kritischen Eltern-Ich. Er wendet sich damit an das angepasste Kindheits-

Ich seiner Frau. Die Pfeile im Diagramm kreuzen sich. Erfolgt in einem Gespräch die Reaktion nicht aus dem angesprochenen Ich-Zustand, sprechen wir von einer Kreuz-Transaktion. Kreuz-Transaktionen führen – zumindest vorübergehend – zu einer Unterbrechnung der Kommunikation. Gekreuzte Transaktionen «gehen» irgendwie «daneben». Der Gesprächspartner hat dadurch oft das Gefühl, nicht ernstgenommen zu werden. Sein Anliegen wird missachtet. Auf Missachtung reagieren wir mit negativen Gefühlen, die dann häufig nicht ausgesprochen, sondern im kritischen Eltern-Ich kompensiert werden und zu Kreuz-Transaktionen führen, die kaum mehr zu «retten» sind:

Am häufigsten entstehen Kreuz-Transaktionen, wenn auf einen Reiz aus dem Erwachsenen-Ich eine Reaktion aus dem Kindheits- oder Eltern-Ich erfolgt.

Als zweite Grundregel gilt:
Wenn Reiz und Reaktion sich kreuzen, wird die Kommunikation – zumindest vorübergehend – unterbrochen.

Mit etwas Übung kann jedermann Geschicklichkeit darin entwickeln, mit anderen in Kontakt zu bleiben, indem er Parallel-Transaktionen herstellt und Kreuz-Transaktionen vermeidet.

Kreuz-Transaktionen sind dann wertvoll, wenn sie dazu dienen, endlose Eltern-/Eltern-Ich-Transaktionen zu unterbrechen, um dem Gespräch eine neue Wende zu geben.

In der Mitarbeiterführung ist es oft notwendig, Kindheits-Ich/Eltern-Ich-Transaktionen zu kreuzen. In unserem Karikatur-Beispiel versucht der Vorgesetzte, statt das Problem selber zu lösen, mit einer Kreuz-Transaktion dem Mitarbeiter durch die Beschaffung der erforderlichen Information so zu helfen, dass er das Problem selbst lösen kann.

Mit welchem Ich-Zustand Sie ein Gespräch beginnen und aufrechterhalten, ist Ihre Entscheidung. Nur Sie können beurteilen, welche Reaktion Sie in einer gegebenen Situation für sinnvoll und nützlich halten. Wenn Sie von anderen mit Kreuz-Transaktionen geärgert werden, dann können Sie sich – zur Freude der anderen – ärgern –, es verlangt aber niemand von Ihnen, dass Sie sich ärgern müssen.

2.8 Unser Bedürfnis nach Beachtung

Nachdem wir durch die Schilderung verschiedener Transaktionen Einblick in das «Wie» unseres Umganges mit anderen gewonnen haben, können wir unser Verständnis weiter vertiefen, wenn wir nun der Frage nach dem «Warum» nachgehen.

Das Bedürfnis nach Zuwendung und Anerkennung ist ein biologisches Grundbedürfnis, ein Bedürfnis also, das uns angeboren ist. Auch wenn nicht alle Menschen gleich viel und gleich häufig Zuwendung und Anerkennung benötigen, ist der Hunger nach «strokes» (Berne, 1967) doch das wahrscheinlich entscheidendste Grundbedürfnis. René Spitz (1967) weist in seinen Forschungen darauf hin, dass Kinder für ihre körperliche und seelische Entwicklung und zum Überleben körperlichen Kontakt benötigen. Berne (1973) leitet daraus einen Reiz-Hunger nach Körperkontakt ab, dem er den gleichen Bezug zum Überleben des menschlichen Organismus wie dem Hunger nach Nahrung zuschreibt.

Bedingt durch gesellschaftliche Normen, kann das Bedürfnis nach physischem Kontakt im Verlaufe unserer Entwicklung nicht mehr voll befriedigt werden. Der Hunger nach physischer Zuwendung wird teilweise in einen Hunger nach Anerkennung umgewandelt. Diese ist, bildlich gesprochen, ein Streicheln. Daher wird der Ausdruck «Streicheln» (stroking) sowohl für physischen Körperkontakt als auch für eine gesprochene oder nicht-verbale Anerkennung verwendet.

2.8.1

Die Hierarchie der Beachtung

Es stehen uns fünf Zuwendungsmöglichkeiten zur Verfügung:

1. *Die bedingungslose positive Beachtung*
   Sie bedeutet grundsätzliches Akzeptieren des anderen. Diese Wertschätzung ist mit keinem «Wenn» und «Aber» verbunden. Diese Art von Anerkennung ist nur aus der (+ +)-Grundposition heraus möglich. Es ist die Mutter, die ihrem Töchterchen sagt: «Ich habe dich einfach gern» (auch wenn du nicht machst, was ich sage ...), oder der Vorgesetzte, der zu seinem Mitarbeiter sagt: «Ich fühle mich sehr wohl in Ihrer Gegenwart» oder «Ich schätze Sie».
2. *Die bedingte positive Beachtung*
   Hier wird die Zuwendung mit einer Bedingung verknüpft und von deren Erfüllung abhängig gemacht, z. B.: «Ich schätze Sie, wenn Sie das tun, was ich Ihnen sage.»
3. *Die bedingte negative Beachtung*
   Sie hat zumeist bereits einen drohenden Inhalt. Wenn eine Bedingung nicht erfüllt wird, entsteht ein «Liebesentzug»: «Ich schätze Sie nicht, wenn Sie dauernd zu spät kommen.»
4. *Die bedingungslose negative Beachtung*
   Ich lehne den anderen als Person ab, unbesehen davon, was er unternimmt, denkt oder fühlt: «Sie sind ein Idiot.»
5. *Weder positive noch negative Beachtung*
   Diese Art von Zuwendung ist die am schwersten erträgliche. Jeder von uns kennt das Gefühl, mit Absicht übersehen, einfach wie Luft behandelt zu werden. Wir existieren für den anderen überhaupt nicht. Länger andauerndes geflissentliches Übersehen kann zu schwerwiegenden seelischen und körperlichen Störungen führen.
   Die bedingungslose negative Zuwendung, sei sie auch noch so negativ, ist immer noch besser als überhaupt keine. Deshalb wird ein Mensch, der gar keine Zuwendung erhält, alles Mögliche unternehmen, um die nächste Stufe der bedingungslosen negativen Beachtung zu erreichen, also wenigstens noch ein Idiot zu sein.

Es lohnt sich – besonders auch für Führungskräfte – einmal für sich selbst eine kleine Privatstatistik aufzustellen, die zeigt, welche der fünf möglichen Zuwendungen im Führungsalltag am häufigsten praktiziert werden. Die 5. Stufe ist äusserst verbreitet. Wenn es hochkommt, heisst es noch: «Solange ich nichts sage, ist es ja gut.» Bei dem sehr verbreiteten Mangel an echter Zuwendung ist diese Art der «Mitarbeitermotivation» doch etwas zu bescheiden.

Wenn jemand keine positive Beachtung erhält oder annimmt, wird er verschiedene Strategien ausarbeiten, um wenigstens noch eine negative Zuwendung zu erhalten. Zwei sehr verbreitete Möglichkeiten sind das Sammeln und Einlösen von psychologischen Rabattmarken und das Ingangsetzen von psychologischen Ränkespielen.

2.8.2

Kleben Sie Rabattmarken?

Das Sammeln von psychologischen Rabattmarken bedeutet in der Sprache der Transaktionalen Analyse das Aufbewahren von bestimmten Gefühlen (meistens Ärger), bis genügend von ihnen vorhanden sind, damit sie dann für einen grösseren oder kleineren psychologischen Preis – sozusagen einen schuldfreien – Racheakt eingetauscht werden können (Rogoll, 1967).

So wird z. B. schon zum dritten Mal ein Antrag abgelehnt. Die Ärger- und Wutgefühle, die in einer solchen Eltern-Ich/Kindheits-Ich-Transaktion erlebt werden, sind jenen Gefühlen ähnlich, die wir als Kinder hatten, wenn etwas schief oder nicht nach unserem Willen ging. Wir hatten schon damals erfahren, dass uns der ungehemmte Ausdruck von Gefühlen oft Schwierigkeiten eintrug. Wir haben aber auch herausgefunden, dass wir die Gefühle wie Rabattmarken sammeln und später, bei passender Gelegenheit, gegen etwas einlösen können, das uns Zuwendung verschafft.

Gesammelte negative Gefühle können wir – ohne dabei ein schlechtes Gewissen zu haben – eintauschen, z. B. gegen das «verdiente» Recht, einen Wutausbruch zu haben, oder gegen das Recht, den Ehepartner anzuschreien.

Oft ist es eine Kleinigkeit – die letzte Rabattmarke, die noch gefehlt hat –, die uns den Kragen zum Platzen bringt. Beispiele aus dem Führungsalltag für Äusserungen, die eine unmittelbare Einlösung einer Rabattmarkensammlung ankündigen:
«Mein lieber Herr ...»
«Jetzt hören Sie mir bitte mal ruhig zu ...»
«Jetzt reicht's mir aber ...»

Die Ausbrüche beim Einlösen von Rabattmarken sind für unsere Gesprächspartner meistens völlig unverständlich, weil die «Reaktion» in keinem Verhältnis zum auslösenden «Reiz» steht.

Wenn wir das Eintauschen unserer schlechten Gefühle als Rechtfertigung ansehen, verschaffen wir uns auf krummen Wegen negative Zuwendung.

Obwohl es die beste Lösung wäre, auf das Kleben von Rabattmarken zu verzichten, wird dies im Arbeitsleben wohl ein frommer Wunsch bleiben. Ratsam wäre es, wenn ich schon Ärgermarken sammle, einzelne Marken sofort einzulösen und nicht zu lange zu warten, sondern bald aktiv zu werden, wie in einem Gespräch oder indem ich mir eine Belohnung verschaffe (z.B. durch sportliche Aktivitäten), was gesünder ist, als wenn ich Unschuldige anschreie.

Da die Höhe der Preise beim Eintauschen von Rabattmarken in einem direkten Verhältnis zur Anzahl der geklebten Rabattmarken steht, ist es wohl möglich, ein Rabattmarkenheft gegen einen Waldlauf einzutauschen; bei fünf vollen Rabattmarkenheften genügt ein Waldlauf meistens nicht mehr, ausser Sie leisten sich dabei noch eine Verstauchung oder einen Beinbruch.

Markensammler hören oft persönliche Beleidigungen in harmlosen Bemerkungen, und sie versteigen sich auch in allerlei Vermutungen über das, was jemand sagen oder gesagt haben könnte.

Ein illustratives Beispiel erwähnt Watzlawick in seinem Buch «Anleitung zum Unglücklichsein» (1983):

Die Geschichte mit dem Hammer

Ein Mann will ein Bild aufhängen. Den Nagel hat er, nicht aber den Hammer. Der Nachbar hat einen. Also beschliesst unser Mann, hinüberzugehen und ihn auszuborgen. Doch da kommt ihm ein Zweifel: Was, wenn der Nachbar mir den Hammer nicht leihen will? Gestern schon grüsste er mich nur so flüchtig. Vielleicht war er in Eile. Aber vielleicht war die Eile nur vorgeschützt, und er hat etwas gegen mich. Und was? Ich habe ihm nichts angetan; der bildet sich da etwas ein. Wenn jemand von mir ein Werkzeug borgen wollte, *ich* gäbe es ihm sofort. Und warum er nicht? Wie kann man einem Mitmenschen einen so einfachen Gefallen abschlagen? Leute wie dieser Kerl vergiften einem das Leben. Und dann bildet er sich noch ein, ich sei auf ihn angewiesen. Bloss, weil er einen Hammer hat. Jetzt reicht's mir wirklich. – Und so stürmt er hinüber, läutet, der Nachbar öffnet, doch

bevor er «Guten Tag» sagen kann, schreit ihn unser Mann an: «Behalten Sie Ihren Hammer, Sie Rüpel!»

Um zu verhindern, dass man sich grössere Ärgermarkensammlungen anlegt und um sinnvolle Alternativen zum Markenkleben zu finden, schlagen Rüttinger und Kruppa (1981) vor, sich folgende Fragen zu stellen:

- Bei welchen Gelegenheiten sammeln Sie Ärgermarken?
- Wer ist ausser Ihnen noch an dieser Situation beteiligt?
- Worüber ärgern Sie sich bei/m anderen?
- Inwieweit ist es immer wieder dasselbe, über das Sie sich ärgern!
- Wenn Sie genau hinsehen, inwieweit ist Ihr Ärger berechtigt? Inwieweit beruht Ihr Ärger auf einer unrealistischen Annahme darüber, wie die anderen sich verhalten sollten?

- Wie, wem gegenüber und wann lösen Sie Ihre gesammelten Rabattmarken ein?
- Inwieweit ändert das etwas an der Tatsache, dass Sie sich über bestimmte Personen oder Dinge ärgern?
- Welche Möglichkeiten haben Sie noch, mit Ärger umzugehen? Welche Erwachsenen-Ich-Lösungen bieten sich an?

2.9

Spiele der Erwachsenen

«Was war das, bevor du es gekocht hast?»

Auf die im obigen Beispiel gestellte Frage wird die Gesprächspartnerin sehr unterschiedliche verbale und nichtverbale Antworten geben – die Wahrscheinlichkeit, dass sie sagt, was es wirklich war, ist jedoch sehr gering. Bei der Frage: «Was war das, bevor du es gekocht hast?» handelt es sich um eine verdeckte Transaktion. Das heisst, das Gesagte stimmt nicht mit dem Gemeinten überein. Verdeckte Transaktionen sind Kennzeichen von Ränkespielen.

Nehmen wir an, der Ehemann möchte am Abend mit seinen Kollegen kegeln gehen. In einer offenen Kommunikation wird er das direkt sagen. Wenn die offene Kommunikation aber aus irgendwelchen Gründen nicht möglich ist, wird er ein Ränkespiel spielen, welches er mit der im Beispiel erwähnten «Frage» eröffnen kann. Wenn die Ehefrau antwortet: «Wenn es dir nicht passt, kannst du ja wieder gehen», hat er das Spiel gewonnen. Er kann jetzt machen, was er ohnehin wollte.

Nach Berne (1967) sind Spiele «eine fortlaufende Reihe einfacher verdeckter Transaktionen, die zu einem gut erkenntlichen, vorhersehbaren Ausgang führen». Dieser vorhersehbare Ausgang oder «Nutzeffekt» besteht aus schlechten Gefühlen bei einem oder allen am Spiel Beteiligten.

Ränkespiele werden an ihrem sich ständig wiederholenden, stereotypen Ablauf erkannt, der immer mit einer verdeckten Transaktion beginnt, nämlich einer Abwertung des anderen. Zu Beginn des Spiels bleibt der Nutzeffekt verborgen, er wird erst am Schluss des Spiels deutlich. Spiele laufen in der Regel nicht bewusst ab, was ihr Aufdecken so schwierig macht.

Spiele werden gespielt, um
- etwas zu erreichen, das man nicht offen auszusprechen wagt;
- bei anderen Beachtung und Bestätigung zu suchen;
- negative Zuwendung zu bekommen, die letztlich besser ist als gar keine;
- echte Beziehungen zu vermeiden.

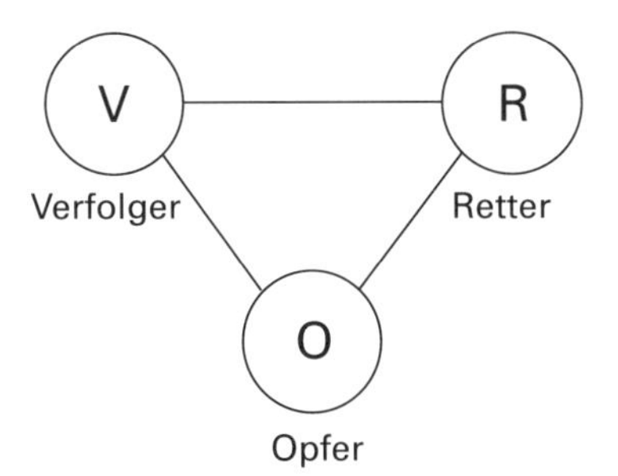

Drama-Dreieck oder «Karpman-Dreieck»

Eine einfache Möglichkeit, Spielverläufe zu analysieren, ergibt sich bei der Anwendung des Drama-Dreiecks von Karpman (1968). Es hat sich gezeigt, dass Familien-, Unternehmens- oder politische Dramen immer wieder wie im griechischen Drama auf drei Rollen zurückgeführt werden können:

2.9.1

Die Verfolger-Rolle

Der Verfolger handelt aus der Grundposition: Ich bin besser als der andere (+ –). Er setzt den anderen zu und sagt ihnen, was sie zu tun haben, um dadurch die (+ –)-Grundposition zu stärken.

Typische Verfolgerspiele sind:
- «Sehen Sie bloss, was Sie angerichtet haben!»
- «Wenn Sie nicht wären ...»
- «Jetzt habe ich Sie doch noch erwischt.»
- «Ich habe es Ihnen ja gleich gesagt.»
- «Meines ist besser, grösser, schöner als deines.»

2.9.2

Die Retter-Rolle

Der Retter will helfen und müht sich ab, um seine (– +)-Grundposition erträglicher zu machen oder aber auch aus einer (+ –)-Grundposition heraus, um zu zeigen, dass er weiss, was für die anderen gut ist. Bei dieser Rolle handelt es sich nicht um jemanden, der z. B. in schwierigen Situationen anderen uneigennützig hilft, ohne sie damit von sich abhängig zu machen. Vielmehr spielt er einen «Retter», der entweder unter der Maske des Helfers andere um den Preis der Abhängigkeit aus schwierigen Situationen befreit, oder er hat die Absicht zu zeigen, dass es ohne ihn nicht geht.

Typische Retterspiele sind:
- «Versuchen Sie es doch mal so.»
- «Ich wollte Ihnen ja nur helfen.»
- «Ich will doch nur Ihr Bestes.»
- «Lassen Sie mich das für Sie machen.»

2.9.3

Die Opfer-Rolle

Opfer spielen ihre Rolle aus der Grundposition «Ich bin hilflos, du bist besser als ich» (– +). Wiederum ist hier zwischen wirklichen Opfern (den Opfern einer Katastrophe, eines Vorurteils, einer Krankheit) und vermeintlichen Opfern zu unterscheiden. Die vermeintlichen «Opfer» spielen diese Rolle, um die Position «Aus mir wird ja doch nie etwas» zu beziehen. Opfer in diesem Sinne nehmen auch die Hilfe der Retter nicht an. Das Spiel dient lediglich dazu, den Kontakt mit anderen aufrechtzuerhalten. Dieser ginge ja verloren, wenn das Problem gelöst würde.

Typische Opferspiele sind:
- «Das begreife ich nie.»
- «Ich bin völlig überlastet.»
- «Warum muss das immer mir passieren?»
- «Knall mir eine!»
- «Ich bin blöd.»
- «Sie haben schon recht, aber ...»

2.9.4

Führungsstil und Spiele der Erwachsenen

Sehr häufig neigt eine Führungskraft im Verhaltensstil II zu Opferspielen, vor allem, wenn das angepasste Kindheits-Ich stark ausgeprägt ist.

Retter-Spieler finden sich oft entweder unter den «Fürsorglichen» mit der (– +)-Grundhaltung oder dem kritischen Eltern-Ich in der (+ –)-Grundposition. Führungskräfte mit dem Verhaltensstil III haben häufig die Tendenz, Verfolgerspiele zu spielen.

Charakteristisch für den Stil IV ist es, dass dieser Stil mit einem Minimum an Spielen auskommt und auf die indirekte Möglichkeit der Zuwendungsbeschaffung verzichten kann.

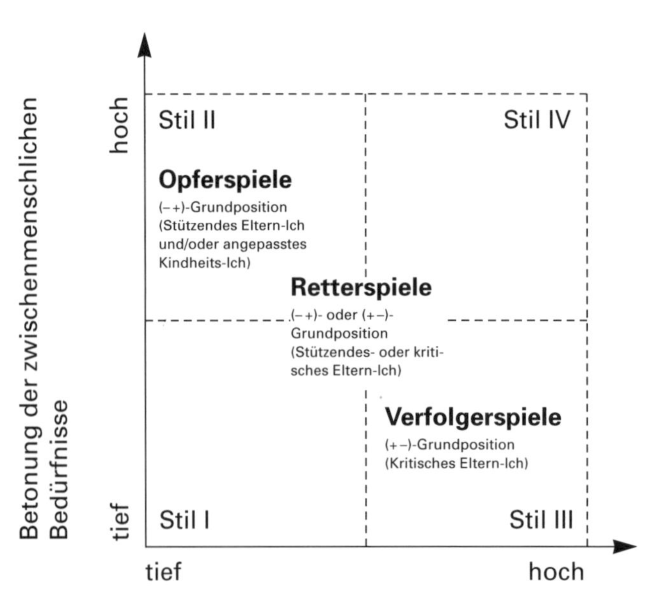

Ein Beispiel:

Nehmen wir an, ein Vorgesetzter oder Mitarbeiter, der ständig in Zeitnot ist, fragt Sie, wie er sein Zeitproblem lösen könne. Wenn er auf Ihre Vorschläge immer mit «Ja, aber…» reagiert, spielt er mit Ihnen das «Ja, aber»-Spiel, dessen Nutzeffekt darin besteht, Ihnen zu zeigen, dass auch Sie ihm nicht helfen können. «Ja, aber»-Spiele können Sie abbrechen, indem Sie dem Fragesteller keine Vorschläge mehr machen. Sie können mit gezielten Fragen den «Hilfesteller» dazu bringen, das er lernt, seine Probleme selbst zu lösen. Sie können auch aus echter Überzeugung sagen: «Ich sehe im Moment keinen Weg, Ihr Problem zu lösen.» Sie können aber auch direkt auf den «Nutzeffekt» des Spiels hinweisen und ihm klarmachen, dass Sie nicht bereit sind, sich missbrauchen zu lassen.

Die Hintergründe oder verborgenen Motive eines «Ja, aber»-Spiels sind häufig so zu erklären, dass mit der Lösung des Problems neue, womöglich noch bedrohendere Probleme entstehen.

Ein Manager, der nie Zeit hat, löst mit diesem Problem viele andere Probleme. So kann er sich zum Beispiel der Aufgabe entziehen, sich mit echten Problemen auseinanderzusetzen, im Beruf, in der Familie usw.

2.9.5

Das Abbrechen von Spielen

Sofern ich erkenne, daß ich an einem Spiel beteiligt bin, kann ich vermeiden, eine Rolle im Spiel des anderen zu übernehmen.

Für einen Opferspieler ist ein Spiel ohne Retter reizlos. Ferner kann ich darauf achten, «automatische» Reaktionen aus dem stützenden oder kritischen Eltern-Ich zu vermeiden: Mit dem stützenden Eltern-Ich verstärke ich die Abhängigkeit (Opfer-Rolle). Mit dem kritischen Eltern-Ich verstärke ich den Widerstand (Verfolger-Rolle) oder verursache Schuldgefühle (Opfer-Rolle).

Nach Kirsten (1978) eignen sich folgende Überlegungen, um aus Spielen auszusteigen:

- Achten Sie mehr auf Ihre eigenen Gefühle: So erkennen Sie rechtzeitig, wenn Sie an einem Spiel beteiligt sind.
- Helfen Sie dem anderen, das Spiel zu erkennen: Sprechen Sie mit ihm darüber, wie Sie und er sich verhalten.
- Werten Sie den anderen nicht ab.
- Helfen Sie dem anderen, in das Erwachsenen-Ich zu gehen: Stellen Sie ihm Fragen.
- Antworten Sie mit «paradoxer Kommunikation»: Geben Sie eine unerwartete Antwort (z. B. aus dem natürlichen

Kindheits-Ich). Antworten Sie auf die Aussage «Ich bin blöd» mit der Antwort: «Ja, stimmt».

- Ersetzen Sie negative durch konstruktive Kritik.
- Zeigen Sie dem anderen, dass Sie ihn als gleichberechtigt und gleichgestellt anerkennen.
- Aktivieren Sie Ihr natürliches Kindheits-Ich.
- Handeln Sie, statt zu diskutieren.
- Treffen Sie Entscheidungen, statt zu klagen.
- Hören Sie auf, den Retter zu spielen (das heisst, denen zu helfen, die gar keine Hilfe nötig haben).
- Hören Sie auf, den Verfolger zu spielen (das heisst, Kritik zu üben oder anzuklagen, wo es besser wäre, sich über die Lösung des Problems Gedanken zu machen).
- Hören Sie auf, Opfer zu spielen (das heisst, sich hilflos oder abhängig zu fühlen und zu verhalten, wenn Sie im Grunde genommen mit beiden Beinen auf der Erde stehen könnten).
- Verlassen Sie in extremen Fällen die Szene!

Da Spiele in vielen Fällen unbewusst ablaufen, ist das Aufdecken von Spielen auch Ziel therapeutischer Arbeit. Wenn Sie sich einerseits nicht mehr auf Ränkespiele einlassen, sind Sie andererseits aber auch allein, weil Sie für Ihre «Gegenspieler» nicht mehr «interessant» sind. Dafür gewinnen Sie Zeit für andere, für lohnendere Kontakte.

2.10

Das Skript: Der unbewusste Lebensplan

Die Transaktionale Analyse hat nachgewiesen, dass wir viele Entscheidungen nach einem unbewussten Lebensplan fällen, der in unserer Kindheit unter dem Einfluss der elterlichen Erziehung entstanden ist. Für ein kleines Kind sind elterliche Gebote, Verbote, Prinzipien und Regeln absolut, da es bis zum sechsten oder siebten Altersjahr wegen seines noch nicht stark genug entwickelten Denk- und Erkenntnisvermögens keine Möglichkeit hat, diese Prinzipien zu bewerten und sich bewusst damit auseinanderzusetzen.

Noch als Erwachsene – auch im reifen Alter – befolgen wir unbewusst viele dieser elterlichen Botschaften. Zum Teil wirken solche unterstützend, vor allem diejenigen, die wir aus dem stützenden Eltern-Ich unserer Eltern übernommen haben (zum Beispiel: «Lass dir nur Zeit»). Andere wirken einengend und belastend, vor allem diejenigen aus dem kritischen Eltern-Ich unserer Bezugspersonen (z. B.: «Nur wer schuftet, hat Erfolg»). Ein Ziel der Skriptanalyse ist es, sich belastender und einengender Normen, Regeln usw. bewusst zu werden, diese Eltern-Botschaften mit Hilfe des Erwachsenen-Ichs kritisch dahingehend zu überprüfen, ob sie angesichts der Realitäten und der jeweiligen Situation überhaupt sinnvoll sind, und sich, wo nötig, soweit als möglich von ihnen zu befreien, um schliesslich zu einem Verhalten zu kommen, wofür man selbst und eigenständig die Verantwortung übernehmen kann.

Bis zu einem gewissen Grade ist es jedem Menschen möglich, selbst zu erforschen, welche Botschaften er übernommen hat und welche sein Entscheiden und Handeln noch heute einengen:

Skriptanalyse ...

- Welches waren die Erwartungen und Ängste der Eltern mir gegenüber? («Werde nicht so wie Onkel Max!»)
- Welche Lebensregeln sind häufig wiederholt worden? («Erst die Arbeit, dann das Vergnügen!»)
- Welche direkten Verhaltensanweisungen habe ich mir zu Herzen genommen? («Sei nicht allzu ehrgeizig!»)
- Welchen Verwünschungen und Glückwünschen habe ich geglaubt? («Aus dir wird nie etwas Rechtes!»)
- Welche geheimen Provokationen habe ich erfüllt? («Werde du, was ich nicht konnte, z. B. Vorgesetzter!»)
- Welche Etiketten habe ich akzeptiert? («Du bist und bleibst unordentlich!»)

Ein 63jähriger Manager will aussteigen und eine Beratungstätigkeit aufnehmen, da er nicht erträgt, dass ihm sein junger Nachfolger zusehends das Steuer aus der Hand nimmt. Das Vorhaben erweist sich bei näherer Analyse als irrational, das heisst, ein frühes Erlebnis verleitet ihn zu diesem unbedachten Schritt. Sie geht auf die Erfahrung des väterlichen Konkurses in der Jugend zurück. Der Manager befolgt unbewusst die Elternbotschaft: «Mach um Himmels willen nie Konkurs!» Die sukzessive Übergabe seiner Kompetenzen und Aufgaben an den Nachfolger erklärt sich nun als Konkurserlebnis, das es zu vermeiden gilt.

2.10.1

Die Antreiber in unserem Kopf

Kahler und Capers (1974) weisen auf fünf grundlegende elterliche Forderungen in unserer Leistungsgesellschaft hin, die sie als «Antreiber» bezeichnen:

- *«Sei immer perfekt»* oder «Mach keine Fehler». Dieser Antreiber verlangt Perfektion, Vollkommenheit und Gründlichkeit in allem, was ich tue. In der Regel erwarte ich ein solches Verhalten auch von anderen. Dieser Antreiber ist ein Aufruf zur Übererfüllung der Ziele und gleichzeitig eine Warnung, «fünf gerade sein zu lassen».
- *«Mach immer schnell»,* «Beeil dich» oder «Schau immer vorwärts». Dieser Antreiber ist Anlass, alles rasch zu erledigen, auch rasch zu antworten, schnell zu sprechen, eilig zu essen.
  Es ist ein Aufruf zur Hektik, zum Verlassen der Gegenwart und häufig eine verborgene Warnung, anderen zu nahe zu kommen.
- *«Streng dich immer an»,* «Im Schweisse deines Angesichts» oder «Müh dich bis zum letzten ab». Wer diesem Antreiber folgt, macht aus jedem Auftrag ein Jahrhundertwerk. Und er versucht, auch andere dazu zu bringen, dass sie sich mit ihm zusammen bemühen. Wer unter dem Einfluss dieses Antreibers steht, folgt dem Aufruf: «Nur nicht lockerlassen.» Vor den Erfolg haben die Götter den Schweiss gesetzt. Es ist darin auch die Warnung davor enthalten, sich gehenzulassen.
- *«Mach es immer allen recht»,* «Sei immer liebenswürdig» oder «Mit dem Hute in der Hand ...». Bei diesem

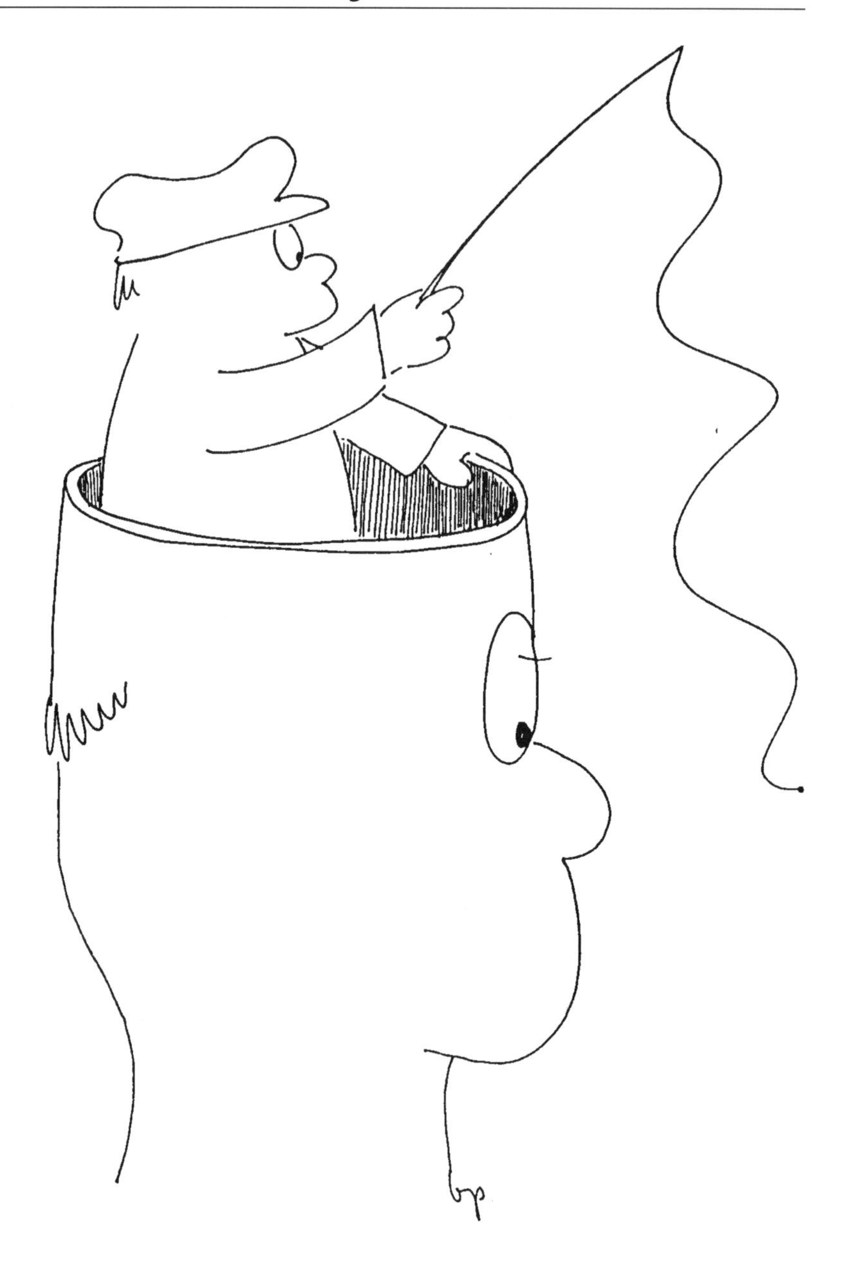

Antreiber ist der andere immer wichtiger als ich selbst. Wer unter diesem Antreiber steht, fühlt sich dafür verantwortlich, dass die anderen sich wohlfühlen. Er kommt den anderen entgegen; denn es ist ihm wichtig, von anderen geschätzt zu werden und beliebt zu sein. Dieser Antreiber ist ein Aufruf zur Freundlichkeit und zum «Frieden». Zudem ist er eine Warnung vor Konflikten und eine Ermahnung, ja keine eigenen Bedürfnisse anzumelden.

– *«Sei in jeder Lage stark»* oder «Beiss auf die Zähne». Dieser Antreiber besagt: Sich keine Blösse geben, Vorbild sein, Haltung bewahren, eiserne Konsequenz zeigen und am besten alles allein durchstehen, nur keine fremde Hilfe in Anspruch nehmen, «wir lösen unsere Probleme selber».
Dieser Antreiber ist ein Aufruf zum Heldentum und eine Warnung davor, Gefühle zu zeigen oder traurig zu sein.

Wer mit diesem Wissen um die Antreiber Management-Entscheidungen beobachtet, wird überrascht feststellen, wie stark sie kriterienbildend sein können, als Argumente in die Entscheidungsfindung einfliessen und damit sie beeinflussen.

In gleichem Masse, wie Menschen Antreiber haben, können auch Unternehmen unter solchen Antreibern stehen. Diese werden häufig vom Unternehmensgründer selbst geprägt, der wie «ein guter Vater» seine Botschaften seinen Nachfolgern hinterlässt. Wenn sich die Umweltsituation im Verlaufe der Jahre oder Jahrzehnte verändert, können solche Gründerbotschaften einem Unternehmen zu schaffen machen.

Diese Antreiber stehen wie Hinweistafeln oder Wegweiser in mehr oder minder deutlichem Text in unseren Köpfen. Falls Sie sich darüber etwas Klarheit verschaffen möchten, können Sie den folgenden Fragebogen zu Hilfe nehmen:

2.10.2

Fragebogen zum Mini-Skript

Beantworten Sie bitte diese Aussagen mit Hilfe der Bewertungs-Skala (1–5), so wie Sie sich im Moment in Ihrer Berufswelt selbst sehen. Schreiben Sie den entsprechenden Zahlenwert in den dafür vorgesehenen Raum.

Die Aussage trifft auf mich in meiner Berufswelt zu:

voll und ganz = 5
gut = 4
etwas = 3
kaum = 2
gar nicht = 1

1. □ Wann immer ich eine Arbeit mache, dann mache ich sie gründlich.
2. □ Ich fühle mich verantwortlich, dass diejenigen, die mit mir zu tun haben, sich wohlfühlen.
3. □ Ich bin ständig auf Trab.
4. □ Anderen gegenüber zeige ich meine Schwächen nicht gerne.
5. □ Wenn ich raste, roste ich.
6. □ Häufig brauche ich den Satz: «Es ist schwierig, etwas so genau zu sagen.»
7. □ Ich sage oft mehr, als eigentlich nötig wäre.
8. □ Es fällt mir schwer, Leute zu akzeptieren, die nicht genau sind.
9. □ Es fällt mir schwer, Gefühle zu zeigen.
10. □ Nur nicht lockerlassen ist meine Devise.
11. □ Wenn ich eine Meinung äussere, begründe ich sie auch.
12. □ Wenn ich einen Wunsch habe, erfülle ich ihn mir schnell.
13. □ Ich liefere einen Bericht erst ab, wenn ich ihn mehrere Male überarbeitet habe.
14. □ Leute, die «herumtrödeln», regen mich auf.
15. □ Es ist für mich wichtig, von den anderen akzeptiert zu werden.
16. □ Ich habe eher eine harte Schale, aber einen weichen Kern.
17. □ Ich versuche oft herauszufinden, was andere von mir erwarten, um mich danach zu richten.
18. □ Leute, die unbekümmert in den Tag hineinleben, kann ich nur schwer verstehen.
19. □ Bei Diskussionen unterbreche ich oft die anderen.
20. □ Ich löse meine Probleme selber.
21. □ Aufgaben erledige ich möglichst rasch.
22. □ Im Umgang mit anderen bin ich auf Distanz bedacht.
23. □ Ich sollte viele Aufgaben noch besser erledigen.
24. □ Ich kümmere mich persönlich auch um nebensächliche Dinge.
25. □ Erfolge fallen nicht vom Himmel; ich muss sie hart erarbeiten.
26. □ Für dumme Fehler habe ich wenig Verständnis.
27. □ Ich schätze es, wenn andere auf meine Fragen rasch und bündig antworten.
28. □ Es ist mir wichtig, von anderen zu erfahren, ob ich meine Sache gut gemacht habe.

29. □ Wenn ich eine Aufgabe einmal begonnen habe, führe ich sie auch zu Ende.
30. □ Ich stelle meine Wünsche und Bedürfnisse zugunsten anderer Personen zurück.
31. □ Ich bin anderen gegenüber oft hart, um von ihnen nicht verletzt zu werden.
32. □ Ich trommle oft ungeduldig mit den Fingern auf den Tisch.
33. □ Beim Erklären von Sachverhalten verwende ich gerne die klare Aufzählung: Erstens …; zweitens …; drittens …
34. □ Ich glaube, dass die meisten Dinge nicht so einfach sind, wie viele meinen.
35. □ Es ist mir unangenehm, andere Leute zu kritisieren.
36. □ Bei Diskussionen nicke ich häufig mit dem Kopf.
37. □ Ich strenge mich an, um meine Ziele zu erreichen.
38. □ Mein Gesichtsausdruck ist eher ernst.
39. □ Ich bin nervös.
40. □ So schnell kann mich nichts erschüttern.
41. □ Meine Probleme gehen die anderen nichts an.
42. □ Ich sage oft: «Macht mal vorwärts.»
43. □ Ich sage oft: «Genau», «exakt», «klar», «logisch».
44. □ Ich sage oft: «Das verstehe ich nicht …»
45. □ Ich sage eher: «Könnten Sie es nicht einmal versuchen?» als «Versuchen Sie es einmal.»
46. □ Ich bin diplomatisch.
47. □ Ich versuche, die an mich gestellten Erwartungen zu übertreffen.
48. □ Beim Telefonieren bearbeite ich nebenbei oft noch Akten.
49. □ «Auf die Zähne beissen» heisst meine Devise.
50. □ Trotz enormer Anstrengung will mir vieles einfach nicht gelingen.

Zur Auswertung des Fragebogens übertragen Sie jetzt bitte Ihre Bewertungszahlen für jede entsprechende Fragenummer auf den folgenden Auswertungsschlüssel. Zählen Sie dann die Bewertungszahlen zusammen.

«Sei perfekt!»

Fragen:

1,	8,	11,	13,	23,	24,	33,	38,	43,	47,
5	4	5	5	2	4	2	5	4	2

Summe 38

«Mach schnell!»

Fragen:

3,	12,	14,	19,	21,	27,	32,	39,	42,	48,
4	2	2	5	2	4	1	5	2	2

Summe 29

«Streng Dich an!»

Fragen:

5,	6,	10,	18,	25,	29,	34,	37,	44,	50,
5	4	4	3	5	2	4	5	4	5

Summe 41

«Mach es allen recht.»

Fragen:

2,	7,	15,	17,	28,	30,	35,	36,	45,	46,
4	4	4	2	3	2	4	2	4	4

Summe 33

«Sei stark!»

Fragen:

4,	9,	16,	20,	22,	26,	31,	40,	41,	49,
4	4	4	4	3	3	2	2	2	5

Summe 33

Um die Ausprägungen Ihrer Antreiber graphisch noch sichtbarer zu machen, bitten wir Sie, nun noch die Summe jedes Antreibers auf das untenstehende Schema zu übertragen.

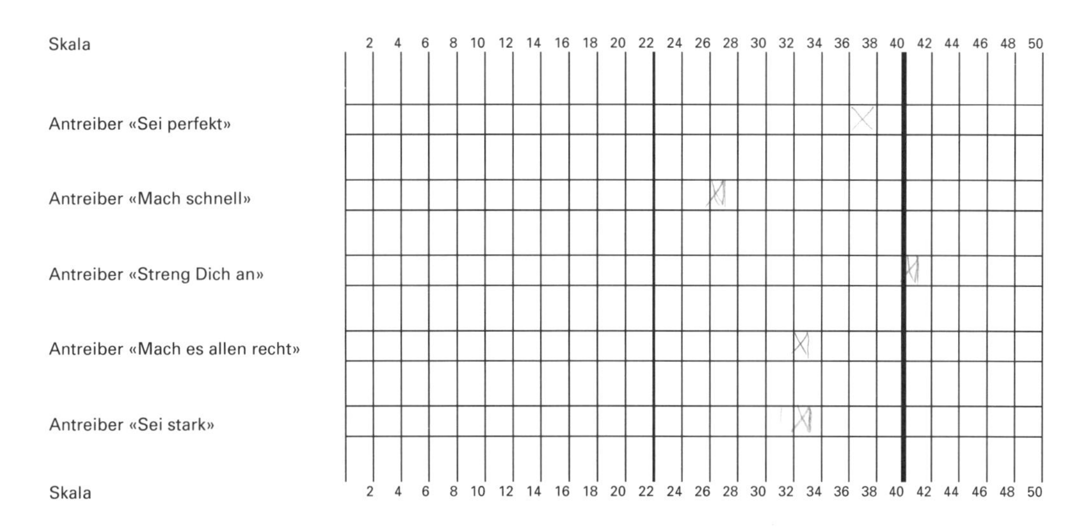

Wenn bei einem Antreiber, wie im folgenden Beispiel, der Skalenwert 40 überstiegen wird, darf mit grosser Wahrscheinlichkeit angenommen werden, dass dieser bei einem Gespräch schon binnen weniger Minuten im Verhalten beobachtet werden kann (Schlegel, 1979).

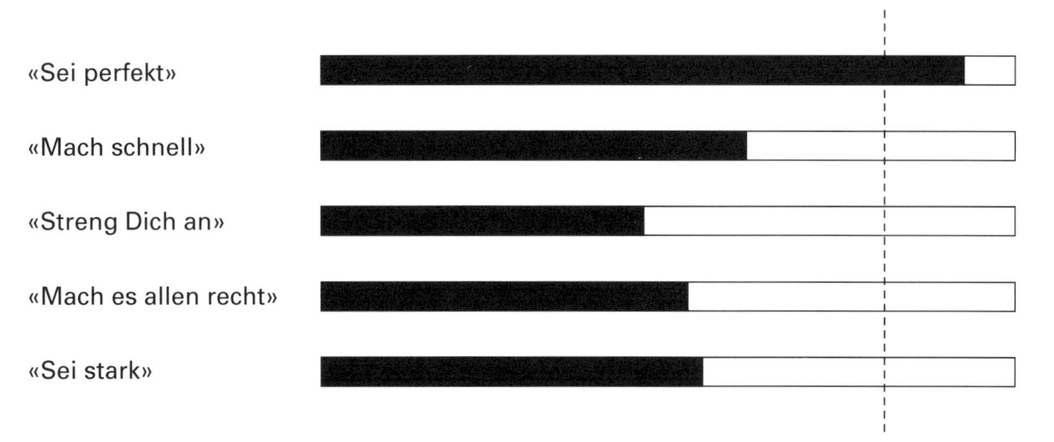

Wenn jemand, der unter dem Antreiber «Sei perfekt» steht, gefragt wird, was zwei und zwei gebe, wird er wahrscheinlich antworten: «Das ist vom System abhängig, auf das sich diese Zahlenwerte beziehen! » Steht der Fragende selbst unter diesem Antreiber oder aber auch unter dem Antreiber

Mach es allen recht ...

«Mach es allen recht» oder «Streng Dich an», so wird er durch diese Antwort möglicherweise veranlasst, von nun an «intelligentere» und «bessere» Fragen zu stellen. Auf diese Art können sich zwei Gesprächspartner in ihren Antreibern gegenseitig verstärken.

Zweifellos sind Gründlichkeit und Genauigkeit in vielen beruflichen und privaten Situationen wichtige Eigenschaften. Dynamik und Tempo des «Mach schnell»-Antreibers sind zum Beispiel bei Aussendienstmitarbeitern gefragt. Pflichtbewusstsein und Fleiss («Streng Dich an») und Loyalität, Rücksichtnahme, Freundlichkeit («Mach es allen recht») werden bei Abdankungen und in Nachrufen immer lobend erwähnt. Berufe, in denen Heroismus, Durchsetzungs- und Durchhaltevermögen vorausgesetzt werden, sind für «Sei-stark»-Angetriebene wie geschaffen.

Einengend werden die Antreiber dann, wenn sie als unumstösslich aufgefasst und ohne situativen Bezug übertrie-

Sei stark …

ben werden. Antreiber in diesem Sinne sind nicht der Wirklichkeit angepasst, und sie werden befolgt, als würde eine Katastrophe hereinbrechen, wenn man sich nicht nach ihnen richtet (Schlegel, 1979). In ihrer Absolutheit sind die Antreiber nie erfüllbar, und sie verursachen letztlich Enttäuschungen und schlechte Gefühle.

Hinter dem Antreiber steht die Annahme: «Ich bin o. k., wenn ich immer perfekt bin.» Erfülle ich nun diese Forderung nicht – und sie ist nicht erfüllbar –, entsteht das Gefühl «Ich bin nicht o.k., weil …». Und dieses Gefühl äussert sich dann in Niedergeschlagenheit oder in Wut. Um diese schlechten Gefühle künftig zu vermeiden, werde ich das nächste Problem noch perfekter zu lösen versuchen. Und so gerät man immer mehr in einen Teufelskreis. Aus diesem Teufelskreis können wir ausbrechen, indem wir die Antreiber durch Erlauber ersetzen.

Statt immer perfekt zu sein, erlaube ich mir mit Hilfe des Erwachsenen-Ichs, kein schlechtes Gewissen zu haben, wenn auf viele Erfolge nun eben einmal ein Misserfolg fällt. Statt immer schnell durchs Leben zu rennen, erlaube ich mir, einmal fünf Minuten nichts zu tun und einfach «zu sein». Statt sich durch den «Streng-dich-an»-Antreiber zu verkrampfen, erlaube ich mir, vieles gelassener zu tun. Statt es immer allen recht zu machen, erlaube ich mir, auch einmal auf mich selbst Rücksicht zu nehmen und «nein» zu sagen, ohne deswegen ein schlechtes Gewissen zu haben. Statt immer stark zu sein, erlaube ich mir, auch einmal traurig zu sein.

Das Ersetzen der Antreiber durch Erlauber ist schneller gesagt als getan. Antreiber haben immer auch einen emotionalen Hintergrund: die Bindung an die Eltern und wichtige Bezugspersonen. Der notwendige Abschied von den Eltern (Halpern, 1978) kann kaum mit einer einfachen Willensbildung erwirkt werden. Vielmehr muss ein länger dauerndes Überdenken einsetzen:

- Wieweit ist ein Antreiber heute für mich noch gerechtfertigt?
- Wieweit verzerrt ein Antreiber meine Wahrnehmung der gegenwärtigen Situation?
- Was würde geschehen, wenn ich einen Antreiber in sämtlichen Situationen ernstnehme?
- Was würde passieren, wenn ich einen Antreiber vollends über Bord werfe?
- Welche Vor- und Nachteile bringt die rigorose Befolgung des Antreibers in der gegenwärtigen Situation?
- Welche Vor- und Nachteile bringt eine bedingte Einhaltung des Antreibers, und welches müssten die Bedingungen sein?

Mit dem Abbau starker Antreiber erlaube ich mir, ein bisschen mehr mich selbst zu sein.

2.11

Kann ich mein Verhalten verändern?

Eric Berne soll einmal gesagt haben (English, 1982): Selbstbehandlung ist, als wollte man sich selber die Haare schneiden. Sicher ist es schwierig, wirklich an alle Ecken und Winkel heranzukommen, aber es ist möglich, sofern man einen zuverlässigen Spiegel benutzt und mit sich selbst Geduld hat.

Ein Vorteil der Transaktionalen Analyse ist es, dass sie schon dann wirkt, auch wenn ich mich mit ihr nur intellektuell auseinandersetze. Es ist sogar schwer, sich dieser Wirkung zu entziehen.

Falls Sie auf Grund ihrer bisherigen Einsichten in Ihrem Verhalten etwas verändern wollen – das Können ist meist nicht das Problem –, ist es wichtig, mit sich selbst einen Vertrag zu schliessen, um einem Veränderungsziel mehr Verbindlichkeit und Erfolg zu geben. Das folgende Vertragsformular ist dem Buch «A New Self» von James und Savary (1977) entnommen.

Selbstbehandlung ist, als wollte man sich selber die Haare schneiden.

2.11.1

Ein Vertrag mit sich selbst

Dieses Formular soll Ihnen helfen, ein Ziel, das Ihnen wichtig ist, konsequent anzustreben.

In meinem Leben möchte ich gerne folgendes besser machen:

Genau gesagt habe ich folgendes Ziel:

(Überprüfen Sie, ob dieses Ziel durchführbar, vernünftig und messbar ist. Wenn nicht, ändern Sie das Ziel entsprechend ab.)

Um dieses Ziel zu erreichen, könnte ich

(Ist das durchführbar, vernünftig und messbar? Wenn nicht, ändern Sie es bitte entsprechend ab.)

Fähigkeiten, Einstellungen und Wertvorstellungen, welche die Erfüllung dieses Vertrags erleichtern, sind

Welche Vorurteile, Verhaltensmuster, Traditionen, Eltern-Ich-Botschaften unterstützen oder sabotieren möglicherweise diesen Vertrag?

Gesichtspunkte, die mein inneres Kindheits-Ich an diesem Vertrag reizvoll oder aber hart und bedrohlich findet, sind

______

______

______

Ob ich mein Ziel erreicht habe, kann ich messen, indem ich

______

______

Andere Menschen, die diesen Vertrag unterstützen, sind:

______

______

Andere Menschen, die diesen Vertrag sabotieren könnten, sind: ______

______

Die persönliche Veränderung, die ich mit diesem Vertrag anstrebe, können andere erkennen, wenn ich ______

______

______

Wenn mich jemand bei der Erfüllung dieses Vertrages behindert, könnte ich ______

______

______

Um Unterstützung für die Erfüllung dieses Vertrags von anderen Menschen zu bekommen, könnte ich ______

______

______

Wenn dieser Vertrag nicht funktioniert, obwohl ich mich engagiert dafür einsetze, dann werde ich erkennen ______

______

______

Das Schlimmste, was bei Nichterreichen des Ziels passieren könnte, ist ______________________________

____

____

Wenn ich noch einmal auf meine Antwort zur ersten Frage zurückkomme, dann sehe ich darin folgendes Lebensproblem ______________________________

____

____

Wenn ich darüber nachdenke, dann fühle ich ______________

____

und ich beschliesse ______________________________

____

Nachdem ich mein Ziel von verschiedenen Seiten her überprüft habe, möchte ich es neu – im Hinblick auf Durchführbarkeit, Vernunft und Messbarkeit – so formulieren:

____

____

____

Ort ______________________________

Datum ______________________________

Unterschrift ______________________________

3

Karl Blöchliger

Führungskräfte mit Profil

Die schwierige und angespannt wirtschaftliche Lage vieler Unternehmungen macht zwei Sachverhalte in bezug auf die Führung deutlich: Einmal braucht das Management ein gut ausgebautes, aber einfach handhabbares Führungsinstrumentarium, das ermöglicht, die notwendigen Entscheide auf der Basis realistischer Daten und Fakten rasch zu fällen. Aber das allein genügt nicht: Es braucht darüber hinaus Manager, die als Persönlichkeit fähig sind, ihr Unternehmen sicher durch schwierige Zeiten zu führen.

Die Frage, was eine «Führungspersönlichkeit» ausmacht und wie sie sich in der täglichen Führungsarbeit verhält, ist von Praktikern und Sozialwissenschaftlern schon oft gestellt worden, wird aber wohl kaum je abschliessend beantwortet werden können. Die Erfahrungen aus der Beratungsarbeit mit Führungskräften in verschiedenen Unternehmungen und Verwaltungen lassen aber dennoch bestimmte Feststellungen ableiten, durch welche Merkmale eine Führungspersönlichkeit vor allem auf der obersten Führungsebene geprägt sein sollte. Manche der nun folgenden Gedanken sind nicht wissenschaftlich abgesichert und entspringen eher einem «intuitiven Spüren» von wesentlichen Kernpunkten im persönlichen Erscheinungs- und Anforderungsprofil einer Führungskraft von heute.

3.1

Der notwendige Blick über die Grenzen

Unternehmungen sind nicht in sich geschlossene Systeme, sondern stehen in einem ständigen, wechselseitigen Austausch mit ihrer Umwelt. Es ist daher von grosser Bedeutung, dass der Manager sich nicht in den firmeninternen Problemstellungen verliert oder festbeisst, sondern immer auch die Fähigkeit besitzt, Probleme aus einer umfassenden und das unmittelbare Geschehen im Unternehmen übersteigenden Sicht zu beurteilen. Einem kurzfristigen, eindimensionalen Denken entspringen kaum jene Lösungen, die unsere Unternehmungen heute so dringend brauchen. Die Gefahr ist gross, dass in Krisenzeiten ein kurzfristiges Denken überhandnimmt. Dabei wäre es gerade heute wichtig, dass sich die Manager jener drängenden wirtschafts- und gesellschaftspolitischen Fragen annähmen, mit denen sich über kurz oder lang alle Unternehmungen befassen müssen.

3.2

Die kleinen Dinge, die grosse Linien aufdecken

Dass viele Manager überlastet sind, ist zwar eine bekannte, aber wenig ermutigende Tatsache. Häufig liegt die Ursache für diese Überlastung darin, dass es dem Manager nicht gelingt, Wesentliches vom Unwesentlichen zu trennen, die grossen Linien in seiner Führungsarbeit zu sehen und sich konsequent an Prioritäten zu orientieren. Dies ist jedoch nur

auf der Basis einer inneren Grosszügigkeit und Bereitschaft möglich, eine ganze Reihe von Planungen, Entscheidungen und Arbeiten an andere Menschen im Unternehmen abzugeben. Dies beruht auf dem Vertrauen, dass diese Menschen bereit sind, die ihnen übertragenen Aufgaben verantwortungsbewusst und kreativ zu bearbeiten. Ohne dieses grundlegende Vertrauen in seine Mitarbeiter wird eine Führungskraft zwangsläufig und ständig von den kleinen Dingen erdrückt werden und keine äussere – und schon gar nicht innere! – Ruhe haben, sich den großen Linien in seiner Führung zu widmen.

3.3

Das unternehmerische Risiko, das oft keines mehr ist

Über die Notwendigkeit und den Mut zum unternehmerischen Risiko wird heute viel gesprochen. Viele sind schnell bereit, solche Risiken zu bejahen, die abschätzbar und verantwortbar sind. Das Problem für den Manager von heute besteht darin, in einer Umwelt mit ständig wechselnden, labilen Faktoren Entscheidungen treffen zu müssen. Diese Entscheidungen sind mit Risiken behaftet, die in ihrer Tragweite und Bedeutung immer schwieriger abschätzbar sind. Und dieses nicht mehr erfassbare Risiko bringt dem Management Probleme.

Es wird allmählich sichtbar, dass unternehmerische Risiken durch noch so ausgeklügelte Informations- und Datenverarbeitungssysteme nicht wesentlich erfassbar gemacht werden können. Dieser Sachverhalt erfordert vom Manager die Fähigkeit, die persönliche Einsamkeit und Unsicherheit, die in jedem unternehmerischen Entscheid enthalten ist, anzunehmen und nicht in eine falsche Hektik und Betriebsamkeit zu flüchten. Das wird allerdings nur jener Führungskraft gelingen, die fest in der eigenen Persönlichkeit verankert ist und demzufolge Risikoentscheidung aus einer von innen heraus getragenen Sicherheit als unvermeidbare Realitäten seiner Führungsaufgabe akzeptieren kann.

3.4

Die innere Stille, die zu Kreativität führt

Die Technik des kreativen Arbeitens lässt sich überall in Kursen lernen. Ein bedeutender Aspekt jeder echten Kreativität wird jedoch oft übersehen: Kreativität setzt innere Ruhe und Stille voraus. Diese notwendige Stille ist vielen abhanden gekommen. Andauernder Stress und die scheinbar unvermeidbare Hektik des Alltags verhindern das Entstehen tragfähiger neuer Ideen und Problemlösungsansätze. Es ist für jede Führungskraft von grosser Wichtigkeit, dass er sich Freiräume der Ruhe – vor allem der inneren Stille – schafft, in denen neue, kreative und innovative Ideen langsam wachsen können.

Zu viele Führungskräfte leben ständig an der «vordersten Front» der Fakten, Zahlen und Realitäten und übersehen dabei, dass Neues und für das Unternehmen Bedeutsames sehr oft nur aus der inneren Ruhe und Stille einzelner Menschen heraus entstehen und wachsen kann.

3.5

Das «Gespür» für ungenutztes Potential

Jedem Manager wird früher oder später drastisch klar, in welch grossem Mass er von anderen Menschen im Unternehmen abhängig ist. In einer komplexen Zeit und in den hochkomplexen Organisationen ist er nicht mehr in der Lage, alles allein zu überblicken und zu entscheiden. Es gehört zur reifen Führungspersönlichkeit, die Tatsache dieser Abhängigkeit von anderen Menschen zu akzeptieren. Zusätzlich erfordert es die Fähigkeit, das offene Gespräch zu suchen ohne ständige Angst vor einem möglichen Machtverlust. Das Suchen des offenen Gesprächs beinhaltet unter anderem das «Herausspüren» jener Leute im Unternehmen, die den Manager in einer bestimmten Problemsituation umfassend und ehrlich beraten können.

Mehr noch als früher gilt heute die Überzeugung, dass Unternehmungen grundsätzlich in der Lage sind, die meisten Probleme aus eigenen Kräften zu lösen – sofern es gelingt, das im Unternehmen vorhandene, menschliche Problemlösungspotential aufzuspüren. Dieses «Herausspüren» ist keine Hexenkunst, es braucht dazu auch nicht die Hilfe des Psychologen. Es braucht «nur» Führungskräfte, die zuhören und andere Menschen mit allen ihren Kenntnissen, Fähigkeiten und Meinungen akzeptieren können und wollen.

3.6

Das ewige Lernen

Der Druck der Verantwortung und die Hektik der täglichen Geschäfte führen beim Manager oft dazu, dass er seine eigene persönliche Weiterentwicklung, das Lernen, vergisst. Mit Lernen ist weniger das Erlernen von Führungstechniken und -instrumenten in Kursen gemeint, sondern vielmehr die

Entwicklung und die Auseinandersetzung mit der eigenen Persönlichkeit. Kein Mensch erträgt auf die Dauer Druck, Stress, Verantwortung usw., ohne dass er in häufigen und längeren Ruhepausen seine Aufgabe und seine Rolle, seine persönlichen Ziele und Lebenswerte überdenkt und sich damit auseinandersetzt. Eine Führungspersönlichkeit zeichnet sich u. a. auch dadurch aus, dass sie die eigenen Stärken und Schwächen kennt und dementsprechend die eigenen Möglichkeiten realistisch einschätzen kann. Nur so wird es ihr gelingen, nicht ständig in einem Zustand der persönlichen Überforderung zu leben und zu arbeiten.

Dieser Auseinandersetzungs- und Lernprozess kann sich nicht in der Hektik des Unternehmens, sondern nur in der Zurückgezogenheit und Stille ergeben, sei es an den Abenden und Wochenenden, in den Ferien oder in einem Seminar, das die Möglichkeit zu dieser intensiven Auseinandersetzung mit der eigenen Person und dem eigenen Leben bietet.

3.7 Der Mut zur Klarheit

In einer wirtschaftlichen Phase, die eher durch Unsicherheit und düstere Zukunftsperspektiven gekennzeichnet ist, braucht es vermehrt Führungspersönlichkeiten, die den Mut haben, die Situation ihrer Unternehmung klar und realistisch einzuschätzen sowie die notwendigen Konsequenzen und Entscheide aus dieser Einschätzung abzuleiten. Es hilft niemandem, wenn sichtbar werdende Probleme aus Angst oder falsch verstandenem Optimismus überdeckt und herabgespielt werden. Es ist eine der allerersten Verantwortlichkeiten des Managers, solche Problementwicklungen samt möglichen Konsequenzen frühzeitig zu erkennen und offen aufzudecken, auch wenn damit unbequeme Fragen und Forderungen verbunden sind.

Eine solche Klarheit – und hier wird ein Kernproblem jeder Führung sichtbar – schafft häufig zusätzliche Unruhe und Konflikte. Es ist aber gerade der unbeirrbare Mut einer Führungskraft, unternehmerische Problem- und Konfliktsituationen offen zu bearbeiten. Dies verleiht einer Unternehmung in wirtschaftlich schwierigen Zeiten die notwendige Sicherheit und Ruhe und damit auch die Basis zur Weiterentwicklung. Zu viele unternehmerische Entscheide gründen auf Kompromissen, die es zwar allen recht machen, aber das eigentliche Problem nicht lösen. Nur Führungspersönlichkeiten, die auf eine menschliche Art diesen Mut zur Klarheit ausstrahlen, wird es gelingen, im Unternehmen einen fruchtbaren Boden für langfristige Lösungen und Entwicklungen zu schaffen.

3.8 Und die Menschlichkeit?

Selten wird ein Begriff wie jener der Menschlichkeit so belastet, falsch verstanden und auch häufig missbraucht. Was bedeutet er im Rahmen unserer Überlegungen zur Führungspersönlichkeit? Zunächst ist Menschlichkeit nicht etwas, das im Unternehmen «vorhanden» oder «nicht vorhanden» ist. Denn Menschlichkeit hat einen tiefen Zusammenhang mit der Persönlichkeit des Managers: dieser Zusammenhang wird in der Ernsthaftigkeit sichtbar, mit welcher der Manager seine eigene Person für voll nimmt und daraus auch seine Führungsaufgabe versteht und wahrnimmt. Gerade bei Führungskräften auf den oberen Führungsebenen entsteht immer wieder die Gefahr, dass wesentliche Teile ihrer Person (Intuition, Gefühle, Kontakt, Zuneigung usw.) in der Führung nicht mehr sichtbar werden. Diese Persönlichkeitsanteile werden «zu Hause» gelassen oder gänzlich zugedeckt, was über kurz oder lang zu Konsequenzen wie Überforderung, Krankheit, Führungsfehler usw. führt. Eine reife Führungspersönlichkeit wird vor allem daran sichtbar, dass die eigene Persönlichkeit akzeptiert und in der täglichen Führungsarbeit in vollem Umfange zu leben gewagt wird – wobei «leben» nicht mit «ausleben» verwechselt werden darf.

Zwei Beispiele: Ein Manager lebt seine Persönlichkeit, wenn er durch menschliche Wärme und Herzlichkeit in seiner nächsten Umgebung ein Klima schafft, das andere das eigene Entfalten und Wachsen ermöglicht.

Ein Manager lebt seine Persönlichkeit aber auch dann, wenn er in Beurteilungsgesprächen oder Konfliktsituationen seinen Mitarbeitern gegenüber offen und bestimmt Stellung nimmt und dabei auch wagt, negative Gefühle und Aspekte klar auszudrücken. Auch dieses Verhalten des Vorgesetzten ist geprägt von einer echten Menschlichkeit: der Mitarbeiter weiss, woran er ist und erhält die Möglichkeit zu einer – immer wieder unentbehrlichen – Standortbestimmung und Korrektur seines Verhaltens.

Die vorliegende Zusammenstellung gleicht einem Idealkatalog. Idealbilder aber enthalten immer die Gefahr, weit von der Realität entfernt zu sein. Für jede Führungskraft wird es im wesentlichen darum gehen, dass sie nicht Idealbildern nachrennt, sondern ihre eigene Persönlichkeit – mit den vorhandenen Fähigkeiten und Möglichkeiten, aber auch Grenzen und Schwächen – akzeptiert und in der Führung zur Geltung bringt. Manager sollen und können nicht Übermenschen sein. Sie müssen aber zur Kenntnis nehmen, dass in unserer Zeit der eher technokratischen Ausrichtung die Führung der dringenden Ergänzung und Erweiterung durch einige der hier dargelegten Persönlichkeitsaspekte bedarf.

II. Team-entwicklung

Das Team als Bestandteil des Arbeits- und
Entscheidungsgeschehens im Unternehmen

1

Funktion und Bedeutung der Gruppe im Unternehmen

Karl Blöchliger

1.1

Die Gruppe als existentielle Notwendigkeit

Die Gruppe ist nicht eine Zweck-Mittel-Schöpfung der modernen Organisationspsychologie, sondern eine existentielle Notwendigkeit für das Leben jedes einzelnen Menschen.

Bei allen Betrachtungen über Kooperation und modernes Management wurde ein wesentlicher Sachverhalt nur indirekt oder überhaupt nicht berücksichtigt: Für sich allein genommen ist der Mensch unvollkommen angelegt. Erst durch die intensive Interaktion mit anderen Menschen vermag er eine gewisse Ganzheit zu erlangen. Neuere Wissenschaftszweige wie Entwicklungspsychologie und Verhaltensforschung zeigen deutlich, dass der Mensch vom Leben in Gruppen abhängig ist. In der Gruppe findet der einzelne eine gewachsene, unmittelbare Sicherheit und Geborgenheit. In der Gruppe besteht für ihn die Möglichkeit der Begegnung, und er findet gleichartige Motive und Interessen zu einem bestimmten Verhalten.

Als soziales Wesen braucht der Mensch die Zugehörigkeit zu verschiedenen Gruppen, und nur in gut funktionierenden Gruppen kann der Mensch seine Fähigkeiten voll zur Entfaltung bringen. Diese Tatsache hat überall dort grösste Bedeutung, wo komplizierte Lern- und Leistungsprozesse angestrebt werden. Ohne die Hilfe von Gruppen vermag der einzelne Mensch viele seiner grundlegenden Bedürfnisse nicht zu befriedigen und entscheidende Probleme nicht zu lösen. Infolgedessen ist der Mensch zeit seines ganzen Lebens darauf angewiesen, Mitglied einer ihn bergenden Gruppe zu sein.

Die gesamte menschliche Gesellschaft besteht aus einem komplizierten, eng ineinandergreifenden Netzwerk verschiedener Gruppen, und es gibt kaum soziale Gebilde, in denen nicht stets Gruppen aufeinandertreffen und Beziehungen zueinander entwickeln.

Das Schicksal des Einzelnen wie der Gesellschaft ist geprägt durch die Gruppe. Der Mensch denkt, fühlt und handelt nie als autonomes Individuum, sondern immer als Mitglied von Gruppen, sei es im Privatleben oder im Beruf. Er ist in viel grösserem Masse von den psychologischen Bezügen zu Gruppen abhängig, als dies zuvor angenommen wurde. Erst die Gruppe vermittelt dem Menschen ein Sicherheits-, Verbundenheits- und Geborgenheitsgefühl, das für eine gesunde Entwicklung auch im Erwachsenenalter unerlässlich ist.

1.2

Die sozialpsychologische Dynamik in Arbeitsgruppen

Das Management wird langfristig nur dann Erfolg haben, wenn der Betrieb nicht nur als technisch-wirtschaftliche Sachrealität angesehen wird, sondern auch die sozialpsychologische Dynamik in das Führungsdenken miteinbezogen wird.

Jeder Betrieb bildet nicht nur als Einheit eine Gruppe, vielmehr besteht diese Organisations-Einheit wiederum aus einer Vielzahl kleinerer Gruppen, zum Teil formaler Art, durch die Hierarchie oder den Arbeitsablauf bestimmt, aber auch informeller Natur, z. B. Freizeitaktivitäten in Gruppen. Die Dynamik des Gesamtbetriebes wird von diesen Gruppen beeinflusst und bestimmt. Die verschiedenen Gruppen innerhalb einer Organisation stehen in Wechselbeziehung, sind aufeinander angewiesen und ergänzen sich gegenseitig. Es treten Kommunikations- und Koordinationsprobleme auf, Macht und Einfluss spielen eine Rolle. Wer das Wesen einer Organisation erfassen will, muss auch diese gruppendynamischen Prozesse in sein Denken miteinbeziehen.

Kooperatives und wirkungsvolles Management würde somit voraussetzen, dass die Grundprinzipien gruppendynamischen Geschehens bekannt sind und in ihren Auswirkungen akzeptiert werden. Leider ist dies heute wenig der Fall. Es sind noch zu wenige, die gelernt haben, Gruppenprozesse innerhalb einer Organisation zu erkennen und die Möglichkeiten und Grenzen der Gruppenarbeit zu erfassen.

Trotzdem die Gruppe innerhalb des Betriebes dauernd erlebt wird, erreichen viele Vorgesetzte nicht die Stufe, einfache Gruppenprozesse zu diagnostizieren und zu interpretieren.

Wir haben somit aus der Tatsache, dass wir dauernd in Gruppen leben und von solchen abhängig sind, keine Konsequenzen für die Gestaltung und Führung von Organisationen und Gruppen gezogen. Im Allgemeinen erweisen wir uns auch als ziemlich unfähig, wenn es darum geht, Ziele durch Gruppenarbeit zu realisieren. Schuld daran trägt unser ungenügendes Wissen über die Dynamik von und das Zusammenarbeiten zwischen Gruppen, sowie die mangelnde Fähigkeit, geeignete Bedingungen für eine unverfälschte Entfaltung des Einzelnen in einer Gruppe zu schaffen. Gruppen im Betrieb unterliegen eigenen Gesetzmässigkeiten. Wer sie nicht kennt, muss früher oder später bei dem Versuch scheitern, das Verhalten von Gruppen in seinem Sinne zu beeinflussen.

1.3

Gruppe und Individuum

Der formierten Gruppe innerhalb des Betriebes kommt eine ebensolche Bedeutung zu wie dem einzelnen Mitarbeiter.

Über Sinn und Leistungsfähigkeit der Gruppe gehen die Meinungen immer noch weit auseinander. Da sind die einen, die überhaupt nichts für Gruppen übrig haben und glauben, dass man innerhalb einer Organisation sehr wohl auf der Basis von Beziehungen zwischen Individuen arbeiten könne. Ja, man geht noch weiter und behauptet, jede Gruppenaktivität erzeuge einen nivellierenden Effekt auf das Individuum, töte den Einfallsreichtum des einzelnen ab und erweise sich ganz allgemein als Behinderung und Beschneidung der menschlichen Leistungsfähigkeit. Diese Ansichten verkennen jedoch die Realitäten des Zusammenlebens in Organisationen. Eine ganze Reihe von Aufgaben und Arbeiten lassen sich einfach nicht von einer Person allein ausführen.

Die Frage «Gruppe oder Individuum» ist letztlich überhaupt nicht mit Entweder-Oder beantwortbar. Es gibt Aufgaben, die auf den einzelnen zugeschnitten sind, währenddem andere nur von einer Gruppe bewältigt werden können.

Beide, Gruppe und Individuum, verhalten sich keineswegs wie Gegensätze zueinander. In einer wirklich fruchtbaren Gruppe findet jeder seine höchste Befriedigung. Andererseits gewinnen Gruppen an Wirksamkeit in dem Masse, wie sie es verstehen, die spezifischen Fähigkeiten von Individuen zu fördern und zu nutzen. In einer Zeit, in der durch weitgehende Arbeitsteilung dem einzelnen an seinem Arbeitsplatz fast alle Verantwortung und Selbständigkeit genommen worden ist, kann durch die Arbeitsgruppe wieder ein gesundes Verhältnis zu den Menschen und zu der Arbeit hergestellt werden. Die richtige Frage lautet demnach: Wo kann die Gruppe mehr leisten als die Einzelperson?

1.4

Vorteile der Teamarbeit

Sobald es sich um komplizierte Zusammenhänge, schwierige Entscheide, hochkomplexe Planungsaufgaben, kurz, um erschwertes Verstehen und Darstellen handelt, ist die Arbeit der Gruppe der Einzelarbeit vorzuziehen.

Das Wesen der Gruppenarbeit besteht nicht nur in der Arbeitserleichterung durch Teilung und Entlastung, sondern gleichzeitig in einer Produktivitätssteigerung als Folge der Leistungsüberlegenheit einer integrierten Gruppe gegenüber den möglichen Leistungen ihrer einzelnen Angehörigen. In Anlehnung an Hofstätter (1957) kann in bezug auf die Gruppenleistung allgemein folgendes festgehalten werden:

1.4.1

Die Gruppe weiss mehr

Die Kenntnisse der Gruppenmitgliede summieren sich, insbesondere was spezielle Kenntnisse oder praktische Erfahrungen anbelangt. So vermag die Gruppe Lücken auszufüllen, die dem Individuum selbst bei sorgfältigster Über-

legung entgangen sind. Bei Problemlösungsaufgaben kann die Gruppe neue Möglichkeiten des Vorgehens finden, sobald sich aus der Addition der Einzelkenntnisse eine Horizonterweiterung für alle Gruppenmitglieder ergeben hat. Weiss die Gruppe mehr, dann hat auch die Einzelperson eine Chance, durch die Gruppe und von der Gruppe zu lernen.

1.4.2

Die Gruppe regt an

Die Wirkung einer Gruppendiskussion geht über die Summe der Einzelmeinungen hinaus, indem geäusserte Gedankengänge neue Denkanstösse vermitteln. Aber nicht nur im Denkbereich werden durch die Gruppe Anstösse gegeben. Auch der Geltungsanspruch und das Leistungsniveau können durch gruppendynamische Vorgänge nachhaltig gesteigert werden. Es gibt zahlreiche Belege für die stimulierende Funktion einer Gruppe, die sich nicht zuletzt in der Gruppenmeinung gegenüber der Einzelmeinung durchzusetzen pflegt.

1.4.3

Die Gruppe gleicht aus

Gegensätzliche Auffassungen sind bei Auseinandersetzungen mit einem emotional geladenen Gegenstand praktisch unumgänglich. Durch Zustimmung und Widerspruch gleicht die Gruppe aus. Wo keine eindeutige Entscheidung nach den Kategorien «richtig-falsch» oder «zutreffend-unzutreffend» möglich ist, lebt die Gruppe vom Kompromiss. Bei einer emotionalen Belastung der einzelnen Mitglieder kann der ausgleichende Einfluss der Gruppe zu einer Entspannung und damit zu einer Verbesserung der subjektiven Leistung beitragen.

1.5

Voraussetzungen für die Leistungsvorteile der Gruppe

Damit die Leistungsvorteile der Gruppe sich realisieren lassen, müssen bestimmte Voraussetzungen in der Organisation einerseits und in der Struktur andererseits der Gruppe gegeben sein.

1.5.1

Die Gruppe braucht eine klare Aufgaben- und Rollenverteilung

Ob diese Aufgabenverteilung von aussen vorgegeben ist, oder ob sich die Gruppe eigenständig strukturieren kann, spielt für die Integration und Zusammenarbeit der Gruppe eine eher untergeordnete Rolle. Es liegt auch nicht im Wesen der Gruppe, dass eine bestehende Struktur notwendigerweise permanent ist. Wichtig ist, dass jedes Mitglied eine bestimmte Funktion und Rolle zugewiesen erhält oder selber übernehmen kann. Dazu kommt, dass das einzelne Mitglied in seiner Rolle und Aufgabe nicht nur von der Gruppe akzeptiert werden muss, sondern auch sich selbst in seiner Rolle akzeptieren kann, wenn eine echte Gruppenleistung erbracht werden soll. Eine unklare Aufgabenverteilung oder ein mangelhaftes Rollenverständnis verunmöglicht es der Gruppe, ihre volle Leistungskapazität auszuschöpfen. Es treten in der Folge laufend Schwierigkeiten (Kommunikationsstörungen, Kompetenzstreitigkeiten usw.) auf, was weiter dazu führt, dass die Gruppe ihre internen Probleme auf der betrieblichen Sachebene austrägt und so zum Beispiel eine optimale Entscheidungsfindung verhindert wird.

Funktionsumschreibungen und Pflichtenhefte können diesbezüglich ein Organisationsmittel darstellen – vorausgesetzt, dass sie nicht in einem bürokratisch-autoritären Geist aufgestellt und interpretiert werden. Wenn ein Pflichtenheft nur dazu dient, ein Gebiet abzutrennen, in das sich kein anderer einzumischen hat, so ist das dem Entstehen einer integrierten Gruppe alles andere als förderlich.

1.5.2

Die Gruppe braucht ein Ziel

Ähnliches gilt für die Zielsetzung einer Arbeitsgruppe: ob ein Ziel von aussen gesteckt wird, oder ob sich die Gruppe im Rahmen der Unternehmenszielsetzung ihre eigenen Ziele setzen kann – wesentlich ist, dass die gemeinsame Aufgabe von der Gruppe und ihren Mitgliedern anerkannt und als wichtig erachtet wird.

Damit eine solche Anerkennung von Leistungszielen im Betrieb eintreten kann, müssen objektive und subjektive Zielsetzungen in gewissen Bereichen übereinstimmen. Das heisst, der einzelne muss mit der Erreichung betrieblicher Ziele zugleich auch persönliche Ziele (Bedürfnisse nach materieller Sicherheit, Anerkennung, Erfolg und Verantwortung) befriedigen können. Ist dies nicht möglich, so wird sich sowohl das Individuum wie die Gruppe über kurz oder lang gegen die Ziele der Organisation wenden, und diese durch Interesselosigkeit, Gleichgültigkeit oder Rebellion sabotieren.

Ein wirklich echtes Akzeptieren einer von aussen vorgegebenen Zielsetzung ist wohl kaum möglich, wenn nicht die Gruppe als Ganzes die Gelegenheit erhält, an der Aufgaben- und Zielformulierung mitzuarbeiten. Das trifft besonders für Führungsgruppen, Planungsteams oder Entscheidungsfindungsgruppen zu.

1.5.3

Die Gruppe braucht Kommunikation

Eine der wesentlichsten Voraussetzungen zur Gruppenentstehung und ihrer Erhaltung ist die Kommunikation aller Beteiligten. Kommunikation ist der Träger des gesamten sozialen Geschehens. Sie ermöglicht es, die Erfahrungen anderer in der Gruppe zu nutzen und auf diese Weise das zu verarbeiten, was ihm selbst entgangen ist.

Für die Gruppe stellt Kommunikation das eigentliche Arbeitsinstrument dar, mit dem Sachprobleme analysiert, Entscheide gefällt und Einzelleistungen auf das Gruppenziel hin koordiniert werden. Daneben ist Kommunikation auch jenes Instrument, durch das es der Gruppe erst möglich wird, ihre internen Probleme und Schwierigkeiten zu erkennen

und zu lösen. Und letztlich dient Kommunikation der Gruppe, um mit anderen Gruppen innerhalb des Betriebes in Kontakt zu treten und die verschiedenen Gruppenleistungen zu einem sinnvollen Ganzen zu fügen. Wird die Kommunikation durch eine bürokratisch-autoritäre Führung oder eine allzu starre, formalistische Organisationsstruktur unterbunden oder behindert, dann ist sie in ihrer Lebens- und Leistungsfähigkeit bedroht. Um ein gemeinsames Ziel auf eine sinnvolle Art und Weise mit einem vernünftigen Energieaufwand zu erreichen, braucht die Gruppe eine offene, spontane Kommunikation, die weder an Abteilungsgrenzen noch an hierarchischen Rangstufen unterbrochen werden darf. In diesem Sinne ist Kommunikation bedeutend mehr als nur der geregelte und korrekte Lauf innerbetrieblicher

Informationen. Informationen von oben allein können niemals die für jede Gruppe notwendige Kommunikation ersetzen.

Es kommt dazu, dass Kommunikation nur dann funktionieren kann, wenn die Gruppe nicht durch räumliche Trennung oder zu seltenes Zusammentreffen am Gruppenprozess gehindert wird. Eine weitere Erschwerung der Kommunikation entsteht dann, wenn eine bestimmte, optimale Gruppengrösse überschritten wird. In einer Gruppe von 20 Mitgliedern kann die Kommunikation oft schon auf beträchtliche, vor allem psychologisch bedingte Hindernisse stossen. Je grösser eine Gruppe, desto anfälliger ist sie für Konflikte, die ihren Grund in einer mangelhaften, gehemmten Kommunikation der Mitglieder untereinander haben.

1.5.4

Erfolgreiche Gruppenarbeit setzt Führung voraus

Führen einer Gruppe ist nicht eigengesetzlicher Selbstzweck, sondern ist immer abhängig von der Gruppe und nicht umgekehrt. Über die Zweckmässigkeit des Führungsstiles kann letztlich nicht der Vorgesetzte selber entscheiden; Führen ist immer eine Funktion der Art und Umstände des Gruppenauftrages, der Arbeitsbedingungen, der Organisationsstruktur und der personellen Zusammensetzung. Eine demokratisch kooperative Führung von Gruppen bewirkt in vielen Fällen keinen wesentlich höheren Arbeitserfolg als eine autoritär-patriarchalische Führung, aber sie weckt die Initiative, die Mitverantwortung und die Integration. Führung ist ein Vorgang in und mit der Gruppe; sie darf nicht über und auf deren Kosten geschehen, soll sie ihre optimale Leistungsfähigkeit erreichen und bewahren.

Das Hauptproblem der Führung ist nicht, wie so oft angenommen wird, in der Gruppe Begeisterung oder Gehorsam zu erreichen, sondern eine Situation zu schaffen, in der die Mitarbeitenden bereitwillig den Vorgesetzten als Träger ihrer kooperativen Bemühungen ansehen. Eine Gruppe kann nur dann sinnvoll auf ein Ziel hin arbeiten, wenn die Führungsverhältnisse nicht nur klar geregelt sind (Organigramm, Kompetenzenverteilung usw.), sondern auch in der Gruppe auf spontane und echte Zustimmung stösst.

Es liegt im Wesen der kooperativen Führung, dass stabile Verhältnisse zwischen Führer und Geführten nicht existieren. Führung in einer Gruppe kann nur schwerlich ein für allemal festgelegt werden. Sie muss sich vielmehr aus der betrieblichen Situation von Fall zu Fall ergeben. Führung kann somit im Laufe einer Aufgabenerfüllung von einer Hand in die andere gehen, so wie es die Fähigkeiten, Kenntnisse und Reife der Gruppenmitglieder zulassen. Es ist auch durchaus denkbar, dass gleichzeitig zwei Führerfiguren von der Gruppe akzeptiert werden, mit entsprechender Aufteilung der Funktionen.

Letztlich hat Führung den Sinn, die Integration in eine Gruppe zu ermöglichen, in der das Individuum in relativer Freiheit seine Eigenart ausdrücken und nach Möglichkeit sich selbst verwirklichen kann, ohne sich Autoritäten blind fügen zu müssen. Für eine solche integrierte Gruppe bedeutet das, dass sie über Mitglieder verfügt, die in freiwilliger Einordnung und mit persönlichem Engagement an der Verwirklichung der Gruppenziele und ihrem Ausbau mitwirken.

1.6

Das Erfassen von Gruppenprozessen

Um sinnvoll arbeiten zu können, braucht das Management eine Ausbildung im Erfahren und Erfassen von Gruppenprozessen.

Es kann als gesichert gelten, dass zukünftige betriebliche und soziale Aufgaben nur noch durch eine vermehrte Zusammenarbeit und ein zielstrebiges Teamwork bewältigt werden können. Voraussetzung dazu ist jedoch, dass zumindest die Vorgesetzten verstehen lernen, was eine Gruppe ist, welche Möglichkeiten sie besitzt, aber auch, wo ihre Grenzen liegen, und wie Schwierigkeiten in der Teamarbeit rechtzeitig erkannt und behoben werden können. Dazu kommt, dass jede Organisation als ein System verschiedenster Gruppen ganz bestimmten, erfassbaren Gesetzmässigkeiten unterliegt. Vom Verstehen dieser Gesetzmässigkeiten hängt weitgehend der Einfluss des Einzelnen auf die Leistungsfähigkeit der Organisation ab.

Die nunmehr bereits langjährige systematische Erforschung kleiner Arbeitsgruppen hat zur Entwicklung der gruppendynamischen Managementsausbildung geführt. Das gruppendynamische Seminar als Simulation der beruflichen und organisatorischen Realität unternimmt den Versuch, Lernprozesse in Gruppen zu ermöglichen, die bewusst werden lassen, wie eine Person sich im Rahmen eines Gruppengefüges verhält. Aus der Gruppe heraus erhält der Seminarteilnehmer Antwort auf eine Reihe von Fragen, die im alltäglichen Berufsleben aus verschiedenen Gründen kaum gestellt und schon gar nicht beantwortet werden. Die Beantwortung solcher Fragen kann die Bereitschaft erheblich vergrössern, Veränderungen in sich selbst und in Gruppen zu akzeptieren. Man lernt sich selbst besser kennen, und es gelingt in vermehrtem Masse, die Probleme zwischenmenschlichen Verhaltens zu sehen und zu verstehen. Es kann in der Folge bedeutend leichter fallen, die persönlichen und beruflichen Aufgaben zu bewältigen.

Darüber hinaus bietet das gruppendynamische Seminar Gelegenheit, anhand der Seminarerfahrungen die eigene Arbeitsweise zu analysieren und zu fragen, wo die Ursachen für eine gestörte oder mangelhafte Kommunikation liegen, wie Gruppenentscheide zustande kommen oder verunmöglicht werden, und wie der einzelne oder die Gruppe auf verschiedene Formen von Führung und Autorität reagieren.

1.7 Leistungsstarke und leistungsschwache Gruppen

Die Sozialwissenschaften zeigen uns auf, nach welchen Regeln und Gesetzen Gruppen innerhalb einer Organisation funktionieren. Aus diesen Gesetzen lassen sich bestimmte, gut beobachtbare Merkmale von leistungsstarken bzw. leistungsschwachen Gruppen erarbeiten. Die folgende Gegenüberstellung dieser Merkmale (Mc Gregor, 1970) gibt gleichzeitig Gelegenheit, die organisationspsychologische Funktionstüchtigkeit der eigenen Arbeitsgruppe zu überprüfen.

1.

Das *Gruppenklima* ist unbürokratisch und entspannt. Spannungen sind selten. Es herrscht eine Arbeitsatmosphäre, die Menschen zu engagieren und zu interessieren vermag. Anzeichen von Langeweile sind keine vorhanden.

Das *Gruppenklima* ist von Gleichgültigkeit und Langeweile gekennzeichnet. Spannungen treten häufig auf. Die Gruppe ist von ihrer Aufgabe nicht wirklich angesprochen.

2.

Aufgaben und *Ziele* der Gruppe sind allen Mitgliedern klar und finden Zustimmung. Strittige Punkte werden in aller Offenheit diskutiert, und es wird nach Lösungen gesucht.

Aus Gesprächen ist schwer zu entnehmen, wie die *Aufgabe* der Gruppe lautet, oder welches die *Ziele* sind. Obwohl sie vielleicht «verkündet» worden sind, gibt es keinerlei Anzeichen dafür, dass die Gruppe sie verstehen will oder bereit ist, ein gemeinsames Ziel zu akzeptieren.

3.

Die *Kommunikation* ist spontan, offen und fliesst in allen Richtungen. Die Gruppenmitglieder hören einander zu. Jede Idee findet Gehör. Es hat niemand Angst, seine Meinung beizusteuern, wenn sie der Gruppe irgendwie weiterhelfen könnte.

Die *Kommunikation* ist vorsichtig zurückhaltend oder ganz blockiert. Niemand weiss, woran er ist. Die Gruppenmitglieder hören kaum aufeinander. Wenn Meinungen geäussert werden, dann vor allem, um die eigene Position zu stärken.

4.

Meinungsverschiedenheiten werden von der Gruppe akzeptiert. Es gibt keine Anzeichen dafür, dass man Konflikten aus dem Wege geht. Konflikte werden nicht unterdrückt, sondern als Anstoss zur weiteren Diskussion genommen. Konflikte helfen der Gruppe weiter.

Die Gruppe ist nicht fähig, aus *Meinungsverschiedenheiten* Nutzen zu ziehen. Konflikte blockieren die gesamte Gruppe. Sie werden deshalb unterdrückt oder in persönlichen Feindschaften und Rivalitäten auf Kosten der Gruppe ausgetragen.

5.

Die meisten *Entscheide* werden im Geiste der Übereinstimmung gefällt, und es herrscht Klarheit darüber, dass die Lösung bei allen auf Zustimmung stösst. Ist jemand nicht einverstanden, so bringt er seine Bedenken in aller Offenheit vor, und die Gruppe versucht, die Bedenken in den Entscheid einzubauen, sofern dazu Möglichkeiten vorhanden sind.

Oft werden *Entscheide* gefällt, ohne dass die Konsequenzen für die Gruppe geprüft worden wären. Nach dem Entscheid beginnt das Gemecker jener Leute, die den getroffenen Entscheid nicht akzeptieren können und sich gegen die Durchführung weigern oder sie sabotieren.

6. Wird eine Aufgabe angefangen, so werden klare *Anordnungen* getroffen und akzeptiert.	Niemand weiss so recht, wer was machen soll. Selbst dann, wenn gewisse Verantwortlichkeiten festgelegt sind, werden erhebliche Zweifel angebracht, ob man sich ihnen unterzieht.
7. *Kritik* wird offen und ohne Angst vorgebracht. Sie wird nicht als persönlicher Angriff aufgefasst. Kritik ist konstruktiv und zielt darauf ab, Hindernisse zu beseitigen, die der Gruppe den Weg zum Ziel erschweren oder behindern.	*Kritik* führt regelmässig zu Spannungen. Mit Kritik werden persönliche Angriffe vorgetragen. Von Kritik ist die Gruppe peinlich betroffen. Aus Angst vor Spannungen und Konflikten wird jede offene Kritik vermieden.
8. Die Gruppenmitglieder geben ihren *Gefühlen* Ausdruck, soweit sie zum Problem beitragen und die Ziele der Gruppe betreffen. Es gibt keine Leisetreter. Geheime Vorgehensweisen werden nicht angewendet. Jeder weiss vom anderen, was er denkt.	Mit seinen *Gefühlen* hält man sich möglichst zurück. Keiner will sich die Finger verbrennen oder sich blossstellen. Viele Dinge sind daher geheim, und keiner weiss vom anderen, was er denkt.
9. Der Vorgesetzte herrscht nicht über die Gruppe, die *Führung* wird von Zeit zu Zeit weitergegeben, so wie es die Umstände erfordern, und es die Fähigkeiten der Mitarbeiter zulassen. Es gibt daher auch wenig Anzeichen für Macht- und Prestigekämpfe. Nicht wer recht hat, steht zur Debatte, sondern wie die Gruppe ihre Aufgabe optimal lösen kann.	Der Vorgesetzte lässt sich die *Führung* unter gar keinen Umständen aus den Händen nehmen. Er klammert sich mit allen ihm zur Verfügung stehenden Mittel an seine Rechte, seine Macht und Stellung. Letztlich lautet die entscheidende Frage: wer hat recht, wer setzt sich durch.
10. Die Gruppe ist sich selbst gegenüber *kritisch.* Sie verfolgt ihre Arbeit mit wachem Auge. Um was es sich auch immer handelt, man wird darüber offen diskutieren und nach Lösungen suchen.	Die Gruppe geht jeder Diskussion über ihre eigene Funktionsfähigkeit aus dem Wege. Sie hält sich für unfehlbar und kritisiert vor allem andere Gruppen.

2

Die Gruppenprozess-Kontrolle als Führungsmittel

Karl Kälin

Jede Arbeitsgruppe im betrieblichen und geschäftlichen Alltag arbeitet unter einer bestimmten Zielsetzung. Dabei besteht die Schwierigkeit, dass wir alle aus den verschiedensten Gründen gewohnt sind, auf dem kürzesten Wege die *sachliche* Realisierung dieser Arbeitszielsetzung anzustreben, ohne Zeit zu haben, uns um die dazu parallel laufenden hindernden und fördernden *sozialen* Prozesse während der Teamarbeit zu kümmern (Vogel, 1994).

2.1

Ein psychologisches Problem

Um als Gruppe erfolgreich zu sein, ist für die Realisierung der Zielsetzung jedoch erforderlich, dass sich jedes Teammitglied mitverantwortlich fühlt. Dazu gehört aber, dass jedes Teammitglied und insbesondere eine Teamleiterin oder ein Teamleiter in der Lage sein sollten, Gruppenprozesse der Zielsetzung entsprechend bewusst zu steuern. Das Hilfsmittel dazu ist die *Gruppenprozess-Kontrolle.*

Unter Gruppenprozess-Kontrolle ist zu verstehen, dass die Gruppe neben der rein fachlichen, problemorientierten Arbeit auch erkennt, welche zwischenmenschlichen Prozesse sich während der Gruppenarbeit abspielen. Das heisst, es ist eine *Diagnose* der gegebenen und beobachteten Situation zu erstellen.

Diese Diagnose beinhaltet 3 wichtige Grundfragen:

1. Das Erkennen und Beschreiben aktueller Prozesse während der Arbeit.
   Grundfrage: *Was passiert?*
   Zum Beispiel:
   Ich beobachte, dass ein Teammitglied seit geraumer Zeit, entgegen seiner sonstigen Gewohnheit, nichts mehr sagt.

2. Die Überlegung, warum sich die aktuellen Prozesse gerade so abspielen, bedeutet ein Fragen nach möglichen Hintergründen.
   Grundfrage: *Warum passiert es so?*
   Zum Beispiel:
   Das passive Teammitglied könnte darüber verärgert sein, dass die Arbeitsgruppe seine Argumente und Vorstellungen bei der Arbeit seiner Meinung nach nicht ausreichend berücksichtigt hat; oder das Teammitglied fühlt sich durch das Verhalten eines anderen Mitarbeiters benachteiligt; oder es ist überfordert, unterfordert, müde, mit anderen Problemen beschäftigt usw.
3. Wenn mich das passive Verhalten eines Gruppenmitglieds stört, stellt sich für mich die nächste
   Grundfrage: *Wie kann ich angemessen eingreifen?*
   Da ich ja die Gründe für das «Aussteigen» eines Teammitglieds nicht kenne, ist es erforderlich, eine IST-Aufnahme des Gruppenprozesses zu machen. Mit versteckten Vorwürfen in Form von «Fragen» wie z. B.: «Was meinen eigentlich Sie, Herr X, dazu?», erfahre ich in der Regel über die Gründe der Passivität nichts.

In unserem Fall habe ich im wesentlichen zwei Möglichkeiten:

a) Ich kann einfach das sagen und beschreiben, was ich beobachtet habe: «Herr X, Sie sind so ruhig …»

Die Reaktion wird wesentlich durch die emotionale Färbung meiner Aussage bestimmt. Wenn ich meine Aussage sachlich mache, ist sie eine Aufforderung für Herrn X, aber auch für die anderen Gruppenmitglieder, sich zu überlegen, was in der Gruppe im Moment abläuft. Im günstigsten Fall wird Herr X wieder aktiv in die Gruppenarbeit einbezogen und die gegenseitigen Standpunkte können geklärt werden.

b) Ich kann meine vermuteten Hintergründe meiner Beobachtung nennen: «Ich habe den Eindruck, Herr X, dass Sie sich im Moment übergangen fühlen, stimmt das?»

Diese Art der Steuerung hat den grossen Vorteil, dass sich Herr X in seiner Situation *verstanden fühlt* und es ihm dadurch leichter fällt, seine zurückgezogene Position zu verlassen und aktiv zu werden. Ausserdem besteht die Möglichkeit, dass die vermuteten Hintergründe vom Betroffenen differenziert und korrigiert werden können.

2.2

Auf zwei Ebenen steuern

Die bisher genannten Aspekte der Gruppenprozess-Kontrolle und Steuerung lassen sich zur Verdeutlichung graphisch darstellen:

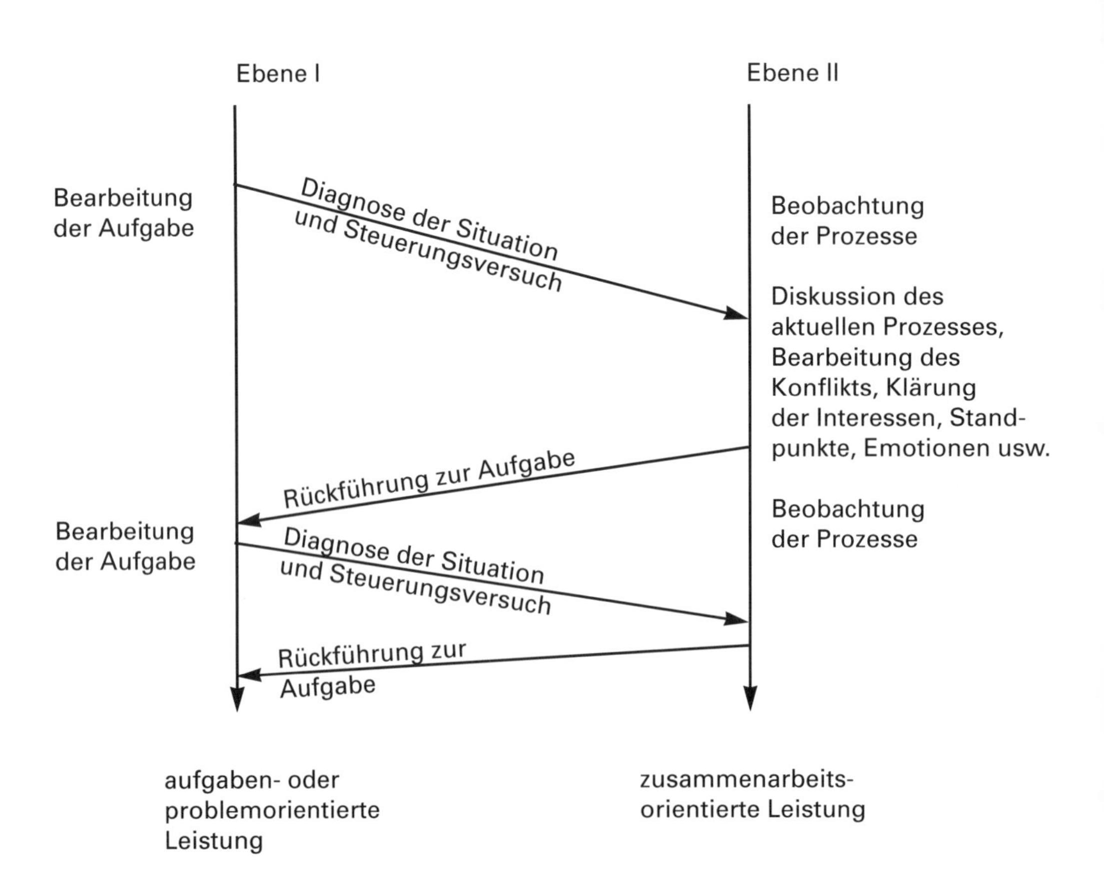

Zusammengefasst besagt diese Darstellung, dass wir während der Teamarbeit immer auf zwei verschiedenen Ebenen, der Aufgaben- und Zusammenarbeitsebene, aktiv sein sollten. Wenn auf der Aufgabenebene Störungen auftreten (z. B. «Treten an Ort», Langeweile, Ungeduld, das Team kann sich nicht einigen, geringe Beteiligung usw.), kann es erforderlich sein, für kurze Zeit diese Ebene zu verlassen, um mit den beschriebenen Möglichkeiten der Gruppenprozess-Kontrolle und -Steuerung auf die Ebene der Zusammenarbeit zu gehen, damit hinderliche Prozesse bei der angestrebten Realisierung des Gruppenzieles geklärt werden können.

Die Fähigkeit, auf beiden Ebenen arbeiten zu können, erfordert Übung im bewussten Beobachten und Wahrnehmen. Sehr häufig werden Störungen auf der Zusammenarbeits- oder Beziehungsebene mit nicht-verbaler Körpersprache signalisiert. Mit Übung gelingt es, so viel «Kanalkapazität» zu erreichen, dass man trotz einer sehr engagierten Aufgabenbearbeitung noch in der Lage ist, die sich dabei parallel abspielenden Prozesse der Zusammenarbeit zu beobachten, zu interpretieren und zu steuern. Das Mittel der Prozesskontrolle und Prozesssteuerung ist nicht nur kurzfristig bei der Arbeit in Meetings und bei Tagungen anzuwenden, sondern ist auch eine sehr gute Hilfe, um die langfristige Zusammenarbeit in Arbeitsgruppen den Zielsetzungen entsprechend zu steuern.

Die Gruppenprozess-Kontrolle und -Steuerung lassen sich auf grundlegende Fragen reduzieren, die man sich zur eigenen Kontrolle während der Teamarbeit stellen sollte:

1. *Was* passiert in der Gruppe?	______	Beobachten und «Wahr»nehmen.
2. *Wohin* wollen wir?	______	Was ist das Ziel?
3. *Was* brauchen wir, um dorthin zu kommen?	______	Die anderen und sich fragen.

Die Gruppenprozess-Kontrolle ist die bewusste Beobachtung von Gruppenprozessen. Durch das Bewusstmachen verdeckter Handlungsweisen können Konflikte angegangen und bearbeitet werden. Dadurch wird nicht nur die Beziehung unter den Teammitgliedern verbessert, sondern auch eine effizientere Aufgabenbearbeitung ermöglicht.

Ein einfaches Hilfsmittel für den Führungsalltag ist die folgende Checklist.

2.3

Analyse der Teamarbeit

Wir empfehlen Ihnen, nach jeder Teamsitzung oder am Ende eines Arbeitstages im Team Ihre Gedanken zu folgenden Fragen auszutauschen:

- Welchen Sinn und Zweck hatte die Teamsitzung?
- Was hat die Teamsitzung gefördert?
- Wer hat die Teamsitzung gefördert?
- Was hat die Teamsitzung behindert?
- Wer hat die Teamsitzung behindert?
- Welche Folgerungen können wir ziehen?
  - Für unser Team?
  - Für das einzelne Teammitglied?

3

Peter Müri

Teamentwicklung

3.1

Grundsätzliches

Unter Teamentwicklung wird im folgenden jenes Entwicklungsfeld verstanden, das auf die originäre Arbeitsgruppe oder die Primärgruppe, evtl. auch Projektgruppe (Führungskraft mit direkt unterstellten Mitarbeitern und Mitarbeiterinnen) beschränkt ist und das sich damit gegenüber Organisationsentwicklung, Bereichsentwicklung und gegenüber Lernaktivitäten in gemischten Gruppen abgrenzt.

Die Teamentwicklung bezweckt den Aufbau, die Pflege und die Förderung des Teams. Das Team wird dabei als wichtiges Führungs-«Instrument» der Unternehmung verstanden, das bei guter Funktion die Zusammenarbeit verbessert, Leistungsfähigkeit steigert und die Qualität der Entscheidungen anhebt (Antoni, 1994; Katzenbach und Smith, 1993; Vogel, 1994).

Die Gestaltung der zwischenmenschlichen Beziehung spielt in der Teamentwicklung eine wichtige Rolle. Jedoch bleibt die Förderung nicht auf diesen Fokus beschränkt, sondern umfasst auch die Sachanliegen und Leistungsziele, den Informationsfluss, die Organisation, die Koordination usw. der Gruppe. Deshalb führt die Methode der Teamentwicklung über jene der angewandten Gruppendynamik hinaus, schliesst sie aber gleichzeitig ein.

Von der konventionellen Führungsschulung unterscheidet sich die Teamentwicklung durch das Realitäts- und Aktualitätsprinzip. Gegenstand der Teamentwicklung ist stets ein faktischer Zustand, ein echtes Problem oder eine lebens- oder arbeitswichtige Frage.

Die Teamentwicklung folgt hier den Arbeitsprinzipien der Organisationsentwicklung, indem immer von den aktuellen Bedürfnissen der Gruppe ausgegangen wird und ein Arbeitsprozess eingeleitet wird, den die Gruppe trägt und verantwortet. Der Berater begleitet zwar den Arbeitsprozess, fördert ihn durch direkte und indirekte Steuerung und Eingriffe (sogenannte Interventionen) sowohl in methodischer, menschlicher und sachlicher Hinsicht. Gleichzeitig ist der Berater nicht mehr der führende Instrukteur, Arrangeur oder Dirigent wie in Führungskursen, selbst wenn dort mit Gruppenmethoden interaktionistisch vorgegangen wird. Es gibt keinen verbindlichen, nicht einmal einen empfehlenswerten Standardablauf einer Teamentwicklung. Dies würde dem Hier-und-Jetzt-Prinzip gerade widersprechen. Dennoch weist die Literatur Vorgehensmodelle vor, die sich weitgehend an üblichen Problemlösungsleitfäden orientieren, aber nicht das Spezifische eines Teamentwicklungsprozesses abbilden. Dieses wird eben nicht im Ablauf, sondern nur im Prozess selbst sicht- und erlebbar.

Wenn sich der Ablauf auch jeweils immer neu an der Problemstellung zu orientieren hat, können dennoch Bausteine definiert werden, die sich aus wiederholenden Zielsetzungen und Methoden ableiten lassen. Die folgende Aufzählung fasst praktische Erfahrungen zusammen und ist deshalb nicht abschliessend.

3.2

Ziele der Teamentwicklung

Das Ziel braucht nicht immer vorgegeben zu sein. Die erste Sitzung kann der Zielfindung, der Themastellung oder Fokussierung eines zu behandelnden Problems dienen. Der Vorgesetzte kann aber aus der Kenntnis der Sachlage Ziel und Thema vorschlagen und von der Gruppe evaluieren lassen.

Je nach Zielart wird auf der Sach-, Methoden- oder Beziehungsebene eingestiegen, was die Beachtung der jeweils anderen Ebenen während des Prozesses nicht ausschliesst.

3.2.1

Einstieg auf der Sachebene

Bevorzugte Ziele:

1. Bildung und Überprüfung von Gruppenzielen, wie sie sich aus dem Management by Objectives (MbO) Prozess ergeben.
2. Klärung und Überprüfung der gruppeninternen Arbeitsteilung und -abläufe.
3. Klärung und Verbesserung der Verbindungen nach aussen.

3.2.2

Einstieg auf der Methodenebene

Bevorzugte Ziele:

4. Untersuchung und Prüfung der in der Gruppe angewandten Arbeitstechniken und Methoden.
5. Untersuchung und Überprüfung der in der Gruppe geltenden Methoden von Zusammenarbeit.
6. Untersuchung und Prüfung der im Team angewandten Problemlösungs- und Entscheidungsprozesse.
7. Untersuchung und Prüfung der Innovationsstrategie in der Gruppe.

3.2.3

Einstieg auf der Beziehungsebene

Bevorzugte Ziele:

8. Thematisierung des Gruppenzusammenhaltes, im besonderen der Kommunikation, Kooperation und des Vertrauens.
9. Thematisierung von Wertvorstellungen im Zusammenhang mit Gruppenpolitik und Gruppenzielen.
10. Thematisierung von Spielregeln wie Gruppennormen, -stil, -leitbilder.
11. Thematisierung der Führung, d. h. der formellen und informellen Machtverhältnisse.
12. Thematisierung des Rollenverständnisses einzelner Gruppenmitglieder und der Rollenverteilung.

3.3

Methoden der Teamentwicklung

Die Methode wird in der Praxis oft vom Rollenverständnis des Beraters oder der Beraterin bestimmt. Primär für die Methodenwahl sollten aber die Situation und das Ziel der Gruppe sein. Die Methode hat sich dem Ablauf anzupassen und kann deshalb auch wechseln. Entscheidend ist, dass die Methode bewusst gewählt und nur solange beibehalten wird, wie sie der Gruppe weiterhilft.

Grundsätzlich ist die Prozessbegleitung (Nr. 1) von der Beratung (Nr. 2 bis 4) und der Laborsituation (Nr. 5) zu unterscheiden, weil die Rolle des Begleiters jedesmal eine deutlich andere ist.

Nr. 1: Teambegleitung

a) Prozessbegleitung: Der Berater ist Beobachter im alltäglichen Arbeitsprozess, z. B. bei Gruppenkonferenzen, und liefert nach der Beobachtungsphase eine Prozessanalyse.

b) Prozessberatung: wie a), jedoch werden die Prozessanalysen häufiger und vor allem beim Auftreten von Störungen eingesetzt. Der Berater steuert u. a. auch aktiv mit.

Nr. 2: Einstieg auf der Sachebene

a) Themenzentriertes Vorgehen: Die Gruppe bestimmt ein gruppenrelevantes Thema (siehe Zielkatalog), das nach der Methode der themenzentrierten Interaktion bearbeitet wird.

b) Problemzentriertes Vorgehen: Die Gruppe wählt ein gruppenrelevantes Problem, das bis zur Lösungsreife nach der Methode der problemzentrierten Interaktion bearbeitet wird.

Nr. 3: Einstieg auf der Methodenebene

a) Methodenzentriertes Vorgehen: Die Gruppe konzentriert sich auf eine deklarierte Zusammenarbeitsmethode und untersucht ihre Wirksamkeit und Grenze aus primär methodischer Sicht.

b) Systemzentriertes Vorgehen: wie a), jedoch auf ein eingeführtes Führungssystem, bzw. auf eine Führungsstruktur oder auf ein Führungsinstrument bezogen.

Nr. 4: Einstieg auf der Beziehungsebene

a) Kulturzentriertes Vorgehen: Die Gruppenkultur wird von der Gruppe untersucht und im Hier und Jetzt geklärt und eventuell verändert.

b) Konfliktzentriertes Vorgehen: Problematische oder gestörte Beziehungen in der Gruppe oder Gruppenkonflikte werden angegangen und zu lösen versucht.

Nr. 5: Gruppendynamisches Labor

a) Teilstrukturiertes Vorgehen: Mit Hilfe von Kommunikations- und Kooperationsübungen wird die Gruppe labormässig trainiert.

b) Unstrukturiertes Vorgehen: Sach- und Methodenebene werden nicht thematisiert, es wird nur der laufende ungesteuerte Beziehungsprozess reflektiert (Lernen am Prozess).

3.4 Äusserer Ablauf einer Teamentwicklung

Grundsätzlich kann Teamentwicklung nur im und mit dem Team vor sich gehen. Deshalb ist der äussere Rahmen stets gekennzeichnet durch die Präsenz aller Teammitglieder. Wie lange eine Arbeitssequenz dauert, wie häufig sich Teamsitzungen folgen, wie umfassend eine Phase definiert wird, hängt wiederum von der Problemlage und dem Entwicklungsziel ab.

Es hat sich als vorteilhaft erwiesen, die Gruppe für einen bestimmten Zeitablauf zu verpflichten, z.B. durch die Festlegung der Dauer einer Phase und der Sitzungshäufigkeit. Erfahrungsgemäss benötigt Entwicklung Zeit, deshalb sollte ein minimales Volumen nicht unterschritten werden. Das gilt sowohl für die einzelne Sequenz (mind. Tagessitzungen, besser Mehrtagesklausuren), wie auch für eine ganze Phase (mind. ein halbes Jahr, besser ein bis zwei Jahre).

Ein problemzentriertes Vorgehen gliedert sich «im Normalfall» in folgende Schritte:

1. Interessenbekundung oder Anstoss durch den Vorgesetzten, nachdem er sich vorher mit der Gruppe besprochen hat.
2. Information der Berater über Bedürfnis und äusseren Anlass und Diskussion über mögliche Einstiegsformen.
3. Wahl der Adressaten, der Problemstellung und Planung der Einstiegsphase durch den Vorgesetzten in Absprache mit der Gruppe, durch die Gruppe oder in einer ersten Sitzung mit dem Berater und der ganzen Gruppe.
4. Kontraktschliessung zwischen dem Berater und der Arbeitsgruppe, Festlegung der Rolle des Beraters und der Gestaltung der ersten Phase.
5. Datensammlung und Diagnose der Problemstellung in ersten Sitzungen, Klausuren usw. gemäss Plan und Definition der Problemstellung.
6. Überprüfung des Arbeitskreises hinsichtlich der Teilnehmer (evtl. Ergänzung durch weitere Betroffene), Wahl des Methodenrahmens für die Problembearbeitung (z.B. gewisse Teile an Subgruppen oder Experten delegieren usw.), Organisation der Rahmenbedingungen.
7. Vertiefte Problemanalyse, Suchen von Lösungsansätzen, Anstreben eines Gruppenkonsenses bezüglich Lösungsstrategie und evtl. Entscheidung für den Lösungsansatz bzw. Antragsstellung.

8. Fokussierung der Veränderung, Bestimmen der Schrittfolge in der Einführung und der flankierenden Massnahmen, Erfassen der Bedeutung für andere Bereiche und für das ganze Unternehmen, Konsequenzen für die Unternehmenskultur.
9. Einbezug weiterer betroffener Instanzen, Verhandlung mit höheren Instanzen bis zur Entscheidung. Information nach unten, evtl. Einbezug unterstellter Mitarbeiter, Lösung der Koordinationsprobleme. Verarbeitung des Feedbacks von oben und unten.
10. Beginn der schrittweisen Einführung unter laufender Kontrolle durch Einbau von Rückmeldesystemen, laufende Erfolgskontrolle, Abweichungsanalyse, Definition neuer Problemstellungen usw. in der Gruppe.

Wie erwähnt, ist aus diesem äusseren Ablauf nicht die Art und Weise der Problembearbeitung ersichtlich. Diese aber kennzeichnet gerade Teamentwicklung, indem sie sich von Projektmanagement-Verfahren dadurch unterscheidet, dass mit der Problembearbeitung ein Lernen an Ort und Stelle stattfindet, das sich nicht nur an der Problemsache, sondern auch an der Art und Weise des Zusammenspiels der Gruppenmitglieder (Beziehungsebene) wie auch an der gegenseitigen Einflussnahme zwischen Team und Unternehmen (Kulturebene) orientiert.

Je nach Entwicklungsstand des Teams müssen unter Umständen Voraussetzungen für die Teamentwicklung nachgeholt werden, wenn sie nicht schon in der persönlichen Entwicklung bzw. Schulung geschaffen worden sind: Kommunikations- und Kooperationsfähigkeit des einzelnen und untereinander.

4

Frühwarnsysteme bei Gruppenproblemen

Rolf Fink

Jede Gruppe ist dauernd dabei, Entscheidungen zu treffen und Probleme zu lösen. Jede Gruppe sieht sich auch beim Anpacken ihrer besonderen Aufgaben in gewissen Phasen internen Problemen gegenüber, die sie in ihrer Arbeit und Leistung behindern.

Nach Bradford et al. (1961) sind die drei häufigsten Störungen in Gruppen:
Konflikte
Interesselosigkeit
Unentschlossenheit

Jede dieser Störungen äussert sich in beobachtbaren-Symptomen, auf Grund derer das eigentliche Problem bestimmt und innerhalb der Gruppe bewusst gemacht werden kann.

4.1

Konflikte

Konflikte in einer Gruppe äussern sich in Meinungsverschiedenheiten, affektgeladenem Argumentieren, Spannung, Ungeduld, Anklagen, mangelnder Bereitschaft zuzuhören, einzulenken und auf Kompromisse einzugehen.

4.1.1.

Allgemeine Symptome für Konflikte

- Die Mitglieder sind ungeduldig miteinander.
- Ideen werden angegriffen, noch ehe sie ganz ausgesprochen sind.
- Die Mitglieder ergreifen Partei und weigern sich nachzugeben.
- Die Mitglieder können sich nicht über Pläne und Vorschläge einigen.

- Argumente werden mit grosser Heftigkeit vorgetragen.
- Die Mitglieder greifen einander an.
- Die Mitglieder sprechen abfällig über die Gruppe und ihre Fähigkeit.
- Die Mitglieder werfen einander vor, dass sie das eigentliche Problem nicht verstehen.
- Die Mitglieder widersprechen den Vorschlägen des Leiters oder der Leiterin.
- Die Mitglieder verdrehen die Bedeutung der Beiträge von anderen.
- Die Stimmung ist gespannt, feindselig, aggressiv.

4.1.2

Mögliche Ursachen dieser Symptome

Problembereich I

Der Gruppe wurde eine Aufgabe übertragen, der sie nicht gewachsen ist. Daher fühlen sich die Mitglieder frustriert: sie spüren, dass sie die an sie gestellten Aufgaben nicht erfüllen können. Die Mitglieder fühlen sich überfordert.

Lösungsmöglichkeit:

Es ist hier die Aufgabe der Gruppenleitung und aller Mitglieder, zu entscheiden, ob diese Ursache zutrifft. Ist dies der Fall, sollte die Gruppenleitung alles unternehmen, um die Aufgabe auf die Realisierbarkeit zu beschränken. Dies kann dadurch geschehen, indem die Aufgabe auf ihre Realisierbarkeit hin überprüft und dann neu gestellt wird. Die Gruppenleitung muss in diesem Fall sicherstellen, dass die Vorgesetzten diese neue Aufgabendefinition dann auch akzeptieren.

Problembereich II

Das Hauptinteresse der Teammitglieder ist möglicherweise nur die persönliche Anerkennung (Status) in der Gruppe. Die Aufgabe der Gruppe wird lediglich als Vorwand benutzt, um persönliche Bedürfnisse zu befriedigen.

Lösungsmöglichkeit:

Die Gruppenleitung kann zunächst sich selbst und dann die Teilnehmer fragen, ob sie zuwenig Anerkennung ausspricht. Ist dies der Fall, wird sie bewusst häufiger loben. Es lohnt sich dabei an den Grundsatz zu denken, dass Lob das Verhalten wirksamer verändert als Kritik. In solchen Gruppen lohnt es sich häufig, eine Feedback-Übung einzuschalten, in der sich die Teilnehmer ein wirklich empfundenes positives Feedback geben: Jeder sagt zu jedem etwas, das ihm am anderen gefällt.

Problembereich III

Jedes Teammitglied geht von einem ganz bestimmten Gesichtspunkt aus, der von den anderen nicht geteilt wird – vielleicht, weil die Teammitglieder überzeugte Anhänger von verschiedenen anderen Gruppen sind, deren Interesse mit denjenigen der gegenwärtigen Gruppe in Konflikt geraten.

Lösungsmöglichkeit:

Hier kann sich der Teamleiter oder die Teamleiterin zusammen mit den Mitgliedern darauf konzentrieren, den Inhalt der unterschiedlichen Meinungen so genau wie möglich herauszuschälen und sicherzustellen, dass alle auch wirklich davon Kenntnis nehmen. Als nächstes müsste dann das Herausschälen von Gemeinsamkeiten in den ursprünglich gegensätzlichen Meinungen folgen. Zudem müsste beobachtet werden, ob sich die Gegner aufeinander zu, nebeneinander her oder auseinander bewegen. Im ersten und zweiten Fall lohnt es sich weiterzuarbeiten; im dritten Fall dürfte es sinnvoller sein, die Arbeit abzubrechen. Es geht den Parteien dann vermutlich ums Gewinnen, was meistens dazu führt, dass beide verlieren.

Konflikte gehören zu den häufigsten Gruppenproblemen: Man bekämpft sich, die Gruppe befindet sich in einer Spannung, die einen Teilnehmer möchten einen bestimmten Weg einschlagen, die anderen sind damit nicht einverstanden, wieder andere suchen zu vermitteln oder warten passiv ab. *Das Besprechen und Klären des Konflikts ist der einzige Ausweg.* Oft führt gerade dies zu einer bereichernden und guten Arbeit in der Gruppe. Jedenfalls ist der richtige Umgang mit Konflikten für die weitere Entwicklung der Gruppe ausschlaggebend.

4.2

Interesselosigkeit

Interesselosigkeit ist eine weitere Störung in Gruppen. Man ist nicht bei der Sache: Das Problem ist entweder banal und heikel, oder man hat auf Grössen, die für eine Entscheidung wichtig wären, keinen Einfluss.

4.2.1

Allgemeine Symptome für Interesselosigkeit

- Häufiges Gähnen und Einnicken der Mitglieder.
- Die Mitglieder verlieren den Faden der Diskussion.
- Geringe Beteiligung.
- Die Diskussion ist schleppend.
- Verspätungen und häufige Abwesenheit der Mitglieder.
- Hastige Entscheidungen.
- Entscheidungen werden nicht ausgeführt.
- Bereitwilliges Vertagen.
- Mangelnde Vorbereitung auf die Zusammenkünfte.
- Verantwortung wird nur zögernd übernommen.
- Die Stimmung ist lahm, ohne Schwung, Wortmeldungen haben oft einen gereizten Unterton.

4.2.2

Mögliche Ursachen dieser Symptome

Problembereich IV

Das Problem, an dem die Gruppe arbeitet, scheint für die Mitglieder nicht wichtig oder zumindest weniger wichtig als ein anderes Problem zu sein.

Lösungsmöglichkeit:
Gruppen haben in der Regel eine feine Nase für Wichtiges und Unwichtiges. In einem solchen Fall sollten sich die Teammitglieder fragen, warum das zu Beginn formulierte Ziel so wichtig war. Eine neue Zielformulierung kann die Gruppe wieder aktivieren.

Problembereich V

Die Gruppe kennt keine angemessenen Verfahren oder Methoden für die Lösung ihrer Probleme.

Lösungsmöglichkeit:

Wichtig ist, dass die Gruppe sich auf ein bestimmtes Vorgehen verpflichtet, dem alle zustimmen können, mit dem sie sich identifizieren. Solche Vorgehen werden in Problem- und Entscheidungstechnik-Kursen gelehrt. Solche Techniken und Denkwerkzeuge müssen nicht starr angewandt werden – jede Gruppe kann diese Techniken später modifizieren. Als Starthilfen haben sich diese Denkwerkzeuge in der Praxis jedoch sehr bewährt.

Problembereich VI

Die Teammitglieder fühlen möglicherweise, dass sie keine Möglichkeit haben, die Entscheidung mitzubestimmen.

Lösungsmöglichkeit:

Die Kompetenzen der Leitung und der Gruppe sollten abgeklärt und festgelegt werden. Eigentlich sollten sich alle vor Beginn der Teamarbeit darüber im klaren sein.

4.3 Unentschlossenheit

Unentschlossenheit ist eine dritte, sehr häufig vorkommende Störung in Gruppen. Man kann sich nicht entscheiden, weil man sich nicht einigen kann, weil man vor den Konsequenzen Angst hat oder weil die Grundlagen für einen Entscheid nicht ausreichen. Die Gruppenaktionen kommen zum Erliegen oder beschränken sich auf wenige Teilnehmer, welche die Macht an sich reissen.

4.3.1 Allgemeine Symptome für Unentschlossenheit

- Die Furcht vor den Folgen einer Entscheidung wird spürbar.
- Es verstreicht viel Zeit, bis man mit der Arbeit beginnt.
- Die Gruppendiskussionen sind abstrakt und theoretisch.
- Die Teammitglieder weigern sich, Verantwortung zu übernehmen.

- Die Gruppe scheint der Lösung von Problemen auszuweichen.
- Der Zusammenhalt unter den Teammitgliedern ist gering.
- Die Gruppe scheint unfähig zu sein, sich für eine der angebotenen Lösungen zu entscheiden.
- Die Stimmung ist lähmend, die Teilnehmer unzufrieden und festgefahren.

4.3.2

Mögliche Ursachen dieser Symptome

Problembereich VII

Die zu fällende Entscheidung ist zu schwierig, der Gruppenzusammenhalt ist noch gering, und die Gruppe traut sich selbst wenig zu.

Lösungsmöglichkeit:

Abwarten, bis das Vertrauen in die Gruppe wächst. Zusätzlich kann der Gruppenleiter oder die Gruppenleiterin für kleine Erfolgserlebnisse sorgen. Ist die Entscheidung sachlich nicht möglich, muss die Fragestellung abgeändert werden, oder es müssen zusätzliche Informationen beschafft werden.

Problembereich VIII

Der Bereich, in dem Entscheidungen fällig sind, ist für die Gruppe bedrohlich, sei es wegen unsicherer Folgen, sei es aus Furcht vor der Reaktion anderer Gruppen, sei es aus Furcht vor Misserfolg einzelner Teammitglieder.

Lösungsmöglichkeit:

Die Befürchtungen aussprechen und benennen, die Wahrscheinlichkeit ihres Eintreffens besprechen und deren Tragweite diskutieren. In den meisten Fällen wird danach eine Entscheidung möglich.

Problembereich IX

Der Problemlösung wird ausgewichen, z. B. aus Angst vor Entscheidungen und ihren Auswirkungen.

Lösungsmöglichkeit:

Auch hier helfen einzig und allein das Herausfinden und Formulieren der Befürchtungen. Nur so kann abgeschätzt werden, ob die Befürchtungen wirklich begründet sind. Je nach Situation sind sie durch konkrete Massnahmen zu zerstreuen und zu entkräften, wenn die Arbeit weitergehen soll.

Die praktische Bewältigung von Störungen besteht grundsätzlich darin, beobachtete Symptome der Gruppe jeweils mitzuteilen, diese miteinander zu besprechen, um gemeinsam zu einer Deutung zu kommen. Wird man sich der Ursache einer Störung bewusst, so lässt sie sich in der Regel dadurch beseitigen.

4.4

Ein Fragebogen zur Problemanalyse in Arbeitsgruppen

Sie finden hier 54 Aussagen. Bewerten Sie jede Aussage, indem Sie sich überlegen, ob sie auf Ihre Gruppe zutrifft. Tragen Sie Ihre Bewertung auf dem Antwortblatt ein (siehe Seite 152). Wenn Sie glauben, dass eine Aussage eher zutrifft, so kreuzen Sie das entsprechende Feld auf dem Antwortblatt an. Wenn Sie meinen, dass eine Aussage eher nicht oder weniger zutrifft, lassen Sie dieses Feld leer.

1. Vorschläge, die gemacht werden, scheinen aus praktischen Gründen nicht durchführbar.
2. Meistens kommt es zu keinen Lösungen.

3. Die Teammitglieder hören einander nicht zu.
4. Die Entscheidungen scheinen nicht wirklich wichtig zu sein.
5. Die Teammitglieder wissen nicht recht, wie sie vorgehen sollen.
6. Es wird die Ansicht geäussert, dass Fachleute zugegen sein sollten.
7. Die Gruppe gerät vom einen Extrem (sehr schnelle Entscheidungen) zum anderen Extrem (Entscheidungsunfähigkeit).
8. Die Gruppe gibt an, nicht genau zu wissen, worüber entschieden werden soll.
9. Es braucht lange Zeit, bis man überhaupt mit der Arbeit anfängt.
10. Teammitglieder greifen sich gegenseitig an.
11. Ideen werden angegriffen, noch ehe sie ganz ausgesprochen sind.
12. Die Teammitglieder können sich nicht über Pläne oder Vorschläge einigen.
13. Es wird nichts gegen unwichtige oder konfuse Diskussionsbeiträge eingewandt.
14. Teammitglieder beschweren sich, dass die Gruppe eine unmögliche Aufgabe hat.
15. Es wird gesagt, dass die Gruppenlösung ja doch keine Rolle spiele, weil die Lösung ausserhalb der Gruppe ohnehin nicht beachtet werde.
16. Die Gruppendiskussion ist abstrakt und theoretisch.
17. Teammitglieder weigern sich, Verantwortung zu übernehmen.
18. Die Teammitglieder haben den Eindruck, dass sie zu wenig Informationen oder Fähigkeiten haben, um das Problem in Angriff zu nehmen.
19. Die Teammitglieder haben den Eindruck, dass die Gruppe zu wenig Erfahrung hat, um die Aufgabe zu lösen.
20. Es bilden sich häufig Untergruppen in der Gruppe.
21. Die Teammitglieder wollen ihre eigenen Vorschläge durchsetzen.
22. Die Teammitglieder wundern sich, dass man sich überhaupt mit einer solchen Aufgabe befasst.
23. Es wird vorgeschlagen, die Entscheidung dem Gruppenleiter oder irgendeinem Spezialisten zu überlassen.
24. Es werden Zweifel geäussert, ob nicht die ganze Arbeit verlorene Liebesmüh ist.
25. Die Teammitglieder verlangen ständig neue Definitionen von völlig unwichtigen Punkten.

26. Es bestehen Meinungsverschiedenheiten, über welche Fragen man sich nun wirklich einig geworden ist.
27. Es gibt lange andauernde Unterhaltungen, bevor man die Arbeit aufnimmt.
28. Die Teammitglieder können sich nicht darüber einigen, was die eigentliche Aufgabe der Gruppe ist.
29. Die Gruppe fährt sich in unwesentlichen Punkten fest.
30. Teammitglieder ergreifen Partei und weigern sich nachzugeben.
31. Es werden Vorschläge gemacht, sich einer anderen Aufgabe zuzuwenden.
32. Die gleichen Diskussionsbeiträge wiederholen sich immer wieder.
33. Es wird kein Versuch gemacht, eine wirkliche Übereinstimmung unter den Teammitgliedern zu erreichen.
34. Die Gruppe kommt beinahe zu einer Entscheidung, zögert aber im letzten Augenblick wieder.
35. Teammitglieder weigern sich, die Gruppenarbeit zu präsentieren.
36. Vorgeschlagene Lösungen werden oft als unrealistisch abgetan.
37. Die Teammitglieder fühlen sich überfordert.
38. Teammitglieder benutzen die Gruppenarbeit, um persönliche Bedürfnisse zu befriedigen.
39. Diskussionsbeiträge bauen nicht auf den Beiträgen anderer auf.
40. Es scheint, dass die Teammitglieder wichtigere Probleme zu lösen haben, als die vorliegende Aufgabe.
41. Die Gruppe kennt keine angemessenen Verfahren für die Lösung ihrer Probleme.
42. Die Teammitglieder geben zu verstehen, dass sie keine Möglichkeit haben, die endgültige Entscheidung mitzubestimmen.
43. Die Teammitglieder trauen sich die Lösung der Aufgabe noch nicht zu.
44. Die Gruppe hat aus Furcht vor der Reaktion anderer Gruppen Schwierigkeiten beim Entscheiden.
45. Die Gruppe scheint der Lösung von Problemen auszuweichen.
46. Der Gruppe wurde eine Aufgabe übertragen, der sie nicht gewachsen ist.
47. Es gibt subtile Angriffe gegen die Gruppenleitung.
48. Die Teammitglieder gehen von ganz bestimmten Standpunkten aus, die nicht von allen in der Gruppe geteilt werden.

49. Die Diskussion in der Gruppe ist schleppend.
50. Die Teammitglieder weichen oft auf Randaufgaben oder Randprobleme aus.
51. Es werden in der Gruppe sehr unrealistische Entscheidungen gefällt.
52. Der Zusammenhalt zwischen den Teammitgliedern ist gering.
53. Das Problemgebiet, in dem Entscheidungen fällig sind, ist für die Gruppe wegen unsicherer Folgen bedrohlich.
54. Die Gruppe scheint unfähig zu sein, sich auf eine Lösung zu einigen.

4.4.1

Antwortblatt für den Fragebogen

	1	2	3	4	5	6	7	8	9
	10	11	12	13	14	15	16	17	18
	19	20	21	22	23	24	25	26	27
	28	29	30	31	32	33	34	35	36
	37	38	39	40	41	42	43	44	45
	46	47	48	49	50	51	52	53	54
Summenzeile									
Problembereich	I	II	III	IV	V	VI	VII	VIII	IX

Wenn Sie alle Aussagen beantwortet haben, zählen Sie die Anzahl der angekreuzten Felder in jeder Spalte zusammen. Tragen Sie das Ergebnis in die unten freigelassenen Felder ein.

Die Bereiche mit den höchsten Punktwerten zeigen die Probleme an, mit denen sich Ihre Gruppe Ihrer Meinung nach besonders auseinanderzusetzen hat. In der Regel wollen die Gruppenmitglieder ihre Antworten miteinander vergleichen. Mit Hilfe des folgenden Schemas erkennen Sie die Hauptprobleme in der Gruppe. Unterschiede in den Punktwerten der einzelnen Gruppenmitglieder können durch die individuell verschiedenen Massstäbe, welche die einzelnen angelegt haben, oder durch ihre unterschiedliche Interpretation der Aussagen zustandekommen. In jedem Fall müssen die Ergebnisse interpretiert und diskutiert werden. Für Problembereiche mit hohen Punktwerten lohnt es sich, die Verbesserungsmöglichkeiten in einem Aktionsplan festzuhalten.

4.4.2

Interpretation des Fragebogens

	Problem / Teilnehmer									Summe	Dringlichkeitsstufe
Konflikte	I. Überforderung des Teams										
	II. Teammitglieder suchen nach persönlicher Anerkennung										
	III. Interessenkonflikte										
Interesselosigkeit	IV. Das Gruppenproblem scheint im Moment unwichtig zu sein										
	V. Es mangelt an angemessenen Problemlösungsmethoden										
	VI. Keine Möglichkeit, die endgültige Entscheidung mitzubestimmen										
Unentschlossenheit	VII. Die Teammitglieder trauen sich eine Entscheidung noch nicht zu										
	VIII. Angst vor Misserfolg										
	IX. Angst vor Entscheidungen										
	Summe										

5

Konfliktbewältigung im Führungsalltag

Hans Bernhard

5.1

Einleitung

«Konflikte sind für die Beziehungen einzelner unerfreulich und gefährlich, in Gruppen und Unternehmen unproduktiv und unökonomisch. Trotzdem kommt man wohl kaum an dem Schluss vorbei, dass manche Konflikte in zwischenmenschlichen Beziehungen unvermeidlich sind. Daraus ergeben sich zwei Aufgaben: Wir müssen herausfinden, wie wir die Zahl der Konflikte so gering wie möglich halten und wie wir die unvermeidlichen lösen können.» (Gordon, 1979, S. 149)

Der Artikel möchte im Sinne des zitierten Abschnittes aus dem Buch «Managerkonferenz: Effektives Führungstraining» von Thomas Gordon (1979) Wege zur produktiven Konfliktbewältigung in konkreten, alltäglichen Arbeitsbeziehungen aufzeigen. Weiterhin möchte er auch möglichst realitätsnah auf Bedingungen und Grenzen von Lösungsansätzen hinweisen, sowie optimales und nicht ideales Funktionieren von Beziehungen in den Mittelpunkt stellen und perfektionistische Anforderungen an menschliches Verhalten vermeiden. Sowohl grundsätzliche Überlegungen als auch praktische Handlungshinweise sollen als Anregung, als Anstoss zum praktischen Versuch, nie aber als alleingültige Vorschrift verstanden werden.

Grundlagen des Beitrags bilden, wie erwähnt, die Ausführungen des amerikanischen Psychologen und Beraters Thomas Gordon sowie die Erfahrungen des Autors dieses Artikels als Unternehmensberater, als Trainer von Führungs- und Verkaufskräften in vielen Unternehmen und in manchen weiteren Rollen des beruflichen wie privaten Lebens.

Um dem Leser die Übersicht zu erleichtern, sei hier der Versuch gemacht, den Aufbau des Kapitels kurz zu skizzieren: In den Abschnitten 5.2 und 5.3 werden Konflikte als zwangsläufig auftretende Erscheinungen jeder produktiven Arbeitsbeziehung dargestellt. Die Abschnitte 5.4 bis 5.6

beschreiben die problematischen, in der Realität recht häufig anzutreffenden Scheinbewältigungen von Konflikten durch Abwehrverhalten oder das Zurücklassen von Verlierern, während in Abschnitt 5.7 eine produktivere Alternative ohne Verlierer aufgezeichnet ist.

Abschnitt 5.8 ist der praktischen Durchführung von zweiseitigen Gewinn-Methoden der Konfliktbewältigung gewidmet, und führt zu Abschnitt 5.9 über, in welchem wichtige Bedingungen, aber auch Grenzen und Risiken anzustrebender zweiseitiger Prozesse gestreift werden.

Schliesslich wird in Abschnitt 5.10 die Anwendung von Gewinn-Gewinn-Konfliktlösungen als bedeutender zwischenmenschlicher Prozess zusammengefasst, während 5.11 einige Gedanken zur Veränderung persönlichen Konfliktlösungsverhaltens und zum Lernen enthält.

Als «Lesehilfe» ist jedem Abschnitt in Anführungszeichen eine Aussage vorangestellt, welche auf jeweils zentrale Inhalte hinführen soll.

5.2

Zwischenmenschliche Beziehungen und Arbeitsproduktivität

«Gute zwischenmenschliche Beziehungen bilden eine unerlässliche Voraussetzung zur Erreichung einer hohen Arbeitsproduktivität.»

Prinzipien von Führung und Zusammenarbeit sind wesentlich mitbestimmt vom Menschenbild, auf welchem sie aufbauen. McGregor (1970) hat in seiner etwas überzeichnenden «Theorie X» das Bild des «ökonomischen Menschen» und seine problematische Auswirkung auf traditionelle Führungs- und Zusammenarbeitstheorien aufgezeigt. In einem solchen Denkmodell spielen zwischenmenschliche Beziehungen kaum eine Rolle, da die Grundannahme vorherrscht, dass Menschen letztlich allein durch ökonomische Anreize völlig kontrollierbar und Arbeitssituationen hundertprozentig regelbar sind. Damit werden Führung und Zusammenarbeit auf rein sachlogisches Organisieren von Arbeitsabläufen reduziert, in welchen zwischenmenschliche Beziehungen unnötig sind, ja sogar störend wirken können.

Veränderte gesellschaftliche, wirtschaftliche und technologische Bedingungen haben in den letzten Jahrzehnten eine Revision solcher Menschenbilder als Führungsgrundlage erfordert, ohne dass dabei diese Ideen bereits verschwunden wären. Grundlage der Gestaltung von Führung und Zusammenarbeit liefert heute mehr ein Bild des «komplexen Menschen». Es ist ein Bild eines vielfältig angelegten und differenziert reagierenden Mitarbeiters, welcher grundsätzlich durchaus in der Lage ist, ohne hundertprozentige von «oben» angeordnete Regelung seine Arbeit von sich aus durchaus kooperativ zu verrichten. Solch ein Mitarbeiter stellt damit die Produktivität in einer immer komplexer und dynamischer sich entwickelnden Umwelt sicher. (Vgl. dazu als zusammenfassende Übersicht: Rosenstiel, 1972, S. 24 ff.)

Die hier dargestellten Überlegungen beruhen auf einem solchen Menschenbild des «komplexen Menschen» mit den dazugehörenden Führungsprinzipien, -modellen und -grundsätzen. Im nachfolgenden Schema wird erläutert, welche Fähigkeiten Menschen aus einer solchen Sicht heraus brauchen, um in Arbeitsgemeinschaften produktive Leistungen zu erbringen.

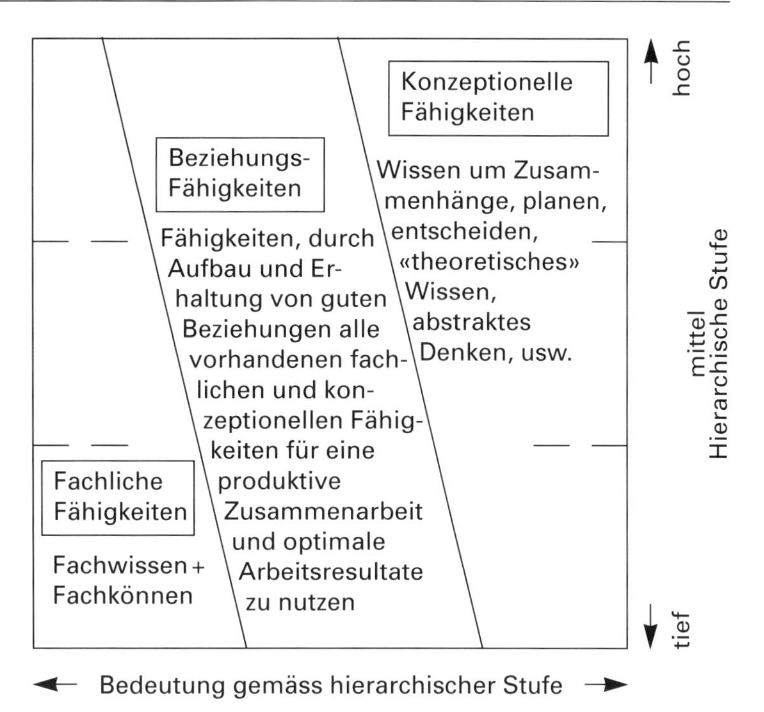

Während mit zunehmender hierarchischer Höhe die Bedeutung der rein fachspezifischen Fähigkeiten abnimmt (oder abnehmen sollte), wächst gleichzeitig die Bedeutung der konzeptionellen Fähigkeiten, welche Tätigkeiten wie Koordination, Planen, Lösen von übergreifenden Aufgaben, Erkennen von Zusammenhängen beinhalten. Gleichsam als «Bindeglied» wirkt nun die Fähigkeit jedes Menschen, mit anderen Menschen jeder hierarchischen Stufe gute stabile Beziehungen aufzubauen, um zu gewährleisten, dass die individuell vorhandenen fachlichen und konzeptionellen Fähigkeiten auch zu einem *gemeinsamen, produktiven Zweck* eingesetzt werden.

Menschen, die miteinander auskommen, sich respektieren, gerne miteinander arbeiten, werden sich eher um die Erreichung gemeinsamer, übergeordneter Ziele kümmern als Menschen, die einander gleichgültig sind oder sogar miteinander im Streit stehen. Vielen Lesern werden wohl Beispiele einfallen für Situationen, in welchen Menschen wegen grundsätzlich gestörter Beziehungen ihre Fähigkeiten, ihre ganze Intelligenz sogar zu destruktiven Zwecken einsetzen und damit hohe menschliche und materielle Kosten verursachen. Als Illustration sei hier der Fall eines Vorgesetzten erwähnt, welcher seinen Stellvertreter, zu dem er keine positive Beziehung fand, den er aber nicht auswechseln konnte, monatelang mit gezielten Fehlinformationen versorgte. Darauf baute der Vorgesetzte seine ganze Arbeit auf und «bewies» damit, dass sein Stellvertreter unfähig war. Er tat dies mit einer solchen Geschicklichkeit, dass die Geschäftsleitung erst nach langer Zeit das Spiel durchschaute.

So betrachtet ist es unerlässlich, dass menschliches Arbeitsverhalten in hierarchisch verschiedenen oder gleichgestellten Positionen auf guten, tragfähigen Beziehungen beruht, um eine Grundlage für gemeinsames, zielgerichtetes Entscheiden und Handeln zu schaffen, statt Energien in unproduktiven, durch negative Beziehungen verursachten Reibungen zu verlieren.

5.3

Konflikte sind unausweichlich

«Die Freiheit in unserer Zusammenarbeit liegt nicht darin, ob wir Konflikte wollen oder nicht, sondern darin, wie wir sie bewältigen.»

Jedes Individuum bringt, bewusst oder unbewusst, seine persönlichen Voraussetzungen in die Arbeitssituation mit, und zwar:

a) auf der Ebene von *Wertvorstellungen* (als Beispiel: «Man soll den Leuten nicht den kleinen Finger geben, sonst nehmen sie die ganze Hand»),
b) auf der Ebene von *persönlichen Zielen und Bedürfnissen* (Beispiel: «Ich erwarte, dass bis in zwei Jahren meine Leistungen durch eine Beförderung belohnt werden») und
c) auf der Ebene von *Handlungsalternativen* (Beispiel: «Ich habe das bis jetzt so gemacht, und das hat immer gut funktioniert»).

In jeder Zusammenarbeit werden immer wieder auf einer der drei Ebenen momentane Unvereinbarkeiten oder eben Konflikte zwischen den verschiedenen beteiligten Menschen entstehen, in schwacher oder intensiver, kurzer oder lange andauernder Ausformung. Nur absolut identische Menschen mit identischen Werten, Bedürfnissen und praktischen Erfahrungen hätten theoretisch betrachtet keine Konflikte.

Auf der anderen Seite unternimmt zwar die Organisation Bemühungen, unnötige Reibungsverluste zu verhindern, indem sie Handlungsanweisungen oder Regeln aufstellt, Ziele für einzelne oder ganze Gruppen formuliert und gewisse Werte als für alle verbindlich erklärt. Die Aufgabe der Organisation besteht aber nicht etwa darin, den Freiraum durch Regelungen völlig zu reduzieren. Vielmehr sollte sie ihn in Form von optimalen Rahmenbedingungen definieren und – an die konkrete Situation angepasst – gewährleisten, dass die Komplexität von Aufgaben und die eingesetzten Mittel in einer «Balance» sind. Beispielsweise sollte die Dynamik von äusseren Umständen und die Motivationslage der Mitarbeiter als wichtige Faktoren beachtet werden.

Daraus lässt sich die in der Einleitung zitierte zweifache Führungsaufgabe ableiten: Einerseits gilt es, unnötige Konflikte durch eine angepasste Rahmensetzung zu vermeiden, andererseits aber zu akzeptieren und den Einsatz von geeigneten, d. h. produktivitätsunterstützenden Bewältigungsverfahren sicherzustellen.

Ein konkretes Beispiel: Um ein möglichst reibungsloses Zusammenwirken der Verkaufsleitung «Innendienst» und der Verkaufsleitung «Aussendienst» zu gewährleisten, werden einerseits möglichst präzise Stellen- und Funktionsbeschreibungen als Rahmenbedingungen für die konkreten Verhaltensweisen der Stelleninhaber erarbeitet und somit unnötige Reibungspunkte vermieden; andererseits aber ist es notwendig, die Fähigkeit der Stelleninhaber zur Akzeptanz und positiven Bewältigung von Konflikten zu sichern und nötigenfalls zu fördern. Solche Konfliktzonen ergeben sich zwangsläufig gerade durch die Gewährung eines optimalen Handlungsspielraumes, wie z. B. gegenüber Kunden.

5.4

Abwehrreaktionen auf Konflikte sind Scheinlösungen

«Konfliktwahrnehmung ist häufig von negativen Gefühlen begleitet. Dadurch erhöht sich die Gefahr, dass Konfliktpartner unkontrollierte Abwehrreaktionen zeigen.»

«Mir wird schon unwohl, wenn ich diesen Typ nur von weitem sehe, geschweige denn, wenn ich mit ihm reden muss.»

Wer kennt nicht solche oder ähnliche Gefühle, die einen im tatsächlichen oder auch nur im imaginären Kontakt mit Menschen begleiten. Gerade Konflikte aber neigen dazu, solche negativen Gefühle wie Angst, Unlust, Ärger, Missmut, Unbehagen auszulösen, was bei den betroffenen Menschen wiederum die Tendenz verursacht, diese negativen Gefühle möglichst schnell «aus der Welt zu schaffen». In der Praxis geschieht dies allerdings häufig mit unkontrollierten, vielfach auch unbewusst ablaufenden Abwehrreaktionen, welche das Risiko enthalten, dass ein Konflikt im besten Fall kurzfristig «verdeckt» wird, sich häufig aber gerade dadurch verstärkt und ausweitet.

Solche Abwehrreaktionen als spontane Scheinlösungen lassen sich im Arbeitsalltag in vielen Variationen beobachten. Im folgenden sind sie in drei Gruppen zusammengefasst. (Für eine detaillierte Zusammenstellung von Abwehrverhalten vgl. Krüger, 1973, S. 96 ff.).

5.4.1

Kampf

Es wird der Versuch unternommen, den «Gegner» physisch oder psychisch zu «zerstören», sei dies durch *direkte Angriffe,* beispielsweise in einem Wortgefecht, sei dies durch *indirekte Attacken* wie Verleumdung, Sabotage, Erpressung, Falschinformationen usw. So hart diese Varianten auch klingen, so häufig sind sie praktisch in mehr oder minder intensiver Ausformung anzutreffen.

5.4.2

Flucht

Hier gilt als Grundprinzip der scheinbaren Konfliktlösung das *Ausweichen.* Die Skala dieser Abwehrverhalten reicht vom einfachen Vermeiden eines persönlichen Kontakts (z. B. «Ich gehe nur in die Kaffeepause, wenn ich sicher bin, dass X nicht in der Cafeteria ist») über Gesuche um interne Stellenwechsel bis hin zu Kündigungen.

5.4.3

Sich abfinden

Die Grundhaltung des unverarbeiteten «Sich-Abfindens» zeigt sich konkret in Reaktionen wie Verdrängen, Überspielen («Das ist alles nicht so schlimm»), Kompensieren («Dann konzentriere ich mich halt auf etwas anderes») bis hin zur Resignation («Es dauert ja nur noch einige Jahre, bis er pensioniert wird»).

Sosehr Abwehrreaktionen kurzfristig scheinbar Hilfe bieten, indem sie es dem Anwender erlauben, für den Moment der durch den Konflikt verursachten negativen Gefühle Herr zu werden und damit ein gewisses seelisches Gleichgewicht wiederherzustellen, sosehr sind sie auf die Dauer Scheinlösungen. Denn sie gehen in keiner Weise das eigentliche grundlegende Problem, nämlich das Aufeinanderprallen verschiedener unvereinbarer Verhaltensweisen, Ziele, Bedürfnisse oder Werte an. Durch diesen Mangel an konkreter Problemlösung wird die letztlich negative Bedeutung von Abwehrhaltungen für produktive Zusammenarbeit deutlich.

5.5

Gewinn-Verlust-Denken in der Konflikthandhabung

«Wer als Gewinner eines Konflikts einen Verlierer zurücklässt, ist früher oder später selber Verlierer.»

Gerade in Arbeitssituationen ist bei Konfliktpartnern häufig ein ausgeprägtes «Gewinn-Verlust-Denken» festzustellen. Der Konflikt wird als ein «Nullsummenspiel» betrachtet: «Ein Nullsummenspiel ist mit andern Worten ein Spiel, bei dem der eine Spieler das gewinnt, was der andere notwendigerweise verliert» (Rapport, in: Bühl, 1972, S. 282). Diese Grundannahme setzt voraus, dass in der Konfliktsituation grundsätzliche, unmöglich aufzulösende, diametral entgegengesetzte Interessen, Ziele, Bedürfnisse vorhanden sind. Dies mag auf gewisse Konfliktsituationen zutreffen, beispielsweise wenn begrenzte Mittel verteilt werden müssen. Die Gefahr eines ausgeprägten Gewinn-Verlust-Denkens liegt nicht so sehr im einzelnen begründbaren Fall,

sondern darin, dass es als Grundhaltung in Beziehungen einfliesst. Damit sind aber auch Konfliktverläufe negativ vorprogrammiert, die keineswegs absolute Unvereinbarkeiten enthalten.

Die Problematik einer Gewinn-Verlust-Bewältigung eines Konflikts liegt darin, dass die Erfahrung des Verlierens in den Menschen zwangsläufig negative Gefühle auslöst. Diese Gefühle können je nach Bedeutung der Situation in ihrer Intensität variieren: von leichten Unmutsgefühlen über Gefühle des «Sich-klein-und-hässlich-Vorkommens», bis hin zu Ärger, Wut und Hass. Damit aber wird beim Verlierer ganz klar die Gefahr erhöht, dass er mit Abwehrreaktionen antwortet, wie sie im letzten Abschnitt beschrieben sind. Wenn wir jedoch davon ausgehen, dass die Konfliktpartner, die in irgendeiner Form gemeinsame Ziele erreichen sollen, auf Zusammenarbeit angewiesen sind, wird deutlich, wie sehr durch jede Abwehrreaktion die Produktivität gefährdet bis verunmöglicht wird.

Gordon (1979, S. 149 ff.) beschreibt die Gefahren von Gewinn-Verlust-Bewältigungen sehr deutlich in zwei verschiedenen Varianten: Als *Methode I* bezeichnet er die Situation «Ich gewinne – Du verlierst», als *Methode II* die Situation «Du gewinnst – Ich verliere». Beiden Methoden ist gemeinsam, dass der Verlierer dazu neigt, mit Abwehrverhalten zu reagieren, damit aber auch den scheinbaren Gewinn des Siegers deutlich in Frage stellt.

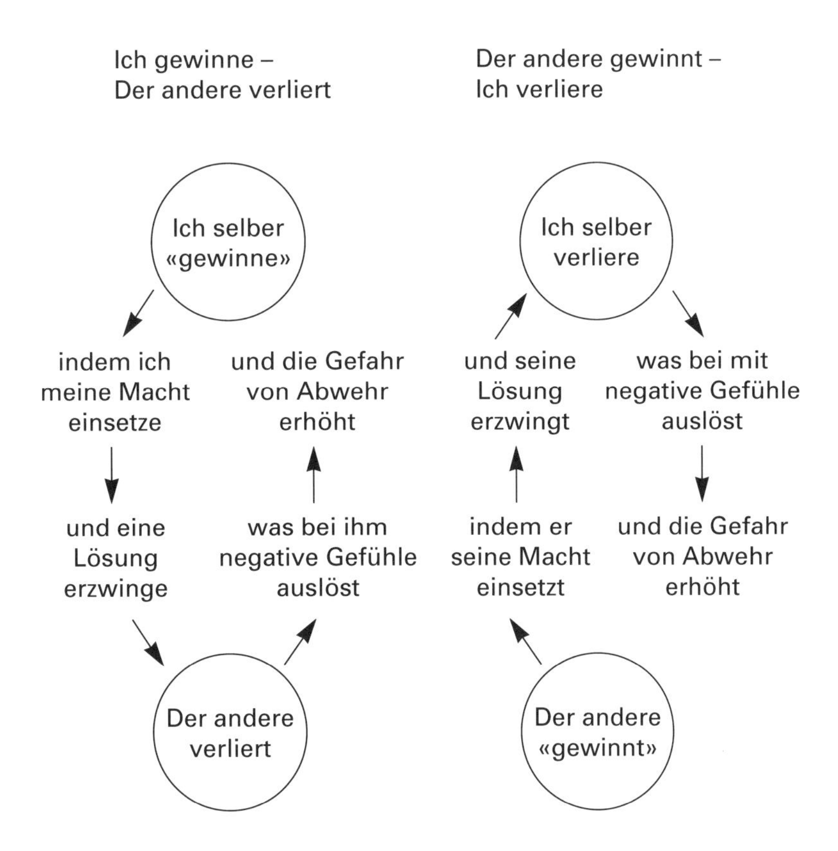

Teilweise geradezu verführerisch wird die Anwendung von Gewinn-Verlust-Methoden durch das Phänomen «Macht». Jede Position beinhaltet eine grössere oder kleinere Portion Macht. Der Vorgesetzte hat Macht dank seiner Position, der unterstellte Mitarbeiter dank seines Wissens, eines guten Bekannten, oder er findet Macht durch Anschluss an eine starke Gruppe. Gerade aber die Anwendung von Macht als Mittel der Konfliktbewältigung zwingt den Verlierer beinahe zu Abwehrreaktionen, vor allem in für ihn subjektiv wichtigen Situationen. Damit macht er früher oder später den Machtanwender ebenso zum Verlierer, da kaum mehr optimale produktive Leistungen aus der Zusammenarbeit resultieren können. Wer einen auf *Kampf* eingestellten Konfliktpartner hat, braucht viel Zeit und Energie, sich zu schützen, sich abzusichern, Fallen aufzustellen, Gräben zu ziehen. Konfliktpartner, die auf der *Flucht* sind, bringen kaum mehr Leistungen, absolvieren «Dienst nach Vorschrift», behalten Wissen für sich, bereiten nur noch ihren Abgang vor. *Resignierte* Konfliktpartner verfallen oft in hohe Passivität, riskieren nichts mehr, müssen zu allem angeleitet und eingeladen werden, warten nur noch ab.

Zusammenfassend lässt sich sagen, dass das Gewinn-Verlust-Denken in Konfliktsituationen als Grundprinzip Beziehungen zerstört und damit auf die Dauer optimale Produktivität beeinträchtigt und verhindert. Eine einzelne Verlierer-Situation kann ein Mensch wohl verkraften, ohne allzu negative Abwehrhaltungen zu entwickeln; dauernd und in wichtigen Situationen der Verlierer zu sein, wird wohl jeden Menschen in die Abwehr drängen und ihn daran hindern, seine möglichen Leistungen für gemeinsame Ziele zu erbringen.

5.6

Ein Fall mit Verlierern

Bevor wir zu produktiveren Varianten der Konfliktbewältigung übergehen, sei ein konkreter Fall dargestellt, welcher, wenn auch etwas überspitzt, einen Konfliktverlauf nach Gewinn-Verlust-Methode darstellt, aus dem letztlich nur Verlierer herauskommen.

A, der Leiter des Marketing-Departementes der Firma R, hat eines Tages mit seinem äusserst tüchtigen, aber etwas «hemdsärmeligen» Verkaufsleiter B eine Auseinandersetzung über zukünftige Prioritäten in der Marktbearbeitung. Während A gezieltere Systematik einführen will, wehrt sich B für eine seiner Ansicht nach notwendige grössere Flexibilität des Aussendienstes. Eine längere Diskussion bringt keine Lösung, eher eine Verhärtung der Positionen. Daraufhin ordnet A Massnahmen im Sinne seiner «Lösung» an, obschon er auch im Anliegen von B durchaus gute Punkte erkennen kann, aber er hat schliesslich auch Verpflichtungen gegenüber der Geschäftsleitung. A «setzt sich durch», indem er seine Anordnungsbefugnis, mit andern Worten: seine Macht, anwendet. B fühlt sich jetzt ernsthaft in die Ecke gedrängt, betrachtet seinen Chef A jetzt noch mehr als vorher als «reinen Theoretiker», der von Frontarbeit überhaupt nichts versteht (er ist jetzt beleidigt, fühlt sich nicht für voll genommen, zurückgesetzt). Im Gespräch mit einem guten Kunden der Firma findet B heraus, dass dieser Kunde seiner Meinung ist, ebenfalls Flexibilität im Aussendienst als wichtigste Voraussetzung betrachtet. Mit dieser für ihn äusserst wohlklingenden Botschaft kehrt er zu A zurück (B hat durch den Kunden nun zusätzlich Gewicht und auch etwas Macht erhalten). Darauf reagiert nun A sauer. Er wirft B vor, dass interne Angelegenheiten die Kunden nichts angingen (A fühlt sich jetzt seinerseits als Verlierer, hintergangen und greift wieder an). Es kommt zum offenen Streit zwischen den beiden, in dessen Verlauf die konkreten Konfliktursachen (verschiedene Prioritäten bezüglich Marktbearbeitung) immer mehr in den Hintergrund geraten. Der Schlagabtausch zwischen den beiden gerät immer mehr zur rein destruktiven Zerstörung der Beziehung. Im Laufe einer weiteren heftigen Auseinandersetzung droht B mit der Kündigung (letzter Machtanwendungsversuch), welche A sofort annimmt. Die Beziehung ist inzwischen so verhärtet, dass auch ein Schlichtungsversuch eines Geschäftsleitungsmitglieds nichts mehr bringt.

Fazit: Aus dieser traurigen Geschichte gehen nur Verlierer hervor. Der erste ist Marketingleiter A. Er verliert seinen tüchtigen, bei den Kunden sehr beliebten und erfolgreichen Verkaufsleiter und sucht nun mit grossem Aufwand einen neuen, welchen er mit hohen Kosten schliesslich auch findet und mühsam einarbeitet, was ihn wiederum von andern wichtigen Aufgaben abhält (eventuell ein neuer Konfliktherd?). Das letzte, was er diesem B noch antun kann, ist, ihn überall geschickt, d. h. nicht zu auffällig, zu disqualifizieren, besonders, wenn Referenzen eingezogen werden sollten.

Der zweite Verlierer ist B. Er sucht eine neue Stelle als Verkaufsleiter, was sich in seiner Branche als recht schwierig erweist (oder hat die Kampagne von A schon gewirkt?). Schliesslich findet er eine Stelle als Verkäufer mit späteren

Aufstiegschancen bei der Firma S, einer Konkurrentin von R. Er lässt in Zukunft keine Gelegenheit vorbeigehen, sich bei Kunden entsprechend über seinen früheren Arbeitgeber zu äussern. Der erste Kunde hat schon signalisiert, dass er in Zukunft, wenn das so weitergeht, weder bei R noch bei S einkaufen werde (also hat die Geschichte vielleicht doch noch einen Gewinner: irgendeinen lachenden Dritten!). Damit sind aber auch die beiden Firmen R und S als mögliche Verlierer angedeutet.

5.7 Gewinn-Gewinn-Denken in Konfliktsituationen

«Nur Gewinner sind produktive Leistungsträger.»

Die produktive Alternative zu Gewinn-Verlust-Methoden liegt in Antworten auf die Fragen, ob es Möglichkeiten gibt, Konflikte in einer Art zu bewältigen, die nur Gewinner und keine Verlierer kennt, und wie solche Gewinn-Gewinn-Methoden aussehen. Die folgenden Abschnitte befassen sich mit solchen Antworten.

Um die Chancen des Funktionierens einer Gewinn-Gewinn-Methode hochzuhalten, müssen zwei wesentliche Voraussetzungen erfüllt sein: Erstens müssen sich Konfliktpartner grundsätzlich vom Bild des Konflikts als «Nullsummenspiel» lösen. Konflikte entstehen nicht zwangsläufig aus generell unvereinbaren, diametral entgegengesetzten Standpunkten. Konfliktpartner sind somit auch nicht zwangsläufig Gegner oder Feinde, sondern eben Partner in einer als normal zu bezeichnenden Phase ihrer Zusammenarbeit.

Zweitens prallen in Konflikten meist nicht eigentliche Bedürfnisse, Anliegen, Ziele aufeinander, sondern bereits Lösungs- oder Realisierungsversuche bezüglich dieser Bedürfnisse, Anliegen, Ziele, Werte. Konfliktpartner müssen lernen, dass es aber für jedes Bedürfnis, jedes Ziel mehrere gangbare Lösungsansätze gibt. Dies beinhaltet wiederum die Wahrscheinlichkeit, dass jedem Konfliktpartner Bedürfnisbefriedigung, Zielerreichung möglich wird, ohne damit zwangsläufig dem anderen seine Bedürfnisbefriedigung zu verunmöglichen und ihn damit zum Verlierer zu machen.

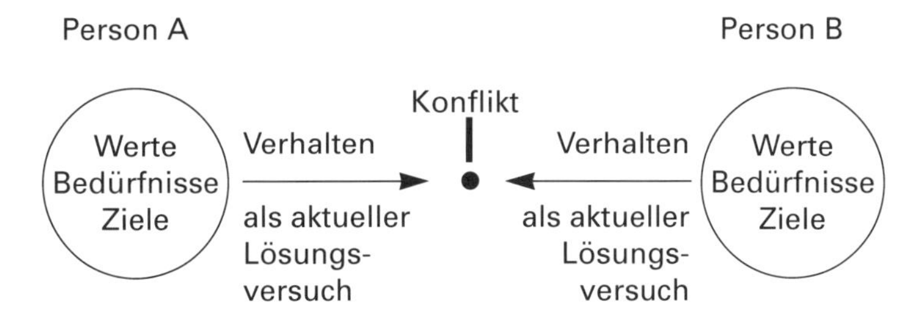

Ein Beispiel: Für den Mitarbeiter, der unbezahlten Urlaub verlangt, ist nicht dieser Urlaub selbst Bedürfnis, sondern möglicherweise steht dahinter die Realisierung eines längst vorhandenen Wunsches, persönliche Weiterbildung in Gang zu setzen. «Unbezahlter Urlaub» könnte also ein *Lösungsversuch* für das Bedürfnis «Weiterbildung, Weiterkommen» sein. Der Vorgesetzte, welcher den Urlaub ablehnt, hat auf der andern Seite nicht das Bedürfnis, seinem Mitarbeiter etwas abzulehnen, sondern für ihn ist die möglichst störungsfreie Weiterführung der Arbeit in seiner Abteilung wichtig. Sein «Nein» ist ein Lösungsversuch für sein Bedürfnis «Sicherstellung der Arbeitserledigung». Gelingt es nun diesen beiden Konfliktpartnern, ihre eigentlichen Bedürfnisse zu entdecken und gegenseitig offen darzulegen, so könnten sie beispielsweise eine Lösung finden, in welcher der Mitarbeiter sein Bedürfnis nach Weiterbildung in einem wöchentlich halbtägigen Kurs befriedigen kann, was arbeitstechnisch für den Vorgesetzten akzeptabel ist. Damit sind beide «Gewinner» in dem Sinne, dass sie ihre eigenen Anliegen verwirklichen können, ohne damit einem anderen zu schaden und ihn zum Verlierer zu machen. Dadurch aber, und das scheint das wichtigste Resultat, bleibt ihre Beziehung auch in Zukunft intakt und belastbar, keiner der Konfliktpartner wird in Abwehrhaltungen gedrängt.

Glücklicherweise verlaufen in der Praxis Konfliktlösungen zwischen Menschen mit guten Beziehungen häufig spontan und unbewusst in der beschriebenen Art. Andererseits können Menschen, wenn sie an sich selbst oder an andern negative Reaktionen auf scheinbare Konfliktlösungen wahrnehmen, durchaus bewusst versuchen, Gewinn-Gewinn-Methoden gezielt anzuwenden. Ein konkreter Fall soll dies zeigen.

Für den Vorgesetzten F stellte sich folgendes Problem: Er erhielt von der Materialverwaltung einen neuen Computer zugeteilt, mit der Bitte, ihn einer seiner beiden Sekretärinnen zu übergeben. Da es geplant sei, später solche Geräte anzuschaffen, solle die betreffende Mitarbeiterin einige Wochen den Computer ausprobieren und dann einen Erfahrungsbericht abgeben. Der Vorgesetzte informierte seine beiden Sekretärinnen und teilte das neue Gerät derjenigen zu, welche seiner Meinung nach die Vorteile des PC's auf Grund ihrer Arbeitsbeschreibung besser nutzen und beurteilen konnte. Um aber die andere Mitarbeiterin nicht zu stark zu benachteiligen, erlaubte er auch ihr, das Gerät bei Bedarf zu benutzen; die beiden sollten sich darüber selber absprechen. Er war erstaunt, als er nach einigen Tagen die Kündigung der zweiten Sekretärin erhielt. Da er keine der beiden verlieren wollte, suchte er ein Gespräch und fand recht bald heraus, dass der neue Computer eine wichtige Rolle spielte. Mit Hilfe eines neutralen Dritten stellte sich sehr bald heraus, dass sich die Mitarbeiterin durch den Umstand, dass ihre Kollegin als «Testperson» bestimmt wurde, zurückgestellt fühlte. Sie akzeptierte die Lösung, dass beide zusammen den Erfahrungsbericht verfassen sollten und zog darauf ihre Kündigung zurück.

Der auf den ersten Blick banale Fall zeigt recht deutlich, dass eine scheinbare Konfliktregelung auf der Ebene von Lösungsansätzen (Zuteilung eines Computers) Verlierer mit den ganzen negativen Konsequenzen hinterlässt. Dort werden Gewinn-Gewinn-Lösungen notwendig, um hinter den aktuellen Lösungsansätzen die eigentlichen Bedürfnisse der Konfliktpartner zu erkennen (im vorhergehenden Fall Wertschätzung, Zutrauen von Fähigkeiten) und sie zu befriedigen.

Gordon (1979, S. 179 ff.) beschreibt unter dem Titel «Die Jeder-gewinnt-Methode: Wie aus Konflikt Kooperation wird» diese konstruktive Art der Konfliktbewältigung als ***zweiseitigen, vernunftgesteuerten Problemlösungsprozess,*** dessen erster und wichtigster Schritt darin besteht, dass die eigentlichen Bedürfnisse, welche zum Konflikt geführt haben, erkannt, definiert und gegenseitig verstanden werden. Auf dieser Basis können dann alternative Lösungen gesucht und bewertet, konkrete Lösungen gefunden, realisiert und überprüft werden. Er nennt dieses Vorgehen im Gegensatz zu den Gewinn-Verlust-Methoden die *Methode III,* deren Absicht es ist, aus allen Konfliktpartnern Gewinner zu machen, welche sich mit Verantwortung, Engagement und positiven Beziehungen an Konfliktlösungen beteiligen und damit daraus Produktivität gewinnen, statt mit Machtanwendung und Abwehrverhalten solche zu gefährden oder zu zerstören.

Die Konfliktbewältigung ist ein zweiseitiger, vernunftgesteuerter Prozess.

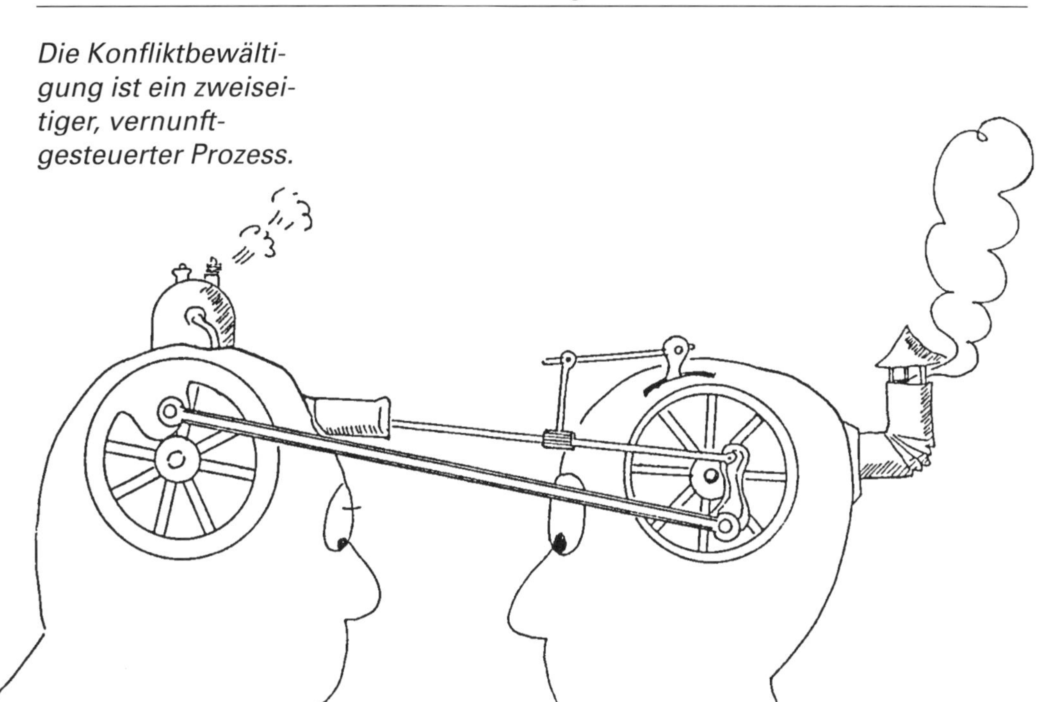

Konflikte sind, wie schon erwähnt, zwangsläufig auftretende Phasen jeder echten Kooperation. Jeder Mensch, der sich für eine produktive Gestaltung von Zusammenarbeit verantwortlich fühlt, und das sollte doch insbesondere auf Führungskräfte zutreffen, muss in der Lage sein, auch Konflikte positiv zu nutzen. Dazu muss er drei wesentliche Voraussetzungen erfüllen: Erstens muss er *Einsicht* haben in die Gefahren und «Kosten» der einseitigen Methoden I und II und in die Chancen der zweiseitigen Methode III. Damit verbunden sollte er sich entscheiden, in Konfliktsituationen immer Methode III anzustreben, um damit produktive Lösungen und stabile Beziehungen zu erreichen, welche dann auch einmal eine Methode I oder II verkraften können. Zweitens sollte er den Ablauf der Methode III als gemeinsamen vernunftgesteuerten *Problemlösungsprozess* verstehen, welcher von der *Erfassung der Bedürfnisse* der Konfliktpartner und nicht von der Fixierung auf einmal vorgeschlagene Lösungen ausgeht. Und drittens sollte er in der Lage sein, einen solchen gemeinsamen Problemlösungsprozess in der Praxis auch *durchzuführen.* Davon handelt der nächste Abschnitt.

5.8

Kommunikation als zentrales Instrument der produktiven Konfliktbewältigung

«Es gibt nichts Gutes, ausser man tut es.»

Wenn wir stabile, kreative, leistungsfähige Beziehungen untersuchen und uns fragen, was sie denn von gegenteiligen Beziehungen unterscheide, was denn zu Erscheinungen wie gegenseitige Achtung, Anerkennung und Zuneigung führe, so sind es oft weniger die Inhalte dieser Beziehungen, nicht eine völlige Übereinstimmung dieser Menschen in ihren Ansichten, Urteilen, Bedürfnissen, Zielen, Verhaltensweisen. Häufig sogar sind produktive Beziehungen durch grosse, markante inhaltliche Unterschiede zwischen den Parteien gekennzeichnet. Der Schlüssel liegt vielmehr in ihrem Verhalten, in der Art und Weise, wie sich die Menschen gegenseitig behandeln. Hier sind vor allem zwei grundsätzliche Fähigkeiten erkennbar: Erstens die Fähigkeit jedes Partners, dem anderen klare, verständliche Botschaften seiner Sicht, seiner Lage zu senden, ohne dabei sofort eine Wertung, einen Versuch der Belehrung oder Bekehrung automatisch einzuschliessen. Zweitens das dauernde Bemühen, die Botschaften des andern zu verstehen, ohne damit bereits Einverständnis auszudrücken, um auf der Basis dieses *gegenseitigen Verstehens* mit Vernunft dort gemeinsame Problemlösungen in Gang zu setzen, wo sie sich schliesslich für eine Zusammenarbeit als notwendig erweisen.

Gordon konkretisiert diese beiden Fähigkeiten unter den Stichworten *«Ich-Botschaften»* und *«Aktives Zuhören»* (beide Begriffe sind nicht Erfindungen Gordons, seine Leistung ist vielmehr, dass er sie verständlich und praktisch anwendbar macht). «Ich-Botschaften» als beschreibende Darstellung der eigenen Situation, Gedanken, Bedürfnisse, Gefühle sollen einem Empfänger helfen, die Lage des Senders möglichst so zu erfassen, wie der Sender selber sie erlebt. Sie sollen keine verdeckten, kritisierenden, belehrenden Elemente enthalten. Ich-Botschaften richten sich an Empfänger, denen Urteils- und Entscheidungsvermögen zugetraut wird. (Zur Wirkung und Formulierung von «Ich-Botschaften» und der Problematik von Du-Botschaften vgl. Gordon, 1979, S. 98 ff.).

«Aktives Zuhören», als Gegenstück zur Ich-Botschaft, will dem Sender durch eine entsprechende Rückmeldung die

Sicherheit geben, dass der Empfänger seine Botschaft so verstanden hat, wie er sie wirklich gemeint hat und wie sie als Basis für eine folgende Weiterführung oder Problemlösung dienen kann (vgl. dazu Gordon, 1979, S. 58).

Je konfliktgeladener eine Situation ist, desto grösser wird die Gefahr, dass Missverständnisse, negative Gefühle oder Abwehrreaktionen auftreten. Deshalb sind gerade in Konfliktbewältigungen offene und präzise «Kodierungen» und «Dekodierungen» von Botschaften absolut notwendig. Es ist dabei allerdings zu beachten, dass jede Botschaft neben ihrem Inhaltsaspekt, den «Fakten», immer auch einen Beziehungsaspekt, in Form von die Fakten begleitenden Gefühlen enthält, deren Erfassung oft wichtiger ist als das Verstehen der reinen Fakten.

Die Ich-Botschaft

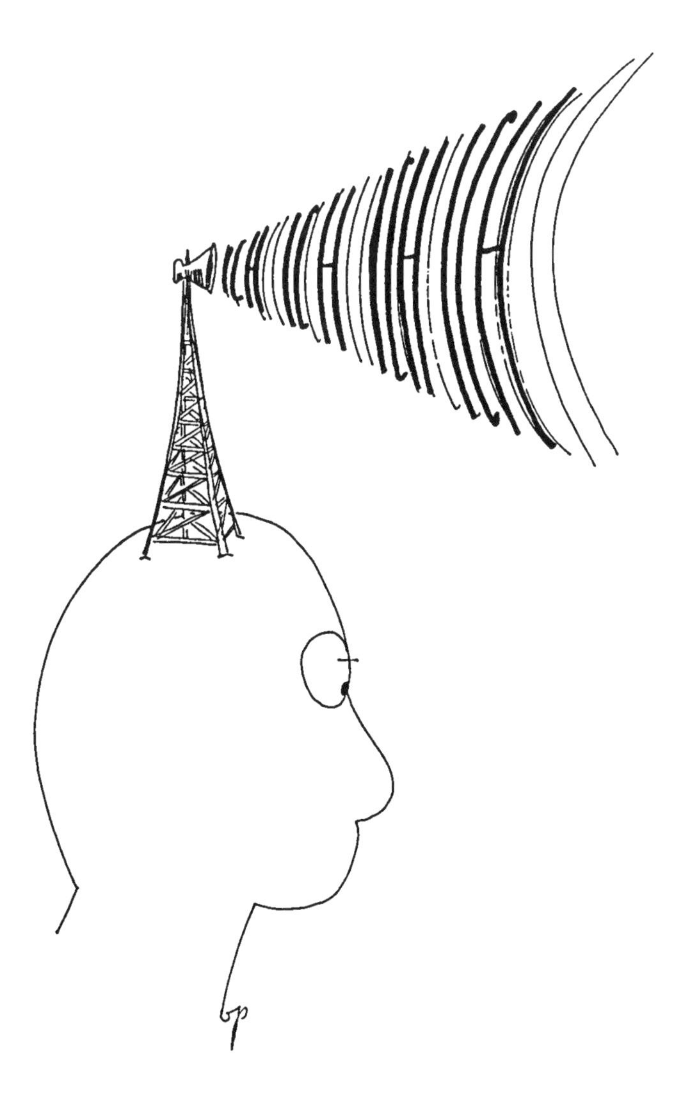

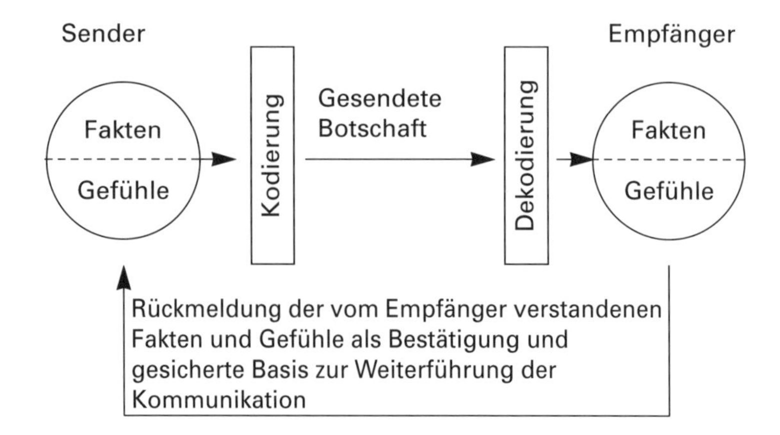

Nach Watzlawick (1982) ist der Beziehungsaspekt einer Kommunikation dem Inhaltsaspekt grundsätzlich übergeordnet, was er an einem Beispiel zeigt (S. 54):

Frau A deutet auf Frau B's Halskette und fragt: «Sind das echte Perlen?» Der Inhalt dieser Frage ist ein Ersuchen um eine Information; die Stimmlage, der Tonfall, die Situation, in der die Frage gestellt ist, können aber auf der Beziehungsebene sowohl Bewunderung als auch Neid, sowohl freundliche Anerkennung als auch Angriff ausdrücken.

Je präziser also ein Sender seine Botschaft kodiert, indem er im Sinne einer Ich-Botschaft die entsprechenden Fakten und die damit verbundenen Gefühle formuliert, desto einfacher kann der Empfänger die Botschaft dekodieren und als Absicherung des Verständnisses zurückmelden. Dies hilft dem Sender wiederum, mögliche weitere Präzisierungen oder Korrekturen an seiner Aussage vorzunehmen. In dieser Art lässt sich eine eindeutige, von allen Gesprächspartnern akzeptierte Basis für mögliche folgende Problemlösungen schaffen. Ohne diesen Prozess besteht eine erhebliche Gefahr, dass Partner zwar mit grossem Aufwand Problemlösungen in Gang setzen, ohne dabei zu realisieren, dass sie nicht die gleichen oder falsche Probleme lösen.

Als Beispiel für eine Anwendung in einer Konfliktsituation wollen wir den Fall der Mitarbeiterin, die eben gekündigt hat, wieder aufgreifen (vgl. Kap. 5.7) und einen Abschnitt aus dem Gespräch zwischen dem Chef, Herrn N, und seiner Sekretärin, Frau O, betrachten:

N: «Ich habe Ihre Kündigung erhalten und bin einerseits erschrocken darüber, weil ich das überhaupt nicht erwartet habe, und andererseits etwas bedrückt, weil ich Sie nur sehr ungern verlieren würde. (N versucht, in einer «Ich-Botschaft» möglichst vorwurfslos seine Situation darzustellen und Frau O damit einzuladen, auf ihn einzugehen.) Können Sie mir etwas Näheres über die Gründe Ihres Entschlusses sagen?»

O: «Ja. Sehen Sie, ich möchte einfach einmal noch andere Erfahrungen machen, eine neue Umgebung kennenlernen.» (Frau O ist hier nicht ganz offen, sie schiebt einen harmlosen Grund vor.)

N: «Verstehe ich das richtig: die Arbeit hier bietet Ihnen nicht genügend Vielfalt und Lernmöglichkeiten?» (N versucht, durch aktives Zuhören Frau O zu signalisieren, dass er ehrlich bemüht ist, ihr Problem zu verstehen, ohne sie dabei schon irgendwie zu beeinflussen.)

O: «So extrem würde ich das nicht sagen. Aber ich hatte in den vergangenen Monaten oft das Gefühl, gegenüber meiner Kollegin etwas die Nummer 2 zu sein und die übrigbleibenden Arbeiten erledigen zu dürfen.» (Frau O beschreibt nun schon exakter ihr eigentliches Problem.)

N: «Sie fühlen sich in der Aufgabenzuteilung nicht immer gleich behandelt wie Ihre Kollegin?» (Weiteres aktives Zuhören bestätigt den «Empfang» und gibt Frau O zusätzliche Sicherheit weiterzureden.)

O: «Ja, genau so ist es. Und bei der Geschichte mit dem neuen Computer war das genau wieder dasselbe. Die Kollegin ist verantwortlich für die Prüfung und die Beurteilung. Ich darf im besten Fall mal mit dem PC schreiben.» (Jetzt hat Frau O ihr Problem konkretisiert und damit eine gute Grundlage für eine Problemlösung geschaffen.)

N: (Bestätigt nochmals kurz und leitet eine Problemlösung ein:) «Am Fall des Computers haben Sie die ungleiche Behandlung nochmals deutlich erlebt. Ich sehe jetzt Ihre Schwierigkeit, auf die ich vorher nicht geachtet habe. Ich möchte Sie einladen, mit mir zusammen eine Lösung zu finden, damit Sie in Zukunft sich nicht mehr untergeordnet fühlen und andererseits unsere Zusammenarbeit doch weitergehen kann. Wären Sie bereit, den Versuch zu machen?»

N versucht, die Anliegen seiner Mitarbeiterin und seine eigenen Bedürfnisse, nämlich Frau O nicht zu verlieren, klar zu definieren. Das Problem ist damit erfasst und der Weg zu alternativen Lösungsvorschlägen, deren Bewertung, Entscheidung und Realisierung offen. Im konkreten Fall war der erste Schritt der Problemlösung, wie oben erwähnt, der gemeinsame Prüfungsbericht der beiden Mitarbeiterinnen. Weitere Schritte bestanden später darin, dass Arbeitszuteilungen und Kompetenzen geändert wurden.

Das Beispiel zeigt deutlich den konkreten Nutzen einer Gewinn-Gewinn-Methode für die Beteiligten, beispielsweise:

- Frau O als geschätzte Mitarbeiterin bleibt an ihrer Stelle.
- Dadurch wird keine aufwendige und teure Suche und Einarbeitung einer neuen Mitarbeiterin notwendig.
- Frau O engagiert sich in Zukunft wieder mehr für ihre Arbeit.
- Dadurch erfolgt eine Entlastung des Chefs und der anderen Mitarbeitenden.

Weiterhin soll auch auf grundsätzliche positive Aspekte der Anwendung zweiseitiger Gewinn-Methoden hingewiesen werden:

- Die grundliegenden Bedürfnisse werden geklärt. Damit wird sichergestellt, dass das richtige Problem gelöst wird. (In der Praxis ist häufig anzutreffen, dass mit grossem Aufwand die falschen Probleme angegangen werden. Hätte N beispielweise für Frau O auch einen neuen Computer angeschafft, wäre Frau O trotzdem weggegangen, weil ihr eigentliches Problem nicht angegangen und gelöst wäre.)
- Nichts schafft so viel Vertrauen und damit Bereitschaft zu konstruktiven Lösungen, wie wenn ein Mensch sicher ist, dass der andere ihm zuhört, ihn wirklich verstanden hat. Einverständnis ist dabei keinesfalls zwingend nötig.
- Es wird vermieden, dass durch gegenseitige Vorwürfe, Angriffe, verdeckte oder offene Kritik, Suche nach Schuldigen usw. negative Gefühle produziert und damit Abwehrreaktionen forciert werden. Vernunft bleibt somit verfügbar.
- Durch das Erleben konstruktiver Konfliktbewältigungen werden Beziehungen stabilisiert und sind damit bei immer wieder auftretenden, nicht vermeidbaren Störungen auch weniger anfällig.

Ich-Botschaften und aktives Zuhören sind dabei die zentralen Kommunikationsinstrumente, Verhaltensweisen, die Konfliktpartner in der Bemühung um konstruktive Lösungen unterstützen.

5.9

Bedingungen, Grenzen und Risiken in der Anwendung von Gewinn-Gewinn-Methoden

«Die Gefährdung produktiver Arbeitsbeziehungen liegt nicht in der einzelnen, sondern vielmehr in der grundsätzlichen, andauernden Anwendung von einseitigen Gewinn-Verlust-Methoden.»

Bis jetzt haben wir die Chancen von zweiseitigen Gewinn-Gewinn-Methoden und die Gefahren einseitiger Gewinn-Verlust-Methoden erwähnt. Es ist allerdings auch wichtig zu erkennen, dass produktive zweiseitige Lösungen auch gewisse Grundbedingungen benötigen, damit sie erfolgversprechend angewendet werden können:

a) Die Konfliktpartner müssen in ihrer Grundhaltung akzeptieren, dass zwischenmenschliche Beziehungen ein wesentliches Element produktiver Kooperation sind (vgl. 5.2).
b) Die vom Konflikt betroffene Beziehung sollte möglichst offen sein. Starke und unverarbeitete negative Erfahrungen aus der Vergangenheit belasten und erschweren produktive zweiseitige Lösungen. (Politische Beispiele zeigen deutlich, wie stark starre «Feindbilder», das Existieren von klaren «Fronten» zwischen «Gegnern» produktive Gespräche schwierig machen.)
c) Als Schlussfolgerung aus der ersten und zweiten Bedingung müssen beide Konfliktpartner die Bereitschaft mitbringen, nach beidseitig akzeptablen Lösungen zu suchen, auch wenn im Moment sich solche noch nicht klar abzeichnen.
d) Zweiseitige Konfliktlösungen brauchen Mut, persönliche Sicherheit und Selbstvertrauen. Keiner der Konfliktpartner kann sich mehr hinter anonymen Machtkonstellationen verstecken (vgl. Gordon, 1979, S. 256).

Darüber hinaus existieren sicher Situationen, in welchen zwar die Grundbedingungen erfüllt sind, aber gewisse äussere Umstände (z. B. extremer Zeitdruck, ungünstige Notlage usw.) die Suche nach zweiseitigen Lösungen momentan verhindern. Allerdings ist hier klarzustellen, dass in solchen Situationen die Anwendung von einzelnen Gewinn-Verlust-

Bewältigungen Beziehungen nie ernsthaft gefährden wird, da alle beteiligten Konfliktpartner in der Lage sein sollten, die negativen unkontrollierbaren Einflüsse, welche eine zweiseitige Lösung verhindern, zu erkennen und damit auch zu akzeptieren.

Jede Konfliktsituation bedeutet ein potentielles Risiko für eine Beziehung, wobei gleichzeitig jedes Risiko eine Chance zum Lernen, zur Weiterentwicklung birgt. Es kann nie darum gehen, dieses Risiko völlig auszuschalten, sondern darum, es nicht unnötig hochzuhalten. Das bewusste, offene Angehen eines Konflikts mit Gewinn-Gewinn-Bewältigungsversuch bringt somit neben den Chancen auch bereits zwangsläufig ein gewisses Risiko in Form einer momentanen Belastung der Beziehung mit sich. Jeder Konfliktpartner wird sich, bevor er sich Chance und Risiko abwägt, vernünftigerweise risikoärmere Varianten überlegen:

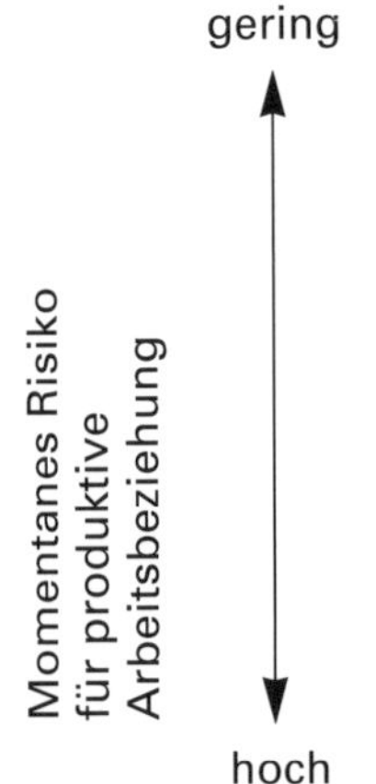

- Konflikt bewusst und ohne negative Folgen ertragen.
- Eigenes Verhalten und Bedürfnisse überprüfen und die Frage nach eigener Verhaltensveränderung stellen (ohne Gefühl, der Verlierer zu sein).
- Umweltbedingungen verändern, Regelungen suchen.
- Zweiseitige offene Konfliktbewältigungen anbieten und realisieren.
- Vermittlung suchen.
- Einseitige, machtgestützte Konfliktbewältigung bewusst in Kauf nehmen (und den «Preis» dafür kennen und in Rechnung stellen).

Wichtig ist bei der Wahl einer Konfliktbewältigung, dass sie bewusst und vernunftsgesteuert getroffen und ihre Resultate und Konsequenzen in die Entscheidung und Realisierung der Lösung einbezogen werden. Keiner der getroffenen Lösungsansätze darf bei einem der Konfliktpartner andauernde, negative «Verlierer-» oder «Opfer»-Gefühle bewirken, da sonst auf die Dauer die Grundvoraussetzungen für gute Beziehungen gestört werden.

5.10

Zweiseitige Konfliktbewältigung als grundlegender zwischenmenschlicher Prozess

«Die Prozesse positiver zweiseitiger Konfliktbewältigung sind oft wichtiger als deren Resultate.»

Im Abschnitt 5.8 wurde bereits erwähnt, dass zweiseitige Gewinn-Konfliktbewältigungen neben konkreten Nutzen in Form von für alle Beteiligten akzeptablen Problemlösungen auch noch weitere, mehr grundsätzliche positive Aspekte wie persönliche Sicherheit, gegenseitige Achtung und Anerkennung und Vertrauen fördern. Dadurch können unnötige, lediglich auf Misstrauen beruhende Anordnungen, Eingrenzungen und negative, unproduktive Kontrollen ersetzt werden. Durch auf Vertrauen beruhender Delegation von Aufgaben, Pflichten und Verantwortung, können unproduktive Arbeitselemente jedes Partners reduziert und eliminiert werden. Die Wirkung von fachlicher und persönlicher Kompetenz und Autorität wird somit verstärkt und gefördert auf Kosten einer langfristig immer negativen, hemmenden Wirkung von scheinbarer Autorität, wie sie sich hinter Machtanwendung verbirgt.

Allerdings gehört dazu die Einsicht aller Beteiligten, dass eine so verstandene Zusammenarbeit einen dauernden Arbeits- und Lernprozess bedingt, kein «Geschenk des Himmels» ist, immer wieder neue Investition von Kraft, Mut und Beharrlichkeit verlangt. Gordon (1979, S. 260) hat diesen oft beschwerlichen, letztlich aber sowohl sachlich wie auch menschlich äusserst «rentablen» Prozess in seinem «CREDO für meine Beziehungen» zusammengefasst:

«Du und ich, wir stehen in einer Beziehung zueinander, die ich schätze und fortführen möchte. Wir sind jedoch zwei verschiedene Menschen mit besonderen Interessen und dem Recht, diese Interessen zu befriedigen.

Wenn du Probleme hast, deine Bedürfnisse zu befriedigen, will ich versuchen, dir zuzuhören und dich wirklich zu akzeptieren, um es dir leichter zu machen, deine Lösungen selbst zu finden, statt dich von meinen abhängig zu machen. Ich will auch versuchen, dein Recht zu achten, eigene Überzeugungen und eigene Wertvorstellungen zu entwickeln, wie verschieden sie auch immer von den meinen sein mögen.

Wenn sich aber dein Verhalten mit den Dingen nicht verträgt, die ich tun muss, um meine Bedürfnisse zu befriedigen, will ich dir das offen und ehrlich mitteilen. Ich will dir sagen, warum dein Verhalten mich stört, und dabei darauf vertrauen, dass du meinen Bedürfnissen und Gefühlen Achtung entgegenbringen und versuchen wirst, das Verhalten zu verändern, das ich nicht akzeptieren kann. Ich hoffe auch, dass du mir offen und ehrlich sagen wirst, wenn irgend etwas an meinem Verhalten für dich nicht akzeptabel ist, so dass ich versuchen kann, mein Verhalten zu verändern.

Stellen wir fest, dass keiner von uns sich verändern kann, um den Bedürfnissen des anderen zu genügen, wollen wir uns eingestehen, dass wir einen Konflikt haben. Wir wollen uns dazu verpflichten, jeden solchen Konflikt zu lösen, ohne dass einer von uns seine Zuflucht zu Macht und Autorität nimmt, um zu gewinnen, während der andere verliert. Ich achte deine Bedürfnisse, aber ich muss auch meine eigenen achten. Deshalb wollen wir uns stets bemühen, nach einer Lösung zu suchen, die wir beide akzeptieren können. Dann werden deine Bedürfnisse ebenso wie meine befriedigt sein.

Auf diese Weise kannst du auch weiterhin deine Bedürfnisse befriedigen und dich als Mensch entwickeln. Mir geht es nicht anders. So können wir eine gesunde Beziehung unterhalten, in der jeder von uns beiden die Chance hat, das zu werden, was er sein kann. Und unser Verhältnis wird weiterhin auf gegenseitiger Achtung, Liebe und Frieden beruhen.»

5.11

Das eigene Konfliktverhalten verändern

«Die Dummen machen immer die gleichen Fehler, die Klugen immer neue.»

Jeder Mensch ist in seinem Zusammenarbeits- und damit in seinem Konfliktbewältigungsverhalten von seinen Erfahrungen in seiner Kindheit, in der Schule, in der beruflichen Ausbildung, in Organisationen und Tätigkeiten verschiedenster Art geprägt. Diese Erfahrungen decken sich in unterschiedlichem Masse, einmal mehr, einmal weniger, mit zweiseitigen Konfliktbewältigungen im Sinne Gordons.

Die Erfahrungen des Autors in vielen Trainingsprogrammen mit Führungskräften aller Ebenen und Bereiche ergeben eine gewisse Tendenz, dass betriebliche Situationen öfter als andere Situationen Menschen in die Nähe einer einseitigen, machtgestützten Konfliktlösungsverhaltens drängen. Andererseits entwickeln sich aber auch bei Machtanwendern nur selten so viele und so starke Abwehrhaltungen, dass es ihnen verunmöglicht würde, den grundsätzlichen Nutzen zweiseitiger Konfliktbewältigungsmethoden auch im betrieblichen Alltag einzusehen und auch konkret zu erleben. Unterstützend dabei wirkt, dass die Komplexität der heutigen Situation echte offene Kooperation nicht nur als wünschbar, sondern immer mehr als existenznotwendig sichtbar macht (Glasl, 1994).

Lernen im Sinne der Stärkung wirklich kooperativer Verhaltensweisen auf der Grundlage der entsprechenden Haltung ist also offen. Es handelt sich dabei aber keineswegs um einen Sprung von «schwarz auf weiss», von «Situation unproduktiv» auf «Situation produktiv». Viele Beziehungen, egal ob zwischen hierarchisch Gleich- oder Über- und Untergeordneten, funktionieren bereits zu einem guten Teil in zweiseitiger Art und belegen die daraus resultierende Produktivität. Lernen in diesem Sinne bedeutet, bestehende zwischenmenschliche Beziehungen überdenken, überprüfen und sie wenn nötig vorsichtig und zielgerichtet zu verändern, ohne dabei von idealisierenden, realitätsfremden Bildern auszugehen. Ein dauerndes Lernen wird von der persönlichen Einsicht geleitet, dass Ziele nur kooperativ zu erreichen sind. Der Wert zwischenmenschlicher Beziehungen und die Akzeptanz der gegenseitigen Abhängigkeit sind Voraussetzungen für zukunftsgerichtete Unternehmenserfolge.

Persönliche Einsicht in nur kooperativ zu erreichende Ziele ...

6

Neuro-Linguistisches Programmieren im Betrieb

Ueli Frischknecht

Wenn Du ein Schiff bauen willst, so lehre die Menschen die Sehnsucht nach dem weiten, endlosen Meer.
Antoine de Saint-Exupéry

6.1

Was ist Neuro-Linguistisches Programmieren (NLP)?

Um NLP zu erklären, möchte ich zunächst damit beginnen, was diese Methode der Mitarbeiterführung an Möglichkeiten bietet.

NLP bietet:
1. Modellhafte und lernbare Verhaltensbeschreibungen über Bedingungen für exzellente Kommunikation (Pacing/Leading, Rapport, Metamodell und Miltonmodell usw.)
2. Modellhafte und erlernbare Strategien für
   - Selbstcoaching
   - Zielgerichtetes Vorgehen
   - Mitarbeiter- und Teamcoaching (Supervision)
   - Kreativitäts- und Motivationssteigerung
3. Effektive Überzeugungen, Werthaltungen und Visionen für ökologisch sinnvolles und motivierendes Verhalten.

6.1.1

Modelle für eine ökologische Firmen- und Menschenkultur

Wollen Sie *werteorientiertes Management,* optimale Bewirtschaftung des Human Ressource Potential (Motivation, Kreativität, jeder Mitarbeiter ein Unternehmer) in Ihrer Firma nicht nur als idealistische Leitmodelle einführen, sondern darüber hinaus auch aktiv im Alltag leben?

Suchen Sie ein *Kommunikationstraining mit ebenso hohem privaten wie beruflichen Gewinn?* Eines, das Ihnen dazu verhilft, nicht nur die Saat auszusäen und grösstmögliches Wachstum zu erzielen, sondern auch die Ernte einzubringen und den Erfolg, privat und beruflich in Balance zu geniessen und dabei die Ökologie des Gesamtsystems zu beachten?

Dann werden Sie von NLP ähnlich begeistert sein, wie ich es nach jahrelanger Anwendung in meiner Tätigkeit als selbständiger Unternehmensberater täglich immer wieder bin!

Das *Neuro-Linguistische Programmieren* bietet alltagstaugliche und in der Praxis erprobte Coaching- und Kommunikationsmodelle auf dem Weg in *eine neue Firmen- und Menschenkultur.* Dabei steht

Neuro
für nervliche oder sensorische Wahrnehmung,

Linguistik
für (verbale) Sprachformen und -muster sowie für unsere gesamten nonverbalen Ausdrucksformen, und

Programme
für Denk- und Verhaltensgewohnheiten, über die sich innere Einstellungen in praktischem Handeln niederschlagen.

6.1.2

Anwendungsgebiete

Wenn Sie Manager danach fragen, was denn nun das Aussergewöhnliche an dieser neuen NLP-Methode sei, werden Sie sehr verschiedene Antworten erhalten. Dies hängt damit zusammen, dass die meisten dieser Antworten sich darauf beziehen werden, wie derjenige NLP anwendet bzw. was er damit tun kann.

Die *Anwendungsmöglichkeiten* sind tatsächlich so verschiedenartig und breit gestreut, wie Kommunikation eben sein kann: Während der Personalchef zum freudig eingesetzten Coach avanciert («Es macht einfach Spass mit ihm Probleme zu besprechen!»), wird z. B. eine EDV-Analystin feststellen, dass dank NLP die Kundenbedürfnisse viel schneller und präziser ermittelt werden.

Da ganzheitlich verbesserte Kommunikationsfähigkeiten natürlich auch im Privaten einfliessen, werden auch oft Verbesserungen in diesem Bereich beschrieben («Ich hätte nie gedacht, dass in unserer Ehe noch soviel Schönes möglich wäre!»), die notabene wiederum dem Betrieb zugute kommen.

6.1.3

Zu überzeugendem Verhalten gehören kongruente Werthaltungen

NLP ist also *ein stetig wachsendes Methodenrepertoire,* das auf ganz bestimmten, weltanschaulichen ethisch-moralischen Grundsätzen aufbaut.

Solche *prozessorientierten Wertmodelle* (Grundannahmen) sind beispielsweise:

- Es gibt in jeder Situation mindestens 3 Möglichkeiten.
- Die Intention (Absicht) jedes Verhaltens ist positiv. Menschen treffen jeweils die beste ihnen zur Verfügung stehende Wahl. Ein negatives Verhalten wird erst aufgegeben, wenn etwas Besseres gefunden ist.
- Die Landkarte ist nicht die Landschaft.

– Die Bedeutung der Kommunikation ist das Resultat, das erzielt wird. In der Kommunikation gibt es keine Fehler, nur Ergebnisse.

Auf diese und weitere, effektivem Verhalten zugrundeliegende Werthaltungen stiessen die Begründer des NLP, der Linguist John *Grinder* und der Mathematiker und Computerfachmann Richard *Bandler* (1981), als sie in den 80er Jahren in Kalifornien Modelle entwickelten, um die Arbeitsweise von äusserst erfolgreichen Therapeuten (Perls, Satir, Erickson), Spitzenverkäufern, professioneller Kommunikatoren (Tom Peters u. a.) und Genies (Einstein, Disney) analysierbar und transferierbar zu machen. Nach den ersten spektakulären Erfolgen in der therapeutischen Anwendung kamen Bandler und Grinder und ihr Partner Robert *Dilts* (1985, 1991) schnell darauf, dass NLP-Methoden universal einsetzbar sind. Der Grund hierfür ist einfach:

NLP ist als kybernetisches System nicht inhaltsgebunden, es befasst sich mit der Steuerung von (kommunikativen) *Prozessen.*

Aufbauend auf den entsprechenden Werthaltungen können nun *Fähigkeiten/Strategien* modelliert (von erfolgreichen Menschen kopiert) bzw. selbständig entwickelt werden. Diese Fähigkeiten/Strategien werden sich entsprechend dem jeweiligen Aktionsumfeld in neuen *Verhaltensmöglichkeiten,* erweiterten Perspektiven und nutzbaren Resultaten zeigen.

6.2 Anwendungsbeispiele

Jede NLP-Schulung beginnt mit dem Training grundlegender Kommunikationsfähigkeiten.

Solche Basisfähigkeiten des professionellen Kommunikators heissen im NLP:

– *Rapport*
Über gezielten Einsatz von Körperhaltung, Worte, Gestik und Stimme werden bei Einzelpersonen und Gruppen Gefühle des Verstandenseins, Wohlbefindens und Vertrauens gebildet.

- *Assoziieren/Dissoziieren* nach Wahl
  Je nach Situation kann es hilfreich sein, sich von den eigenen Gefühlen zu distanzieren. Dabei kann man einen Überblick (Dissoziation) gewinnen, um sich selbst beraten zu können. Das Gegenteil stellt die Assoziation dar. Hier lässt man sich voll und ganz auf die Gefühle ein, um sie situativ kennenzulernen und auszukosten. Erfolgreiche Menschen können beides gut.
  Ein professioneller Kommunikator ist auch in der Lage, seinem Kunden beim Wechsel von einem Zustand zum anderen zu helfen. Beispielsweise wird ein Verkäufer den Kunden in einen *dissoziierten* Zustand führen, wenn es darum geht, die Ratenzahlungen für die neue Maschine zu planen. Gleich anschliessend wird er ihn voll *assoziiert* in das tolle Gefühl führen, wie erleichternd es sein wird, endlich mit der neuen Maschine zu arbeiten, (Kaufentscheide werden meistens durch ein gutes Gefühl abgeschlossen).
- *Metamodell / Miltonmodell*
  Die *spezifische* Anwendung der Sprache (Metamodell) hilft, vom Kunden in kurzer Zeit präzise Informationen über seine Wünsche zu erhalten, um seine Bedürfnisse genau befriedigen zu können. Die *generalisierte* Sprachanwendung (Miltonmodell) ist die in Werbung und Vorträgen schon lange benutzte Kunst, so vage zu kommunizieren, dass möglichst viele Menschen ihre eigenen Inhalte einfüllen können.

Drei ausgewählte Werkzeuge des Neuro-Linguistischen Programmierens werden im Anschluss vorgestellt, um zur eigenen Umsetzung anzuregen:
- *Zielbestimmung* für Win/Win-Business
- *Kreativitätsstrategie* nach Walt Disney
- *Reframing:* Hinter jeder Beschwerde steckt ein Wunsch.

6.2.1

Zielbestimmung

Beim Modellieren erfolgreicher Persönlichkeiten konnten Grinder und Bandler wiederholt dieselben, wesentlichen Schlüsselbedingungen feststellen, die für eine effiziente Zielerreichung erfüllt sein müssen. Sie wurden in einem *6-Schritte-Programm* wie folgt zusammengefasst:

Bedingungen eines wohlgeformten Zieles:

1. *Gehirngerecht formuliert:* Formulieren, was wir wollen und nicht, was wir nicht wollen. Quantifizierbar: Wieviel genau?
2. *Selbst erreichbar:* Das was unternommen werden muss, um in Richtung Ziel zu gelangen, soll unter meiner Kontrolle stehen. Wenigstens der 1. Schritt in Richtung Ziel.
3. Wie genau wären meine *Wahrnehmungen,* wenn ich das Ziel erreicht hätte: Was würde ich sehen, hören, zu mir selber sagen, fühlen?
4. *Kontext:* In welchem Kontext wird das Ziel verwirklicht? Wann? Wo? Mit wem? – Wo nicht? Mit wem nicht?
5. *Ökologie:* Was ändert sich für mich? Wie wird mein Leben beeinflusst? Was gebe ich auf? Was erhalte ich?
6. *Überprüfbar:* Woran ist erkennbar, dass dieses Ziel erreicht ist? Test von Punkt 3.

Wenn wir also beispielsweise in einem Teamprozess gemeinsame Ziele erarbeiten, müssen diese den obigen Bedingungen entsprechen:

1. Gehirngerecht heisst *positiv* und *quantifizierbar* formuliert: Es wird gemeinsam festgehalten, was wir wollen (und nicht, was wir nicht wollen) und wieviel genau. Nur so ist sichergestellt, dass jeder im Team weiss, was und wieviel gemeint ist.
   Was heisst *gehirngerecht* formuliert? Unser Gehirn kann keine Negationen wahrnehmen. Probieren Sie es aus und denken Sie *nicht* an den Eiffelturm in Paris. Oder verlangen Sie am Bahnschalter eine Fahrkarte nicht nach Rom. Der Schalterbeamte wird nur Rom verstehen!
2. Damit das Team aktionsfähig ist, muss derjenige Anteil des Zieles formuliert werden, der *erreichbar* ist, bzw. unter Kontrolle des Teams steht.
   Beispiel: Ein Produktionsteam formuliert das Ziel nach besseren Arbeitsgeräten. Die Kosten dafür übersteigen aber das vereinbarte Jahresbudget. Das Ziel «bessere Arbeitsgeräte» wird nun so umformuliert, dass ein Teilziel «Besprechung mit den Verantwortlichen» und daraus wiederum ein *Teilziel* «Einholen von Offerten / Vorbereitung von Besprechungsunterlagen» entsteht. Jetzt ist das Team aktionsfähig.

3. Die *sinnlich konkrete Beschreibung* des Zustandes, wenn das Ziel schon erreicht ist, gibt dem ganzen Team noch einmal Klarheit darüber, weshalb man das Ziel anpacken will (oder eben nicht). Dieser Punkt führt so automatisch zu höchster Motivation und/oder Erkenntnis «unechter» Ziele.
   Wir tun hier ‚«als ob» das Ziel schon erreicht wäre. Die zu stellenden Fragen sind: Wie werden Sie sich fühlen? Was werden Sie sehen? Was werden Sie hören? Was werden Sie sich selbst sagen? Was wäre wenn? (Disney: «If you can dream it, you can do it!»)
4. *Kontextbestimmung:* Wann, wo, mit wem, …
   Hier wird festgestellt, welche Umweltbedingungen zur Erreichung des Ziels nötig sind. Vielleicht können wir alles selber in der bisherigen Umgebung erreichen, oder es wird die Mithilfe anderer Stellen, eine Veränderung in der Umgebung usw. benötigt. Aus diesen Erkenntnissen können sich wiederum neue Teilziele ergeben.
5. *Ökologische Überprüfung:* Wie wird sich mein Leben/die Arbeit/das Team durch die Zielerreichung verändern?
   Hilfsfragen dazu:
   a) Was geben Sie auf? Was ist der Preis? Was ist das Gute am jetzigen Zustand?
   b) Wie wird z. B. die Umgebung darauf reagieren?
   c) Was werden sonstige Folgen sein? Stimmen Sie diesen Folgen zu?

   Oft sind ungeklärte Ökologiefragen der Grund für bewusstes und unbewusstes Boykottieren einzelner Mitarbeiter. Legen Sie höchsten Wert auf die Klärung, ob jeder einzelne Mitarbeiter im gesteckten Ziel mehr Vorteile als Nachteile erkennt. Wenn Sie das sicherstellen, werden Sie eine hohe Motivation erreichen.
6. *Test:* Woran werden Sie bzw. das Team merken, dass dieses Ziel erreicht ist? Meist sind dies die sinnlichen Wahrnehmungen aus Punkt 3. Diese Beschreibungen helfen Ihnen wahrzunehmen, wann ein Ziel erreicht ist.
   Tatsächlich begegnen uns immer wieder Teams und Unternehmer, die schon viele Male gesteckte Ziele erreicht haben, ohne dies zu realisieren. Mindestens ebenso wichtig für die tägliche Motivation wie das Zielesetzen ist es, die Zielerreichung zu geniessen! Erinnern Sie sich daran, dass die Faktoren Anerkennung und Zuwendung nach wie vor die stärksten Motivatoren im Business sind und benutzen Sie jedes (kleine) erreichte Ziel zu einem La-

chen, Schulterklopfen oder gar zu einem grösseren Fest! Die Mitarbeitenden werden es Ihnen danken! In jedem Business-Seminar wird der Wunsch nach mehr Lob geäussert.

6.2.2

Kreativitäts-Strategie nach Walt Disney

Die Disney-Strategie beschreibt den Prozess, wie der berühmte Walt Disney seine Kreativität visualisiert und in einem beispielhaften Feedback-Kreis zur Realisation gebracht hat (Dilts, 1994). Walt Disney soll gesagt haben:

If you can dream it, you can do it!

Vereinfacht gesagt handelt es sich um die Kunst, die für jeden Kreativitäts-Realisations-Prozess notwendigen Schritte von

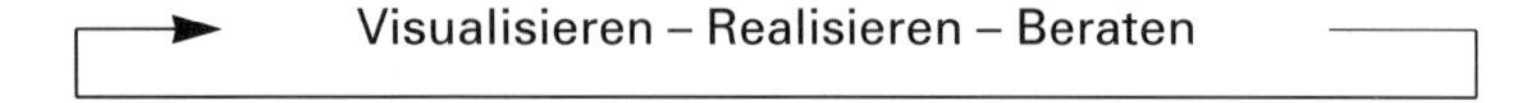
Visualisieren – Realisieren – Beraten

gerade soweit voneinander zu trennen, dass jeder Prozessschritt in sich genügend Raum und Zeit zum selbständigen Arbeiten bekommt. Gleichzeitig sollte aber genügend Kontakt zu den anderen Prozessschritten erhalten bleiben.

Wenn wir Kreativität nicht nur schöpfen, sondern auch verwertbar realisieren wollen, ist es wesentlich, die Bedürfnisse der verschiedenen Positionen zu verstehen:

If you can dream it, you can do it !

Visualisieren (Der Träumer)

Der Träumer ist der eigentlich Kreative. Hier wird das scheinbar Unmögliche erdacht (geträumt) und als offene Idee skizziert. Die ausserordentliche Stärke der Träumerposition ist das Visualisieren von Ideen. Sich Bilder vorzustellen ist die schnellste bewusste Gehirnleistung, Gefühle brauchen etwas länger.

Unterstützende Fragen sind: «Wie würde es aussehen, wenn ...?» – «Wie wäre es, wenn ...?» – «Was würde sich verändern, wenn ...?»

Kreativität braucht einen gewissen Freiraum. Narrenfreiheit ist angesagt! Jeder von uns hat schon erlebt, wie leicht die tollsten Träume durch Fragen vom Realisten: «Und woher sollen wir das Geld für dieses wahnwitzige Projekt nehmen, bitte schön?», bzw. gutgemeinte Hinweise vom Berater: «Hast Du daran gedacht, dass noch eine Marktabklärung gemacht werden muss?», zerstört werden können.

Kreativität produziert Ausschuss. Wenn es darum geht, noch unbekannte Wege zu finden, freuen wir uns an jedem neu aufgezeigten Weg, im Bewusstsein, dass viele davon in die Irre führen werden. Einer aber wird es schlussendlich zum Ziel führen. Edison soll einmal auf die erstaunte Frage eines Besuchers, ob er denn nach fast tausend fehlgeschlagenen Versuchen bei der Erfindung der Glühbirne nicht frustriert sei, geantwortet haben: «Mit jedem Versuch, der nicht funktioniert, bin ich der Realisation der Glühbirne um einen Schritt näher!»

Im Betrieb sind Träumer oft in der Entwicklungsabteilung, in Denk-Fabriken und sicher auch in der Firmenleitung zu finden. Es sind die Leute mit den grossen Ideen, von dem, was auch noch sein könnte. Wird der Träumer zu oft bzw. zu schnell mit dem Realisierer (Konstrukteur, Produktion) und/oder dem Feedbacker (Buchhaltung, Kunde, Verkäufer) konfrontiert, wird er seine grosse Fähigkeit nicht mehr zum Gewinn des Unternehmens einsetzen können.

Realisieren (Der Macher)

Der Macher packt die Dinge an und prüft sie auf ihre Realisierbarkeit.

Diese Phase ist unabdingbar, wenn kreative Ideen auch zur Realisation gelangen sollen. Die spezielle Stärke des Machers ist es, die Dinge anzupacken und umzusetzen. Er kann ein Projekt über eine längere Zeit verfolgen und im Markt durchsetzen.

Unterstützende Fragen sind: «Wie kann das realisiert werden?» – «Was benötigt man zur Produktion?» – «Wie fühlt sich diese Idee an?»

Auch der Macher braucht einen gewissen Freiraum. Während der Träumer vor allem einen geistigen Freiraum benötigt, ist der Macher eher auf einen zeitlichen Produktionsfreiraum angewiesen: Er will ein Produkt ohne dauernde Änderungen (Träumer/Feedbacker) produzieren und vermarkten können.

Feedback (Der Berater)

Der Berater ist daran interessiert, dass die Sache noch besser wird.

Dank konstruktivem Feedback weiss der Träumer, dass seine bisherigen Kreativleistungen gewürdigt und umgesetzt wurden. Er erfährt, in welche Richtung noch mehr Kreativität erwünscht ist. Dies ist ein wesentliches Element, wenn ein Unternehmen mit seinen Produkten auf dem Markt bleiben will.

Eine weitere wichtige Aufgabe des Beraters ist es, die Werte, die zur Realisierung führen können, zu ordnen und nach ihrem Wichtigkeitsgrad einzustufen. (Was ist wichtiger: Finanzen oder Qualität, Zeit oder Konkurrenz, usw.)

Unterstützende Fragen sind: «Was könnte noch verbessert werden?» – «Was wäre auch noch ein Bedürfnis?» – «Was würde das Produkt noch besser machen?»

Während der Träumer und der Macher eher einen Freiraum benötigen, ist es beim Feedbacker häufig so, dass er sich zu früh und zu oft zu Wort meldet. Wird er überhört, sagt ein Berater wenig oder sogar gar nichts mehr zu den angestrebten Zielen. Hier ist es die Aufgabe des Managements, den Beratern die Sicherheit zu geben, dass ihre Beiträge wichtig sind. Es sollten ständig Rückmeldungen darüber gegeben werden, wie das Feedback umgesetzt wurde. Gleichzeitig sind aber die Träumer und Macher vom direkten, unkontrollierten Feedback abzuschirmen.

Benutzen Sie hier schon das Reframing des nächsten Kapitels: Formulieren Sie Bedenken in nutzbare Wünsche um!

Übung:

Möchten Sie gerne Ihre alltägliche Kreativität fördern? Dann machen Sie einmal während zwei, drei Wochen folgendes:

Legen Sie sich drei Blöcke auf Ihren Schreibtisch und beschriften jeden wie folgt:

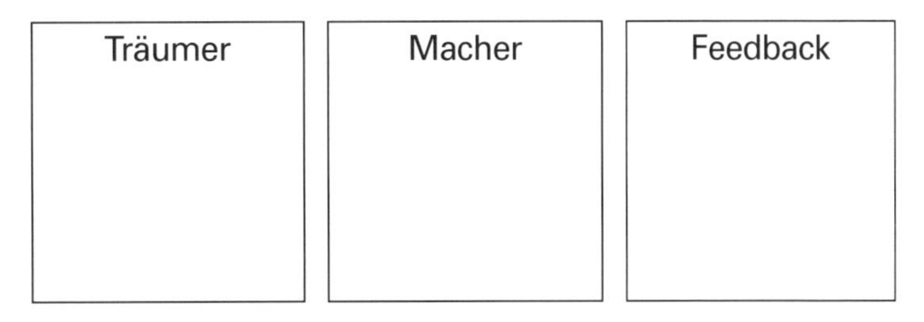

Jetzt zwingen Sie sich dazu, all Ihre Ideen auf den jeweiligen Papierblock zu notieren. Also wenn Sie z. B. denken: «Im Sommer möchte ich fünf Wochen Ferien am Meer machen», dann schreiben Sie dies auf den Träumer-Block. Und wenn Sie dann gleich eine innere Stimme hören, die Ihnen «Das liegt doch vom Betrieb her gar nicht drin!» sagt, dann bitten Sie diese Stimme (Feedback) um einen konstruktiveren Beitrag wie z. B.: «Das müsste aber mit allen Mitarbeitern genau abgesprochen werden.» und schreiben das dann auf den Feedback-Block usw.

Sie werden sehen, Ihre Kreativität beginnt zu sprudeln, und viele Ideen werden noch besser realisiert, als Sie sich dies je vorstellen konnten!

Für *Teamsitzungen* zu neuen Projekten haben wir mit dem obigen System ausgezeichnete Erfahrungen gemacht, wenn anstelle der Blocks drei (oder mehr) Flipcharts/Tafeln aufgestellt werden.

6.2.3

Reframing

Jedes Problem braucht einen bestimmten Kontext oder (Wahrnehmungs-)Rahmen, damit es als Problem wahrgenommen wird. Durch Veränderung dieses Wahrnehmungsrahmens (Reframing oder Umdeuten) werden ganz neue Perspektiven und dadurch unverhoffte Wahlmöglichkeiten gefunden.

Ein schönes Beispiel hierfür ist das Bedeutungsreframing, das in vielen Verkaufsseminaren gelehrt wird:

«Hinter jeder Beschwerde steckt ein Wunsch!»

Listen Sie einmal die verschiedenen Beschwerden auf, die Ihnen in letzter Zeit begegnet sind:

Beschwerde:	vermuteter Wunsch:

Sie werden schnell feststellen, wieviele völlig verschiedene Wünsche hinter einer einzigen Beschwerde stecken können. So können z. B. hinter der Aussage einer Mitarbeiterin: «Ich fühle mich an diesem Arbeitsplatz nicht sicher!», so verschiedene Wünsche stehen wie: «Ich möchte gerne ernstgenommen werden», «Ich möchte gerne mehr wissen über die Zukunftsaussichten unserer Branche» bis hin zu «Ich möchte abends nicht mehr mit Mitarbeiter XY alleine arbeiten».

Mit dem Hinterfragen der Beschwerde nach den zugrundeliegenden Wünschen erreichen wir zwei Verbesserungen gleichzeitig:

1. Wir müssen nicht «Gedankenlesen», was wohl der Wunsch wäre und können so gezielt die treffenden Massnahmen zur Verbesserung des Zustandes einleiten.
2. Viel wichtiger ist noch: Der Kunde oder Mitarbeiter erfährt durch das gezielte und aufmerksame Rückfragen seiner Bedürfnisse, wie wichtig uns sein Anliegen ist. Die Beziehung wird verbessert, verlorengegangenes Vertrauen kann wieder hergestellt werden.

III. Organisations-entwicklung

Die Unternehmung in der Wechselwirkung von sozialen, gesellschaftlichen, politischen, wirtschaftlichen und technischen Rahmenbedingungen

1

Peter Müri

Organisationsentwicklung

Eine neue Methode der Unternehmensführung

Die Notwendigkeit der Entwicklung einer Organisation (d. h. eines Unternehmens oder eines Unternehmensteiles) ist keine neue Einsicht und heute eine Selbstverständlichkeit. Man ist sich einig, dass Entwicklung nicht nur quantitatives, sondern ebenso qualitatives Wachstum bedeutet. Die Verbesserung der Technologie, der Dienstleistungen und der Produkte sowie die Entwicklung der Methoden der Lagebeurteilung, der Planung und Entscheidung und damit aller Managementtätigkeiten gehören zum heutigen Entwicklungsbegriff. Kaum ein Unternehmen, das sich nicht in allen Teilen dazu bekennt oder bekennen muss (Baitsch, 1993; Doppler und Lauterburg, 1994; Fatzer, 1993; Kobi, 1994; König, 1994).

In diesem «Entwicklungssturm» tauchen aber nicht nur Fragen nach dem Entwicklungsziel und dem Entwicklungsgegenstand auf, sondern auch die Frage nach wirksamen Methoden, um Entwicklung zu beschleunigen und zu einem Geschehen werden zu lassen, das nicht nur die Oberfläche angreift, sondern das ganze Unternehmen erfasst.

1.1

Unternehmensentwicklung schliesst Management- und Menschentwicklung ein

Jede betriebswirtschaftliche Massnahme, die eine tiefgreifende Änderung im System «Unternehmen» herbeiführen will, hat die Gesetzmässigkeiten des Entwicklungsgeschehens in sozialen Systemen zu berücksichtigen. Diese sind vor allem von den Sozialwissenschaften untersucht worden. Wir wissen einiges, aber noch längst nicht alles über den Vorgang der Änderung und Beeinflussung von sozialen Systemen. Eines ist sicher: Die Entwicklung von Organisationen, Institutionen und Unternehmen vollzieht sich nicht allein durch die Veränderung feststellbarer und sichtbarer Grössen wie Sortiment, Organisationsstruktur, Abläufe,

Kennziffern usw., sondern ebenso fundamental dort, wo sie nicht messbar und sichtbar wird: im Verhalten und in der Haltung des einzelnen Mitarbeiters, im Zusammenspiel der menschlichen Beziehungen und im Erfüllen von ausgesprochenen und unausgesprochenen Erwartungen.

Die Variable «Mensch» ist nach den Erkenntnissen der Verhaltenswissenschaften nicht eine zusätzliche Grösse, die neben betriebswirtschaftlichen Überlegungen spätestens bei der Einführung neuer Projekte berücksichtigt werden muss. Es steht fest, dass jede Entwicklung mit dem sie vollziehenden Menschen beginnt und endet. Das ist kein philosophischer Satz, sondern bittere Realität, mit der jeder Manager konfrontiert wird, der eine Neuerung ohne die Mitwirkung der Betroffenen einführt.

Um ein Unternehmen zu entwickeln, genügen rein betriebswirtschaftliche Überlegungen nicht mehr, wenn man nicht über die Köpfe hinweg ins Leere wirken will. Die Organisationsentwicklung als noch junge, aber doch schon genügend erprobte interdisziplinäre Methode versucht, die Brücke zwischen Betriebswirtschaft, Verhaltenswissenschaft und Betriebspsychologie zu schlagen und verbindet damit psychologisches mit betriebswirtschaftlichem Denken. Vor allem befasst sich die Organisationsentwicklung mit der Methodologie der Entwicklung selbst, indem sie die Frage stellt: Wie müssen Änderungen im Unternehmen geplant und durchgeführt werden, damit eine dauerhafte Wirkung entsteht, so dass nicht nur die technischen und betriebswirtschaftlichen Abläufe funktionieren, sondern auch das Verhalten und die Einstellung der betroffenen Mitarbeitern sich ändern?

1.2

Der betriebswirtschaftliche und soziale Aspekt von Entwicklung

Die Organisationsentwicklung unterscheidet zwei Ebenen des Entwicklungsprozesses: die technologisch-organisatorische oder betriebswirtschaftliche Aktionsebene und die Ebene der sozialen Interaktionen. Beide sind in Wirklichkeit sehr eng verbunden und beeinflussen sich gegenseitig. Störungen in der Einführung von Neuerungen können häufig damit erklärt werden, dass die Entwicklung auf der ersten Ebene schneller abläuft als auf der zweiten.

Das Nachhinken der Entwicklung auf der zweiten Ebene ist häufig die Ursache für Führungsschwierigkeiten, die sich in starken Expansions- und Entwicklungsphasen des Unternehmens einstellen. Der Ausdruck «sozialer Wandel», der häufig für die zweite Ebene verwendet wird, könnte die Meinung entstehen lassen, dass sich die soziale Entwicklung im Nachklang zur technologischen Entwicklung von selbst einstellt und sich als natürlicher Prozess vollzieht. Nach Ansicht der Organisationsentwicklung ist aber Verhaltensänderung und Änderung der sozialen Interaktion kein Automatismus und auch nicht etwas, das durch eine Systemänderung ausgelöst werden könnte. Der Entwicklungsprozess auf der zweiten Ebene, d. h. die Entwicklung des von der Veränderung betroffenen Menschen, kann ebenso geplant, gesteuert und gefördert werden wie die Entwicklung auf der ersten Ebene.

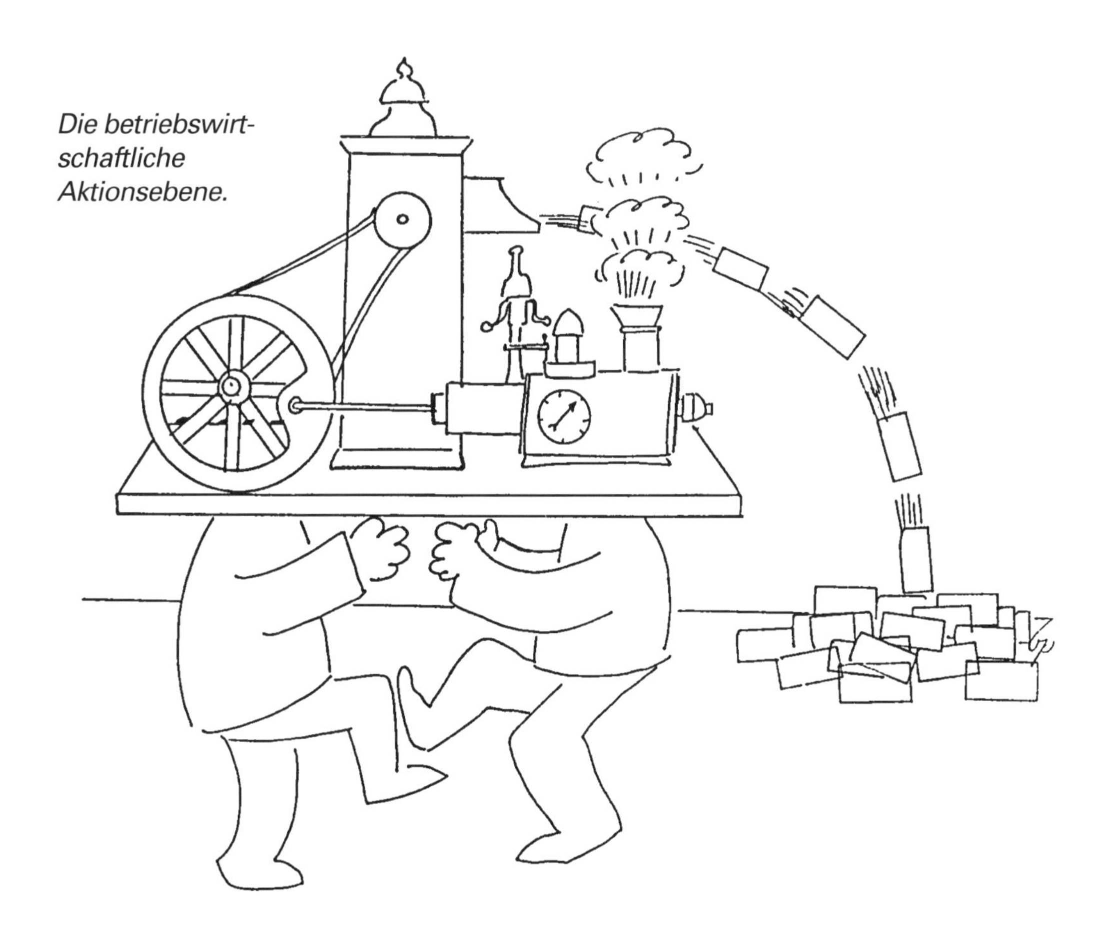

Die betriebswirtschaftliche Aktionsebene.

Jeder Unternehmer ist sich bei genauer Prüfung im klaren, dass vor allem die Betroffenen über Erfolg oder Misserfolg einer Neuerung oder Änderung im Unternehmen bestimmen. Jeder noch so kleine Entwicklungsschritt in technologischer oder betriebswirtschaftlicher Hinsicht bedeutet ein Umlernen für den Mitarbeiter. Denn jede Änderung im Ablauf oder in der Struktur des Unternehmens bringt mehr Umstellung im Informationsverhalten, Kommunikationsstil, Entscheidungsfindung und Planungsvorgehen mit sich, als sich der Innovator normalerweise Rechenschaft gibt. Vor allem sträubt sich die Organisationsentwicklung gegen eine zeitliche Trennung von Entwicklung und Durchsetzung einer Neuerung. Damit gibt es in der Organisationsentwicklung keine Innovation auf dem Papier, sondern nur eine Erarbeitung der Neuerung an Ort und Stelle von den Leuten, die davon betroffen sind. Dies geschieht aus der Einsicht heraus, dass die Beziehung des Menschen zum Projekt, sowie die Beziehung von Mensch zu Mensch, z. B. zwischen dem Innovator und Anwender, für den Verlauf der Entwicklung hoch bedeutsam ist.

Die beiden Entwicklungsebenen können dementsprechend auch als Projekt-, Sach- und Beziehungsebene benannt werden. Auf der Beziehungsebene spielt sich der soziale Wandel ab, der sich – beachtet oder unbeachtet – immer vollzieht, aber sehr oft störend in das Entwicklungsgeschehen auf der Sachebene eingreift.

Die Organisationsentwicklung versucht den Prozess des sozialen Wandels beim Individuum, in der Gruppe und in der Organisation nicht dem Zufall zu überlassen, sondern bewusst zu reflektieren und zu gestalten. Sozialer und technologisch-organisatorischer Wandel werden damit gleichgewertig behandelt. Oder anders ausgedrückt: Die Entwicklungsprozesse auf der Beziehungsebene und auf der Sachebene werden im gleichen Masse beachtet und gefördert.

1.3

Der erweiterte Organisationsbegriff

Die Organisationsentwicklung erhält durch den Aspekt des sozialen Wandels eine zusätzliche Tragweite. Sie ist nicht nur Ordnungsprinzip, welches Aufbau und Abläufe im Unternehmen systematisiert. Sie ist nicht nur eine Struktur, die betriebliche Elemente trennt und verbindet. Sie ist mehr als ein manipulierbarer Apparat. Sie ist ein Organismus, der seine Eigengesetzlichkeit des Wachstums und der Entwicklung hat, geprägt von der Geschichte und der Persönlichkeit der Träger.

W. French (1977) benennt diesen Teil der Unternehmensorganisation «Organisationskultur» und deutet damit die Schwierigkeit der Einflussnahme auf diesen Teil des Organisationsbildes an. Jede Organisation hat danach die ihr eigene Kultur, die sich in Normen, Einstellung, Kooperationsformen, Arbeitsformen, Kommunikationsstil, Wertsetzungen und Gefühlen äussert – alles Elemente, die in der Regel unbewusst oder zum mindesten informell sind.

«In mancher Beziehung ist das informelle System ein versteckter oder unterdrückter Bereich des Organisationslebens, der unsichtbare Teil des organisatorischen Eisberges. Traditionsgemäss wird dieser unsichtbare Bereich entweder überhaupt nicht oder nur teilweise untersucht.» (French, 1977, S. 32)

Die Organisationsentwicklung macht sich zum Ziel, die Kultur sichtbar zu machen, sofern sie den Entwicklungsprozess bremst oder fördert. Diese letzte einschränkende Bedingung ist zur Abgrenzung der Organisationsentwicklung von der Gruppendynamik wichtig. In der Organisationsentwicklung werden nicht dynamische Prozesse um der Dynamik willen untersucht, sondern immer bezogen auf ein angestrebtes Entwicklungsziel, das durch die betriebliche Neuerung oder durch das Unternehmensziel klar definiert ist.

1.4

Das implizite Menschenbild

Organisationsentwicklung funktioniert nur, wenn jedem Organisationsmitglied, jeder Arbeitsgruppe und der ganzen Unternehmensorganisation Entwicklungspotential zugebilligt wird. Ohne die Bereitschaft jedes einzelnen, zu lernen und sich zu entwickeln, versagt Organisationsentwicklung. Der Glaube an die Entwicklungsfähigkeit des Individuums und der Gruppe muss als indiskutable Prämisse gesetzt werden können.

Es ist schwer gegenüber Fachleuten immer wieder plausibel zu machen, dass auch der ausführende Mitarbeiter oft mehr von betrieblichen Zusammenhängen versteht, als der Spezialist meint. Immer wieder schiebt sich das Vorurteil dazwischen, die unterstellten Mitarbeiter verfügen nicht über die Kompetenz, bei Änderungen mitzuwirken und das Entwicklungsgeschehen verantwortlich mitzutragen.

Die Schwierigkeiten, die im Laufe eines Lernprozesses immer auftauchen, scheinen dem vorurteilsbeladenen Vorgesetzten Recht zu geben. Verhaltenswissenschaftler wissen jedoch heute, dass echte Entwicklung immer mit Unsicherheit und Desorientierung verbunden ist. Das berüchtigte «Schwimmen» ist gerade ein Merkmal für wirkliches Lernen, denn Entwicklung ist nur durch Lockerung der «eingefrorenen» Strukturen möglich («unfreezing» nach Lewin).

1.5

Keine gefährliche Einseitigkeit

Die Gefahr neuer Methoden besteht bekanntlich darin, einen Ansatzpunkt zu generalisieren. Dieser Tendenz zur Verabsolutierung entgeht auch die Organisationsentwicklung nicht. Um so wichtiger ist es, Mensch, Gruppe und deren Interaktion nicht in den Mittelpunkt zu stellen, sondern die Entwicklung auf allen Ebenen gleichmässig zu beachten und voranzutreiben.

Der Vorwurf, Organisationsentwicklung bemühe sich nur um Persönlichkeits- und Gruppenentwicklung, ist deshalb verfehlt. Die Beachtung unternehmerischer Ziele steht ebenso im Vordergrund wie die Berücksichtigung der Produkttechnologie und der im Unternehmen bestehenden betriebswirtschaftlichen Systeme und Prozesse. Policy, Process, Property und People (die vier P's nach Leavitt) müssen in ihrer gegenseitigen Beeinflussung dauernd geprüft und ins Gleichgewicht gebracht werden. Der Faktor People wird dabei ebenso ernstgenommen wie die drei anderen Komponenten.

Dass dies heute weitgehend nicht der Fall ist, lässt sich an den gängigen Innovationsstrategien ablesen. Meist wird eine Unternehmensentwicklung über die Erneuerung des Unternehmensleitbildes oder Unternehmenspolitik (Policy)

Das «Schwimmen» ist ein Merkmal für wirkliches Lernen.

eingeleitet oder durch technologische Erneuerungen wie Reorganisationen, Lean Management, Rationalisierungsmassnahmen, Strukturbereinigungen u. ä. (Process) provoziert oder durch die Erneuerung der Betriebsmittel wie Datenverarbeitung, Maschinen usw. (Property) erzwungen. Selten wird sie durch die Überprüfung der Kommunikation und Kooperation im Unternehmen (People) in Gang gebracht.

1.6

Entwicklung löst Widerstand aus

Die Verhaltensforschung hat die Bedingungen, unter denen Veränderungen stattfinden, eingehend untersucht und festgestellt, dass jede Veränderung im Unternehmen das innerbetriebliche Gleichgewicht stört und auf der Ebene der menschlichen Beziehung Verwirrung stiftet. Die Folgen sind hinlänglich bekannt: Unsicherheit, Verzerrung der

Wahrnehmung, Hochhalten alter Normen, Idealen und Privilegien. Von den Betroffenen werden gute Gründe zur Bremsung und Vereitelung des Entwicklungsprozesses ins Feld geführt, die schwer zu widerlegen sind, aber als Signal eines hartnäckigen, zum Teil unbewussten Widerstandes gegen die Neuerung zu deuten sind.

Im Gegensatz zur traditionellen Organisationspsychologie werden diese Widerstände nicht umgangen oder mit taktischen Manövern beseitigt, sondern ernstgenommen. Die Bearbeitung der Widerstände nimmt im Rahmen eines Organisationsentwicklungsprojektes viel Zeit in Anspruch. Oft ist es schon schwierig aufzudecken, wo die Widerstände sitzen; noch viel schwieriger kann es sein, die Betroffenen in die Auseinandersetzung mit ihren eigenen Widerständen zu führen. Meistens müssen zuerst die Voraussetzungen für diese heikle Arbeit geschaffen werden: Mut zum Aussprechen des Unbehagens und Mut zum Einstecken von aufgezeigten Schwachstellen.

1.7

Das Denken auf zwei Ebenen

Häufig bringt die Analyse und Bearbeitung der Widerstände Hemmfaktoren zum Vorschein, die gar nicht mit der Neuerung oder dem laufenden Projekt zusammenhängen, sondern in zwischenmenschlichen Beziehungen oder in Gruppenbeziehungen begründet sind.

Hier bewahrheitet sich die gegenseitige Beeinflussung der beiden Entwicklungsebenen. Jede sachliche Neuerung, ja jedes Unternehmensgeschäft wirkt sich auf der Ebene der sozialen Beziehungen aus. Es ist eine Illusion zu glauben, man könne ein Geschäft, welcher Art auch immer, rein sachlich abwickeln. Immer ist der Mensch und mit ihm das Beziehungsgeflecht involviert, in dem er steht. Da jede Neuerung zu einer Umordnung und unter Umständen zu einer Neudefinition der eigenen Stellung, der eigenen Rolle und der Beziehungen untereinander führt, werden latente Beziehungs- und Gruppenkonflikte häufig aktualisiert und können den Fortgang der Entwicklung stören, wenn sie nicht bearbeitet werden.

In der Praxis zeigt sich häufig, dass der Mut fehlt, sich den aufgebrochenen Kommunikations- und Kooperationsstörungen zu stellen. Entweder werden sie verleugnet oder rasch beiseite geschoben, oder sie eskalieren und blockieren damit jeden konstruktiven Fortschritt.

1.8

Lernen lernen – die Basis der Organisationsentwicklung

Die Versuchung, Organisationsentwicklung als Managementmodell oder als System mit klaren Begriffen darzustellen, ist aus didaktischen Gründen gross. Jedes Schema wäre aber falsch, da es dem Prinzip der Organisationsentwicklung widerspricht. Organisationsentwicklung ist kein Managementsystem, sondern ein Verhalten mit dem gerade Systeme verändert werden sollen.

Man könnte noch schärfer sagen: Organisationsentwicklung ist eine bestimmte Einstellung, mit der man an betriebliche Probleme herangeht. Diese könnte mit einfachen Worten etwa so umschrieben werden: «Ich will aus der Problemlösung lernen und bin bereit, mein Verhalten zu ändern.»

Im Grunde will die Organisationsentwicklung beibringen, wie man aus der Erfahrung lernen kann. Das klingt zunächst lapidar. Bei näherem Hinsehen erweist sich das Erfahrungslernen als äusserst schwierig und als ein Prozess, der sich keineswegs von selbst ergibt. Nur zu häufig ist unsere Lernfähigkeit durch den sogenannten blinden Fleck blockiert. Nur zu gerne bleiben wir am Gewohnten, einmal Gelernten haften und sind nicht bereit, unser eigenes Verhalten in Frage zu stellen und in Frage stellen zu lassen (Pedler, 1994).

Die Organisationsentwicklung hat es hier mit einem schweren Mangel zu tun: wir haben nie gelernt, wie man lernt. Wir haben zwar geübt, feststehendes Wissen anzueignen, Fertigkeiten zu trainieren, Schemata anzuwenden. Dagegen sind wir sehr schlecht trainiert, Erfahrungen zu reflektieren, festgefahrene Verhaltensweisen zu erkennen, neue einzuüben und in das bestehende Verhaltensrepertoire zu integrieren. Vor allem haben wir nie gelernt, wie das Erfahrungslernen abläuft und welche Gesetzmässigkeiten dabei zu berücksichtigen sind.

Am besten kommt man diesen Lerngesetzen auf die Spur, indem man den Lernprozess regelmässig analysiert. Die Prozessanalyse ist ein wichtiger Bestandteil der Organisationsentwicklung. Immer wieder wird eingehalten und zur Reflektion angeleitet mit Fragen wie: Was ist passiert? Wie haben wir das Problem angepackt? Was hat uns am Fortschritt gehindert? Was hat uns bei der Arbeit gestört? Was ist der Lernerfolg?

Woran das Lernen-lernen geübt wird, spielt eine untergeordnete Rolle. Es eignen sich dafür alle Unternehmensgeschäfte, bei denen ein Lerngewinn möglich ist. Natürlich sind dafür Einführungen von Neuerungen, Reorganisationen, Innovationen besonders günstig. Aber auch alle echten Probleme, insbesondere Entscheidungsprobleme, sind geeignet.

Kennzeichnend für die Methode der Organisationsentwicklung ist weniger der betriebliche Anlass als vielmehr das aufmerksame Verfolgen des Arbeits- oder Problemlösungsprozesses sowie das Untersuchen von Störungen im Hinblick auf ihren Ursprung, seien diese methodischer Art oder in der zwischenmenschlichen Beziehung begründet. Der für Organisationsentwicklung typische Zyklus führt vom Prozess (Bearbeitung eines Problems) zur Diagnose des Prozesses (Reflektionsphase), hin zur Aktion (Ausrichtung auf neue Ziele, Ausarbeitung neuer Verhaltensweisen) und schliesslich wieder zum Prozess (fortgesetztes Bearbeiten des Problems unter Anwendung der neuen Verhaltensweisen).

1.9

Aktionsforschung – die Kardinalmethode der Organisationsentwicklung

Nach der Theorie der Organisationsentwicklung wird eine von aussen eingepflanzte Systemänderung nicht zur Wirkung gelangen, solange die Systemträger sich selbst nicht ändern. Eine Unternehmensentwicklung muss also von den Trägern selbst mitvollzogen werden. Dies ist am ehesten sichergestellt, wenn die Änderung aus dem Unternehmen selbst herauswächst. Das bedeutet, dass die von der Änderung Betroffenen selbst die Entwicklung durchführen, d. h. selbst die Ausgangsdaten erheben, Änderungsvorschläge einbringen, selbst entscheiden und realisieren. Dieser hohe Grad an

Mitwirkung lässt sich nur in überblickbaren Gruppen realisieren. Deshalb findet Organisationsentwicklung meistens in Kleingruppen statt. Die Entscheidung, welches Gremium mitwirkungsfähig und -berechtigt ist, stellt oft ein hartes Ringen dar, bei dem Abgrenzung und Kompetenz nie endgültig festgelegt werden können. Gewisse Grenzen werden durch die zu behandelnden Geschäfte oder durch die einzuführenden Neuerungen gesetzt.

Sind Gruppen und Entwicklungsziel bestimmt, steht am Anfang die Datenerhebung. Im Unterschied zum Projektmanagement ersteckt sie sich nicht nur auf die mit der Neuerung zusammenhängenden Tatbestände, sondern umfasst immer auch die Analyse der sozialen Interaktionen in der Gruppe. Ausserdem werden die erhobenen Daten an den Zielen und Bedürfnissen des Unternehmens gemessen und in Beziehung zu der bestehenden Unternehmensstruktur und der bestehenden Technologie des Produktes oder der Dienstleistung gebracht (vergleiche Policy, Process, Property).

Diese Ist-Analyse ist im wesentlichen eine Gemeinschaftsarbeit der Gruppe. Sie soll durch die Beurteilung Aussenstehender oder anderer Gruppen unbedingt ergänzt werden (z. B. des Organisationsentwicklungs-Beraters). Oft öffnet erst die Korrektur der Diagnose durch unbeteiligte Dritte die Augen für die eigenen Entwicklungsbremsen.

Erfahrungsgemäss leitet eine derartige Feedback-Runde zu neuen Datenerhebungen über. Die Diagnose wird verfeinert, eventuell völlig neu gestellt. Dabei vertieft sich die Einsicht in die Problemzusammenhänge und gleichzeitig wird jeder Teilnehmer gezwungen festzustellen, wie er zur geplanten Neuerung steht.

Dieses sogenannte Data-Feedback wirkt mitunter derart intensiv, dass Probleme der Zusammenarbeit plötzlich im Mittelpunkt stehen. Kommunikationsstörungen werden entdeckt, Vorurteile sichtbar, langjährige Missverständnisse aufgeklärt. Fragen der eigenen Standortbestimmung tauchen auf wie: Wie sehen andere meine Funktion? Welche Erwartungen werden meiner Funktion zugeschrieben? Welche Rolle habe ich in der Zusammenarbeit übernommen?

In ihrem äusseren Ablauf folgt die Entwicklung der Neuerung den Stufen des Projektmanagements: Zielsetzung, Planung, Entscheidung und Realisierung. In der Organisationsentwicklung werden diese einzelnen Schritte immer auf der zweiten Ebene mitverfolgt: Welche Verhaltensänderungen werden durch die einzelnen Schritte in der Projektrealisierung notwendig? Wer hat diese Veränderung vollzogen, wer noch nicht? Ist die gegenseitige Verständigung jederzeit hergestellt? Sind Störungen der Zusammenarbeit zu beobachten?

Projektmanagement

1.10

Die Rolle des Beraters

Die Aktionsforschung legt die Rolle des Beraters fest. Als Ratgeber, als Problemlöser oder als Anbieter von Systemen kann er nicht in Frage kommen. Der Berater ist eben nicht Ratgeber im traditionellen Sinne, sondern eher Methodologe und Begleiter, der dann in den laufenden Vorgang eingreift, wenn Lernchancen vorhanden sind. Damit übernimmt der Berater nicht die Helferfunktion, die man gewöhnlich von ihm erwartet. Er wird nicht Wunden heilen oder «Unfallverhütung» betreiben, sondern Spannung zulassen und austragen, wenn es dem Entwicklungsprozess förderlich ist. Seine Hilfe besteht in der Aufdeckung ungeklärter Hindernisse, im persönlichen Feedback bei der Auswertung der Daten, durch Hinweise auf unbemerkt ablaufende Gruppenprozesse und Beziehungsphänomene, durch Aufzeigen von Konflikten und Störelementen in der Gruppe.

Er wird auch zur Prüfung von neuen Verhaltensweisen anregen, auf die Zielüberprüfung hinlenken und zur Situationsklärung Denkmodelle aus der Verhaltensforschung und der angewandten Psychologie anbieten. Oft wird dieses Beraterverhalten als unangenehm und verunsichernd empfunden, für den Lernerfolg ist es aber unumgänglich. Nur so werden die Teilnehmer auf die Vorgänge sensibilisiert, die auf der Ebene der zwischenmenschlichen Beziehung ablaufen.

Der Berater kann heute bereits auf ganze Kataloge von «Interventionsarten» zurückgreifen. Die Beherrschung der Interventionstechnik genügt allerdings für die Begleitung von Teams bei ihrer Entwicklungsarbeit nicht. Ebenso wichtig ist eine differenzierte Einschätzung der Situation, die nur aufgrund gruppenpsychologischer Kompetenz und mit einem ausgesprochenen Feingefühl für Konflikte und für das zuträgliche Mass der Konfliktaustragung möglich ist (Kälin, et al., 1995; Whitemore, 1994).

1.11

Organisationsentwicklung und Managementschulung

Die Organisationsentwicklung hebt sich auf der einen Seite von der traditionellen Managementschulung und auf der anderen Seite von der reinen Gruppendynamik dadurch ab, dass

- jede Entwicklung auch als sozialer Wandel verstanden wird und jede Organisationseinheit und jedes Organisationsmitglied als entwicklungsfähig betrachtet wird,
- Entwicklung nur durch Selbstentwicklung möglich ist, sowohl bei Individuen, als auch bei Gruppen- und Organisationseinheiten,
- der Gruppe eine Schlüsselposition zukommt und Entwicklung nur durch Mitwirkung aller in der Gruppe möglich ist,
- Entwicklung soviel wie Lernen durch Erfahrung bedeutet und sich immer auf eine aktuelle reale Problemstellung beziehen muss,
- die Kultur einer Gruppe bzw. einer Organisation beachtet und als steuerbar angesehen wird,
- die Datenanalyse und Datendiagnose durch die Beteiligten selbst vorgenommen werden,
- die Beziehungsebene thematisiert wird, vor allem wenn der Fortgang der Entwicklung gefährdet ist,
- der Berater nicht Ratschläge und Lösungen abgibt, sondern «interveniert», d. h. als Katalysator wirkt.

Am deutlichsten ist Organisationsentwicklung daran erkennbar, dass sie nicht mit einem System operiert. Wenn es zu Managementsystemen, Kontroll-, Informations-, Administrationssystemen kommt, dann nur aus dem Entwicklungsprozess selbst, indem das Unternehmen sein ihm adäquates System entwickelt. Organisationsentwicklung bezweckt nie nur Systemeinführung oder Systempflege, sondern immer auch Prozessklärung und Prozessbegleitung. Der Prozess umfasst alles, was in einem Unternehmen geschieht, auch die Organisationskultur.

Dementsprechend greift Organisationsentwicklung viel tiefer in das Unternehmensgeschehen ein. Die Folgen sind zwar kaum messbar, aber doch durch Beobachtung und Erleben nachweisbar. Jedenfalls halten sie keinem Vergleich mit der Effektivität von Schulung stand. Mit Schulung werden zwar ähnliche Ziele verfolgt, aber die Wirkung bei Schulung ist anders (Müri, 1995).

2

Selbstorganisation eines Führungsteams aus eigener Kraft

Peter Müri

Ein Erfahrungsbericht über Organisationsentwicklung

Um die Schlussfolgerungen vorwegzunehmen: Eine organisatorische Neuordnung des Führungsteams aus eigenen Kräften stellt erhöhte Anforderungen, denen auch versierte und hochkarätige Führungskräfte oft nicht gewachsen sind. Denn es werden Entscheidungen abverlangt, die einen Sprung über den eigenen Schatten bedeuten können. Im hohen Masse müssen Eigen- und Unternehmensinteressen offengelegt und Konflikte konsequent ausgetragen werden. Dies kann nur gelingen, wenn jeder einzelne des Führungsteams

- seine eigenen Möglichkeiten und Grenzen erkennt und artikulieren kann (Selbsteinsicht);
- den Mut zur Änderung seiner Führungsrolle besitzt (Anpassungsbereitschaft);

– die Unternehmensziele von den persönlichen Zielen trennen, die Bedeutung von Firmeninteressen einräumen (Loyalität) und persönliche Ambitionen zurückstellen kann (Solidarität).

Diese Forderungen klingen etwas schönfärberisch und mögen für viele sogar selbstverständlich sein. In der Praxis sind sie hart und unerbittlich. Denn sie entstehen in einem sozialen Umfeld von Kollegen und Untergebenen, das nach Knoepfel (1979) zu 30% gestörte Beziehungen enthält. Selbst da, wo Beziehungskonflikte nur in geringem Masse die geforderte Offenheit beeinträchtigen, kann das Führungsteam über psychologische Hindernisse stolpern, die sich bei einer Eigenreorganisation unweigerlich stellen.

2.1

Erstes Hindernis: Selbstreorganisation bedeutet Selbstentwicklung

Es ist ein leichtes, ein Führungsteam durch Fremdentscheid oder durch Rezepte Aussenstehender zur Umstrukturierung zu zwingen. Will ein Team sich selbst neu strukturieren, was auf höchster Führungsstufe noch oft der Fall ist, so wird es die eigenen organisatorischen Beziehungen objektivieren und darüber befinden müssen. Diese Ablösung der Sache von der Person ist erfahrungsgemäss erstes und wichtigstes Ziel, um gemäss Organisationstheorie möglichst eine Struktur ad rem und nicht ad personam zu erhalten.

Allein, es ist ein dornenvoller Weg. Die Praxis zeigt, dass sachliche Argumente ins Feld geführt werden und über unternehmensorientierte Idealvarianten befunden wird, als ob es nicht genauso um die eigene Person ginge. Sachzwänge werden hochstilisiert und Unternehmenswerte hochgehalten, hinter denen sich bei näherem Zusehen persönliche Anliegen und Ängste verstecken. Man bestätigt sich gegenseitig die Konsenswilligkeit und trägt gleichzeitig unterschwellig Rivalitäten aus. Man versucht ängstlich, die Fiktion einer Lösung aufrechtzuerhalten, die sachlich einen Fortschritt bringen soll, gleichzeitig aber die geheimen Besitz- und Prestigeansprüche wahrt.

Dieses doppelbödige Planen, das die Veränderungen der personellen Gegebenheiten unter den Tisch verweist, wird dann abrupt offenkundig, wenn erste «Opfer» der Reorganisation voraussehbar werden. Dann ist jedoch ein Einlenken zu spät. Die Fronten sind bereits bezogen, die «alten» Beziehungs- und Führungsschwierigkeiten in der neuen Organisationsform etabliert.

In der Folge erweisen sich die angeblich tiefgreifenden Änderungen nur als Retuschen, als Kosmetik. Die alte Organisationsform lebt unter dem Deckmantel der neuen Struktur wieder auf. Was auf dem Papier als beschlossen gilt, wirkt sich in der Realität nicht aus, da sich keiner damit identifizieren will.

Die Selbstreorganisation eines Teams ist nur möglich – wie wir aus sozialwissenschaftlichen Untersuchungen längst wissen (Sievers, 1977), – wenn die Beziehungsstruktur von Anfang an einbezogen und offen gelegt wird. Dazu gehört die Bereitschaft, zu seinen persönlichen Zielen und Wertvorstellungen zu stehen, sich in seiner Aufgabe und Rolle in Frage zu stellen und einen Entwicklunsprozess zuzulassen, der vor der eigenen Person nicht haltmacht.

2.2

Zweites Hindernis: Selbstreorganisation bedeutet innovatives Lernen

Eine Reorganisation an der Führungsspitze will die bestehende Struktur so verändern, dass zukünftige Unternehmensaufgaben rascher und wirksamer bewältigt werden. Jede Veränderung, die auch in diesem Sinne das Verhalten erfasst, ist Lernen.

Der Club of Rome hat in seinem zweiten Werk (Peccei, 1979) die Mängel der Lernfähigkeit unserer Zeit drastisch aufgedeckt. Er warnt vor dem Lernen aus Schock oder aus oberflächlicher Anpassung. Echtes Lernen vollzieht sich antizipatorisch und partizipativ (siehe Abb. 1). «Antizipation ist mehr als ein geistiges Simulationsmodell. Sie ist eine grundlegende Einstellung» (Peccei, 1979, S. 55), bei der die Zukunft nicht in der Begriffswelt der Gegenwart gesehen und mittels Wahrscheinlichkeitsrechnung vorbestimmt wird, sondern aus welcher die Gegenwart hinterfragt, die Signale der Gegenwart ernstgenommen und die Augen für alle Phänomene der Gegenwart offengehalten werden.

Abb. 1
Das Lernprinzip des Club of Rome

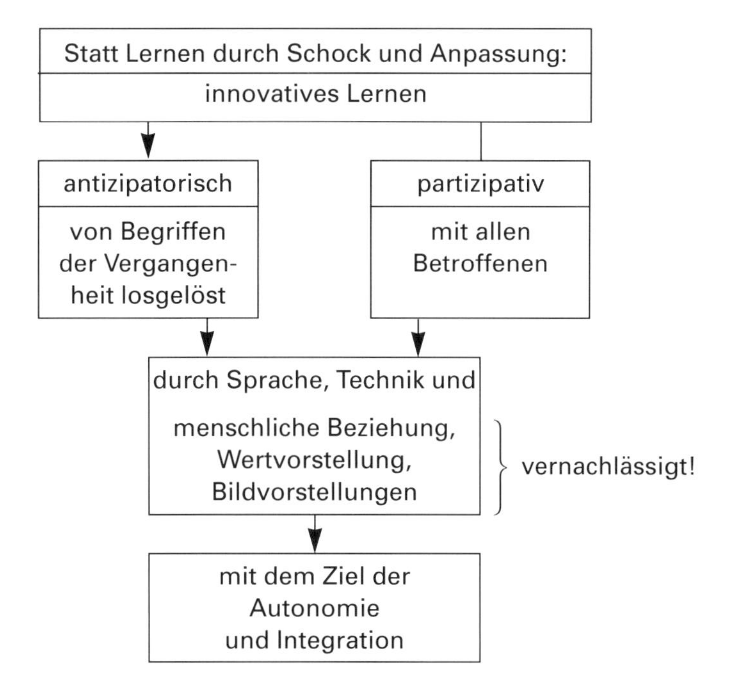

Partizipation, als zweites Merkmal innovativen Lernens, bedeutet Einbezug *aller* Betroffenen schon bei der Diagnose und bei der Entwicklung von Lösungen. Kreative Partizipation muss die Identifizierung, das Verständnis und die Neufomulierung von Problemen in den Vordergrund stellen.

Eine Selbstreorganisation wird nur dann Fortschritte bringen, wenn das ganze Führungsteam den Prozess von Anfang bis Schluss *mitvollzieht* und dabei ständig offenbleibt für alle Informationen, die im Laufe der Entwicklung auftauchen, auch wenn sie zunächst sachfremd und subjektiv sind.

Der Club of Rome fordert im weiteren – hier deckt sich sein Anliegen erneut mit denjenigen der professionellen Organisationsentwicklung – ein Lernen ohne Ausschluss der zwischenmenschlichen Beziehungen und Bearbeitung der Wertvorstellungen. Nur zu häufig findet Lernen in Worten per Kopf, das heisst durch Sprache, statt oder per technische Hilfsmittel wie zum Beispiel Organigramme. «Die gegenwärtigen Theorien und Praktiken des tradierten Lernens neigen dazu, die Sprache auf Kosten aller anderen Elemente hervorzuheben... Die übrigen Elemente werden entweder stillschweigend übergangen oder ungebührlich eingeschränkt: zu den Werten zählen nur diejenigen, die dem Status quo innewohnen, zwischenmenschliche Beziehungen werden als irrelevant abgetan.» (Peccei, 1979, S.70) Die Auseinandersetzung um Wertvorstellungen im Feld der zwischenmenschlichen Beziehung gehören somit zum Organisationslernen. Ohne ihren direkten Einbezug in die Problemlösung entsteht keine lebensfähige Organisationsstruktur.

2.3

Drittes Hindernis: Selbstreorganisation bedeutet Teambildung

Wenn die Reorganisation auch die Menschen in ihrem Beziehungsgeflecht miteinbezieht, wird das betroffene Führungsteam in der Regel unvermittelt von einer raschen Wandlung erfasst. Der Entwicklungsschub rückt Gruppenphänomene ins Bewusstsein, die vorher nur in Krisensituationen offenkundig waren. Ungewöhnliche Fragen werden plötzlich aktuell wie:

- Wer bin ich in diesem Team? Wie steht das Team zu mir? (Fragen der Identität)
- Was darf ich äussern? Was verschweigen mir die anderen? (Fragen der Offenheit)
- Wer wird zu mir stehen? Wer mag mich? (Fragen der Nähe)
- Wer hat die Führung? Welchen Einfluss habe ich? (Fragen der Macht)

Diese Fragen müssen beantwortet werden, wenn ein neues stabiles Team gebildet werden soll. Sie sind gleichsam das Ferment der Gruppenentwicklung und notwendig für eine funktionierende neue Gruppenstruktur.

Die schwierige Frage ist dabei zweifellos diejenige nach dem persönlichen Einfluss und der zugewiesenen Führungsrolle. In fast allen beobachteten Selbstreorganisationen wird die Frage nach dem Machtgewinn und dem Machtverlust peinlichst umgangen, obwohl sie im Zentrum der persönlichen Interessen steht und deshalb ausser Acht gelassen werden.

2.4

Die Machtfrage ist tabu

Machtbedürfnisse sind in unserer Gesellschaft weitgehend verpönt. Der Mächtige steht unter Verdacht, willkürlich zu regieren. Wer Führungsansprüche hat, tut gut daran, sie zu kaschieren oder besser noch zu rationalisieren, das heisst in Organisationsziele, Umweltbedürfnisse und technologische Zwänge zu kleiden.

Dieses Versteckspiel um die Machtverteilung wird in vollem Wissen um die Wertigkeit der Macht betrieben. Jeder weiss schliesslich, wie echt Geltungsbedürfnisse sind und welchen sozialen Nutzen ein hoher Status im Unternehmensgefüge bringt. Jeder weiss auch, dass persönliches Wirken kraft Kompetenz und Stellung als Autonomie- und Entfaltungsstreben legitimiert werden kann. Aber es fällt offensichtlich ausserordentlich schwer, *Rivalitäten* in eine Gruppe *offen zu deklarieren*, obwohl die meisten Gruppierungen des Wirtschaftslebens auf Rivalität angelegt sind.

Wenn die Führungsspitze in ihren Reorganisationsbemühungen stagniert und in der Folge die Kommunikation abbricht und damit auch der Lernprozess stockt, so ist nach meinen Erfahrungen fast ausschliesslich *die ungelöste Machtfrage die Ursache.* Es ist, wie wenn wir nie gelernt hätten, uns mit Machtansprüchen offen auseinanderzusetzen. Entweder wird der eigene Anspruch geleugnet oder bagatellisiert, oder der Anspruch des anderen löst Ohnmacht aus. Das Schaukeln zwischen den Extremen Macht und Ohnmacht verunmöglicht eine Diskussion über eine *Machtdifferenzierung*, wie sie in Wirklichkeit nötig wäre. Natürlich ist diese Erscheinung als menschlicher Zug verständlich, aber dennoch in Führungsgremien nicht zu entschuldigen. Führen setzt ein ungebrochenes, offenes und echtes Verhältnis zur Macht voraus. Dazu gehört auch die Bereitschaft und Fähigkeit, mehr Macht zu übernehmen oder Macht abzutreten.

Addieren wir die aufgezählten Schwierigkeiten einer Reorganisation aus eigenen Kräften, kann man sich zu Recht fragen, ob ein Führungsteam die beschriebene Selbstkonfrontation aus eigenem Antrieb und ohne fremde Hilfe leisten kann. Meine bisherigen Erfahrungen, die ich an zwei Beispielen veranschaulichen möchte, lassen mich zweifeln!

2.5

Fall 1: Kürzung der Kontrollspanne auf höchster Managementstufe

Ein mittelgrosses Produktionsunternehmen wird durch ein Kollegium von acht gleichgestellten Bereichsleitern geführt. Einer davon übernimmt jeweils als Primus inter pares an den Direktionssitzungen den Vorsitz. Der Delegierte des Verwaltungsrates hat die Kompetenzen weitgehend an die Exekutive delegiert. Obwohl die demokratische Kollegialführung hinsichtlich Ausgewogenheit der Entscheidungen Vorteile hat, sind die Nachteile der langwierigen und schleppenden Entscheidungsfindung offensichtlich. In der Direktion herrscht die Meinung vor, die Führungsspitze müsse auf drei bis fünf Bereichsleiter auf zweiter Managementstufe reduziert werden. Diese Umstrukturierung will das Kollegium nach den Prinzipien der Organisationsentwicklung selbst leisten (Vorgehen siehe Abb. 2).

Abb. 2
Reorganisation aus eigener Kraft

Die Vorgehensschritte:
1. Subjektive Ansprüche und Befürchtungen der Beteiligungen artikulieren und gelten lassen (auch hinsichtlich Einfluss und Macht).
2. Unternehmensziele klären, Konsens über Prioritäten herstellen.
3. Unternehmensentwicklungen mit recherchierten Daten aus subjektiver Sicht konfrontieren.
4. Beziehungsstruktur aufhellen und Rollen gegenseitig aufzeigen.
5. 1. bis 4. zur Diagnose verdichten, Prämissen und Präferenzen vereinbaren.
6. Lösungsvarianten gemeinsam aufgrund 2. und 5. erarbeiten und dazu persönlich gemäss 1. Stellung nehmen und mit Folgen aus 3. konfrontieren.
7. Inkubationsphase: Wirken lassen während längerer Zeit!
8. Prozess 1. und 6. wiederholen, aber differenziertes Vorgehen verfolgen, bis die
9. Entscheidung reif ist.

Dazu sind zunächst eine Reihe von Sitzungen zur Problemanalyse und Problemfokussierung nötig. In deren Verlauf wird klar, dass einer der gleichgestellten Bereichsleiter die Rolle des informellen Führers einnimmt und darin auch von den anderen anerkannt wird. Doch die Bereitschaft, die formelle Führung und damit die Macht zu ergreifen, wird tabuisiert. Das Prinzip der Demokratie darf einer Machtkonzentration an der Spitze nicht geopfert werden. Jedermann ist klar, dass die weite Kontrollspanne auch in Zukunft wichtige Unternehmensentscheidungen in schwierigen Zeiten erschwert, selbst wenn sich die Kommunikation zwischen den Bereichsleitern gebessert hat. Die Unternehmensziele und die daraus abgeleiteten Prioritäten, welche die Bildung einer engeren Direktion erfordern, liegen als Konsens auf dem Tisch, werden aber zu organisatorischen Schlussfolgerungen nicht benutzt.

Die Ohnmacht vor der Frage der Macht ist auch in diesem Fall nicht zu vermeiden, selbst nachdem die Beziehungsstruktur offengelegt und die persönlichen Ansprüche angemeldet wurden. Aber im Augenblick, wo Machtumlagerungen unumgänglich werden, stagniert die Entwicklung. Die Angst, einem Kollegen zu nahe zu treten und ihn damit zu verraten, lähmt die Initiative. Die eigentlichen Machtansprüche bleiben verborgen.

Diese Handlungsunfähigkeit des Direktionsteams hält über ein Jahr an. Die Reorganisation aus eigener Kraft scheint sozusagen aussichtslos. Nach langer, vielleicht notwendiger Verdauungszeit ist es soweit: ein starker Druck von oben und von aussen lassen die Organisationsgeschäfte wieder aufleben: schwindende Gewinne, verlustreiche Produkte, zurückgehender Auftragseingang, stirnrunzelnde Verwaltungsräte. Da plötzlich: Der informelle Führer ist zur Übernahme der obersten Direktionsleitung bereit. Die Risiken der Umstrukturierung sind auf einmal überwindbar, die Rückstufungen nach wie vor schmerzlich, aber doch durchführbar ohne die früher befürchteten Folgen. Die Bereichsleiter werden verhandlungsfähig und einsichtig. Die Reorganisation kommt in Fahrt und kann innerhalb weniger Wochen realisiert werden, wenn auch mit Kompromissen, aber doch situationsgerecht. Das folgende Beispiel soll zeigen, wie in einer Inkubationsphase im Verborgenen Vorschläge überdacht und «verdaut» werden.

2.6

Fall 2: Regelung der Nachfolge in der Geschäftsleitung

In einem 50jährigen Familienunternehmen ist die zweite Generation seit Jahrzehnten am Werk. Der Firmengründer behält aber das Steuer in der Hand, wohl wissend, dass sich seine Söhne in die Haare geraten, wenn er sich vollends zurückzieht. Der ältere der Söhne ist stark im Verkauf tätig, der jüngere lässt in der Produktion eher resigniert die Zügel schleifen. Eine alte Bruderrivalität wird unterschwellig im

Führungsalltag ausgetragen und beeinträchtigt immer nachhaltiger das Betriebsklima.

Auch hier werden zunächst in langen Einzelgesprächen die persönlichen Ansprüche und Befürchtungen artikuliert und mit den Firmenzielen konfrontiert (siehe Abb. 2, Stufe 1). Lösungsmöglichkeiten sind greifbar, wenn auch einschneidend. Sie werden im Team ausgelotet und auf ihren Realitätsgehalt hin überprüft. Immer wieder wirkt sich die gespannte Beziehung zwischen den Brüdern als Hemmschuh aus. Die Beteiligten kämpfen zwar um eine neue Sicht, haben jedoch belastende persönliche Krisen durchzustehen.

Und wiederum tritt auch hier die *Stagnationsphase* ein, im Moment, wo die Veränderung von Machtpositionen unmittelbar vor der Realisierung steht. Der letzte Entscheid wird dauernd vertagt, umgangen und verunmöglicht. Immer wieder vernebeln die alten Emotionen die einmal gewonnene rationale Sicht der Dinge. Obwohl ein Berater wiederholt bewusst werden lässt, was im Grunde alle längst wissen, löst sich das Hindernis nicht auf. Es fehlt offenbar der entscheidende Impuls von aussen: *der Schock,* der auch hier erst innovatives Lernen möglich macht.

Schliesslich schiebt der Firmengründer der Entwicklung mit einem klaren Befehl den Riegel: Alles hat beim alten zu bleiben. Der Vater wird in Zukunft das Steuer wieder stärker in die Hand nehmen und damit die Lösung des Bruderzwists auf die Zeit nach seinem Abgang verschieben. Die Folgen zeichnen sich bereits ab: die Konfliktsignale vermehren sich in alarmierendem Masse, die sich stärker ausbreitende Unzufriedenheit lähmt die Zusammenarbeit und Initiative.

2.7

Ist ein Schock erforderlich?

In beiden Fällen wurde die Selbstreorganisation im Team durch innovatives Lernen nach den Regeln der Organisationsentwicklung eingeleitet. Nach anfänglichen Fortschritten und nach den erfolgreichen Phasen der Situationsklärung und Lösungserarbeitung blieb der Entwicklungsprozess stecken. Die Stagnation geschah just vor dem Eintritt derjenigen Konsequenzen, welche einen Teil der Beteiligten persönlich traf und zur Übernahme oder Abtretung von Führungsbefugnissen zwang. Der Sprung über den eigenen Schatten gelang nicht.

Man mag einwenden, dass in diesen Fällen die Lernfähigkeit der Beteiligten eingeschränkt war, dass die Machtbezüge eben zu wenig offen bearbeitet worden sind, oder dass sich der Berater in der Rolle des Prozessbegleiters zu sehr Zurückhaltung auferlegt hat. Die Frage bleibt dennoch offen, ob es einen, wenn auch kleinen, Schock braucht, um Veränderungen an uns selbst durch innovatives Lernen zustande zu bringen?

Der Club of Rome brandmarkt in seiner Schrift das Lernen aus Schock, das meist nur eine oberflächliche Anpassung an die neuen Verhältnisse und keine Bewältigung der neuen Situation nach sich zieht. Dieser Katastrophenschock ist hier nicht gemeint, sondern der kleine Schock, der eingefrorenes innovatives Lernen auftaut. Wollen wir den katastrophalen Schock vermeiden, müssten wir uns – so ist zu folgern – selbst den kleinen «Schock» einimpfen, der innovatives Lernen in Gang setzt. Konkret gesprochen: Diejenigen Führungskräfte, die sich und ihre Organisation selbst verändern möchten, müssen sich schockartig selbst aufrütteln oder – falls sie sich dies nicht leisten können – Drucksituationen suchen oder Promotors holen, die ihnen diese Aufgabe abnehmen.

Wenn offenbar eine Selbstreorganisation nicht ohne Druck von innen oder aussen möglich ist, wäre es verfehlt, an Stelle der Selbstentwicklung zum alten Prinzip der fremden Rezepturen zurückzukehren. Innovatives Lernen kann durch nichts ersetzt werden – dies gilt für das Weltgeschehen ebenso wie für die Reorganisation von Führungsspitzen. Führen wird in Zukunft immer mehr antizipierendes und partizipatives Lernen, das nicht abreissen darf, selbst wenn sich die Führungsspitze dazu einen deutlichen Anstoss geben muss, um eine eingeschlafene Entwicklung aufzuwecken.

3

Key-People-Analysis: Ein Mittel zur strategischen Unternehmensführung

Peter Müri

3.1

Einführung

Führung besteht zum grossen Teil aus Reduktion von Komplexität auf ein sinnvolles Mass, damit überhaupt entschieden und gehandelt werden kann. Im modernen Management wird mehr und mehr versucht, Komplexität durch komplizierte Systeme in den Griff zu bekommen, sei es durch Konjunkturprognose-Modelle, sei es durch ultraschnelle Datenverarbeitung oder durch komplexe Führungssysteme. Irgendwie stehen heute viele Führungskräfte etwas ratlos vor der Tatsache, dass viele der erwähnten Mittel meist wenig Hilfe bieten, sondern eher mehr Probleme mit sich bringen.

Es macht sich ein Verlust der Übersicht bemerkbar, Führungskräften fehlt es mehr und mehr am Sinn für das Wesentliche, Perfektion wird am falschen Ort gepflegt, Management wird für viele mühsam. Die Schwierigkeit zeigt sich auch darin, dass viele Unternehmensleitungen, mit Ausnahme der unbestrittenen Funktion des Rechnungswesens, nicht mehr wissen, welche Systeme und Verfahren für eine wirkungsvolle Führung überhaupt nötig sind. Ebenso unklar ist, welcher Grad an Sophistik zwingend ist, wo die Grenze vom «nice to have» beginnt und wo schliesslich Systeme und Verfahren gar kontraproduktiv werden können. Entwicklungen und Publikationen auf dem Gebiet der Systemtheorie und der systemorientierten Unternehmensführung (Beer, 1967; Drucker, 1982; Hayek, 1979; Krieg, 1979; Malik, 1979; Kast und Rosenzweig, 1970; Ulrich, 1970, 1981) bringen wenigstens etwas Licht in diese Wirrnis. Doch gerade die Komplexität des Managements ist es, die im täglichen Entscheidungsdruck den Führungskräften aller Stufen immer mehr zu schaffen macht. Die Neigung, in dieser Situation öfters zum «Hauruck-Management» zurückzukehren oder intuitive «Sattelbefehle» zu erteilen, nimmt eindeutig zu. Das Bedürfnis vieler Führungskräfte, vielleicht weniger, aber dafür das Richtige zu tun («back to basics», wie die Amerikaner sagen), wollen wir als Ausgangspunkt für die nachfolgenden Ausführungen nehmen (Bisesi, 1983).

Es stellt sich immer wieder die Frage, was denn eigentlich den Erfolg von Unternehmen ausmachte: das Produkt, die Idee, das Management strategischer Erfolgspositionen (Pümpin, 1983), die Führung, eine periodische Rosskur mit einer Gemeinkostenanalyse oder die Konjunktur? Wie überall gibt es auch hier nur ein Zusammenspiel verschiedener Faktoren. Eine Ursache ist, wie die Erfahrung von Untersuchungen zeigen (Peters und Waterman, 1983), bei allen Erfolgsgeschichten zentral: Erfolgreiche Unternehmen jeder Grösse haben immer an *entscheidenden Stellen* Leute, die *ausserordentliche Leistungen* erbringen oder besondere Ideen produzieren. Ausschlaggebend aber ist, dass sie diese Ideen durch Zusammenarbeit mit anderen Leuten *verwirklichen können* (Meier, 1983).

Genau hier beginnt in der Managementlehre und -praxis oft ein folgenschwerer Fehler: die Suche nach *dem* Managementsystem, nach dem Selektionssystem oder nach sonstigen Hilfsmitteln. Dem liegt folgender Gedanke zugrunde:

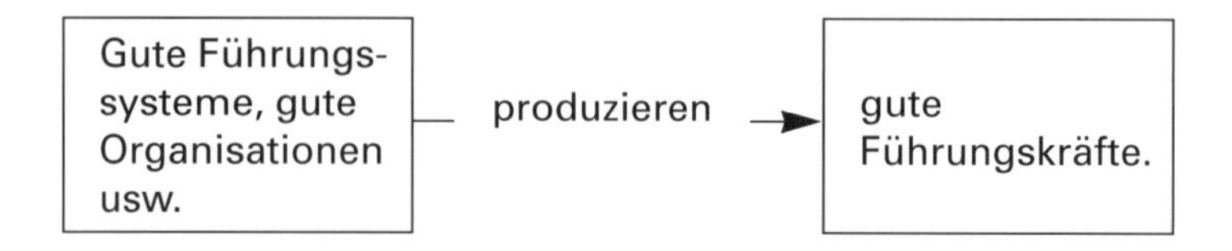

Dieser Gedankengang ist zwar verlockend, aber in diesem Falle falsch. Gute Führungskräfte produzieren gute Organisationen und gute Führungssysteme. *Gute Führungskräfte hingegen werden stets von guten Führungskräften geformt und hervorgebracht.* Dafür gibt es keinen Ersatz. Darin unterscheiden sich Unternehmen mit kurzfristigem Erfolg von solchen, die auf Dauer erfolgreich bleiben. Während kurzfristige Erfolge durchaus monokausal bedingt sein können (geniale Erfindung mit Patent, Marktnische, Konjunkturaufschwung usw.), ist die Basis für Erfolge über längere Zeit eine andere. Im Gegensatz zu «Eintagsfliegen» sind die über lange Zeit erfolgreichen Unternehmen offensichtlich in der Lage, nicht nur einmal ein tolles Produkt oder eine geniale Führungskraft zu haben, sondern immer wieder an den vitalen Stellen gute Leute zu haben, die dafür sorgen, dass neue Produkte und Dienstleistungen stets nach den Erfordernissen des Marktes hervorgebracht und abgesetzt werden.

Die vorher gestellte Frage, was den schliesslich längerfristig den Erfolg eines Unternehmens ausmacht, kann einfach beantwortet werden: ***die kontinuierliche Qualität ihrer Führungskräfte an entscheidenden Stellen.***

Diese einfache Antwort zeigt übrigens auch, warum Management-Systeme in einem Unternehmen sehr erfolgreich und im anderen völlig wirkungslos oder kontraproduktiv sein können. Die besten Ideen verpuffen, die cleversten Konzeptionen bleiben im Embryonalstadium stecken, Fehlentwicklungen werden nicht wahrgenommen, wenn an den entscheidenden Stellen nicht die richtigen Führungskräfte sitzen.

3.2 Key-People-Analysis (KPA)

3.2.1 Grundgedanken

Bei unseren Überlegungen gehen wir ebenfalls von Erkenntnissen der Systemtheorie sozialer Systeme aus. Die Komplexität der heutigen Führungsrealität ist für grössere Unternehmen zu hoch, als dass einzelne Individuen an zentralen Stellen noch in der Lage wären, diese Vielfalt zu überblicken und für alle Teile sinnvolle Führungsentscheidungen zu fällen und Anweisungen zu erteilen. Entweder erhalten sie die relevanten Informationen nicht oder zu spät, oder sie werden mit Informationen derart überhäuft, dass sie allein schon mit der Sichtung und Gewichtung dieser Informationen überfordert sind. Es verwundert deshalb nicht, dass die betriebliche Praxis und die Ergebnisse der Systemforschung immer wieder zeigen, dass flexible und anpassungsfähige Systeme und Organisationen tendenziell klein sind. Klein- und Mittelbetriebe beweisen ihre Anpassungs- und Überlebensfähigkeit immer wieder in einem erstaunlichen Masse von neuem, während sich Grossunternehmen bei rasch wechselnden Umweltsbedingungen erheblich schwerer tun.

Analysiert man hingegen wieder die erfolgreichen Grossunternehmen (Peters und Waterman, 1983), dann entdecken wir, dass auch hier diese systemtheoretische Erkenntnis in die Praxis umgesetzt wird: Sie weisen oft eine dezentrale und einfache Struktur auf (im Sinne kleinerer Organisationen innerhalb einer grösseren) und lassen ihren verschiedenen Organisationsteilen einen hohen Autonomiegrad, was Entscheidung und Handlung anbelangt. Sie vertrauen der Fähigkeit zur «Selbstorganisation» (Hayek, 1979) der Teilsysteme. Diese Erkenntnisse sind für viele Führungskräfte verwirrend. Denn sie bedeuten, dass die erfolgreiche Führung grösserer Unternehmen in vielen Belangen nicht mehr mit dem Mittel des Befehls oder der direkten Anweisung ausgeübt werden kann, sondern vielmehr durch indirekte Lenkung und Einflussnahme. Eine dezentrale Organisationsform mit delegierter Entscheidungs- und Handlungsautonomie der einzelnen Unternehmensteile bedingt aber, dass an der Spitze jeweils fähige Führungskräfte stehen. Die Führungskräfte solcher wichtiger Teile der Unternehmung nennen wir im folgenden Schlüsselpersonen *(Key-People).*

In der Managementliteratur findet sich viel über Kaderauswahl und Potentialbeurteilung. Wir finden erstaunlich wenig über die Analyse des Ist-Zustandes im Führungsbereich und möglicher Konsequenzen verschiedener Konstellationen. Wir wollen uns daher diesem Gebiet zuwenden. Wie in fast keinem anderen Bereich kann hier die Geschäftsleitung strategisch für das ganze Unternehmen wirken.

3.2.2

Auswirkungen schlechter Führung

Viele Probleme oder Erfolge in der betrieblichen Führung werden oft einzelnen sichtbaren oder unsichtbaren Ursachen zugeordnet. Einmal war es die Markt- und Konkurrenzsituation, die den Erfolg vereitelte, ein anderes Mal war es das Produkt X, welches den Erfolg herbeiführte. Sehr wenig findet man über Auswirkungen einer bestimmten Managementsituation auf die gesamte Unternehmung. Gute oder schlechte Führungskräfte verursachen meistens selbstverstärkende Regelkreise im positiven oder im negativen Sinne. Es sei dies an zwei einfachen Beispielen gezeigt:

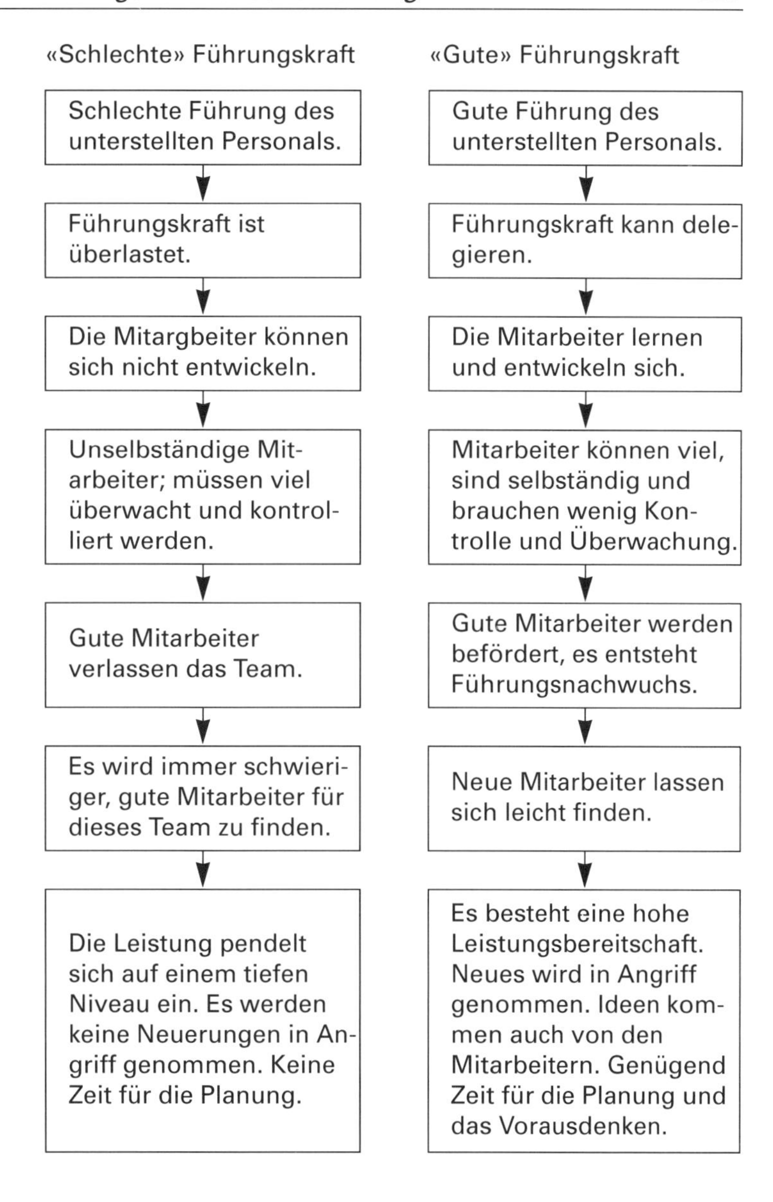

Noch drastischer lassen sich die Auswirkungen aufzeigen, wenn der «gute» oder der «schwache» Vorgesetzte selbst noch Führungskräfte unter sich haben und die Auswahl neuer Führungskräfte beeinflussen. Im positiven Fall wird ein Zustand unter Umständen durch eine ungeeignete Auswahl «zementiert». «Gute» oder «schlechte» Führungskräfte beeinflussen den *gesamten Führungsprozess weit mehr* als gemeinhin angenommen wird. Wir gehen so weit zu behaupten, dass ein Unternehmen mit nur schwachen Schlüsselleuten gar nicht überlebensfähig ist. Entscheidende

Einflüsse gehen aber nicht nur von Führungskräften aus. Verschiedene Spezialisten (Forschung und Entwicklung, Datenverarbeitung usw.) beeinflussen das Unternehmen im Positiven wie im Negativen ganz erheblich. Das Organigramm gibt darauf nur bedingt eine Antwort. Wir gehen also davon aus, dass eigentlich alles Wichtige in einem Unternehmen von wenigen Opinion leaders und Weichenstellern beeinflusst, entschieden und umgesetzt wird. Es interessieren nun folgende Fragen:

- Welches sind in einem Unternehmen die Schlüsselpersonen?
- Wie ermitteln wir die Schlüsselpersonen?
- Wie analysieren wir ihre Qualifikation?
- Was leiten wir aus diesem Ist-Zustand und der Beurteilung ab?

Damit sind wir schon inmitten der *Key-People-Analysis* (KPA). Das Vorgehen bei der KPA unterteilt sich in fünf Schritte:

1. Das Bestimmen der Schlüsselpositionen im Unternehmen.
2. Die Beurteilung der Schlüsselpersonen (Inhaber von Schlüsselpositionen).

3. Analyse des Ist-Zustandes und der Konsequenzen.
4. Analyse der Handlungsalternativen.
5. Entschluss, Planung und Durchführung der Massnahmen.

3.2.3

Bestimmen der Schlüsselpositionen im Unternehmen

Als Schlüsselpositionen definieren wir Funktionen oder Stellen innerhalb des Unternehmens, die entweder einen mittleren bis grossen Einfluss auf den Unternehmenserfolg haben und/oder wichtige oder viele Mitarbeiter direkt (unterstellt) oder indirekt (durch Meinungsbildung) beeinflussen. Die Inhaber solcher Stellen bezeichnen wir als Schlüssel-Personen *(Key-People).* Graphisch können wir diesen Zusammenhang wir folgt darstellen:

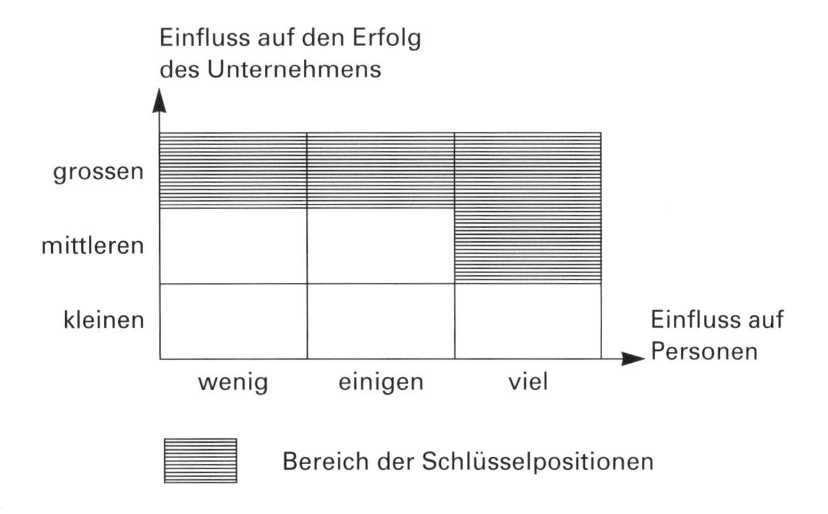

Wir wählen mit Absicht eine Formulierung, die Interpretationsspielraum beinhaltet. Würde hier nämlich abschliessend definiert, wer oder was für den Unternehmenserfolg wichtig sei, entstünden zwei sehr negative Konsequenzen: Erstens entfiele einer der wichtigsten Schritte, nämlich die Festlegung der Schlüsselpositionen durch die Geschäftsleitung; und zweitens wäre ein ausformulierter Katalog entweder zu umfangreich oder für bestimmte Unternehmen nicht zutreffend. Es ist klar, dass Stellen mit viel Kompetenzen (z. B. für Zielsetzung, Mittelverwendung oder Auslösung von Aktivitäten) zweifellos zu den Schlüsselpositionen gehören. Je nach Unternehmen, je nach Aufgabenteilung gehören bestimmte Stellen zu diesem Kreis oder nicht. Die Rangstufe im Organigramm ist nicht unbedingt aussagefähig. Die Kontrollfrage muss vielmehr lauten: Was geschähe kurzfristig/mittelfristig/langfristig, wenn ein bestimmter Posten nicht da wäre oder dieser Aufgabenbereich schlecht erfüllt würde? Sind die Konsequenzen klein, dann dürfte es sich nicht um eine Schlüsselposition handeln. Für eine Fluggesellschaft, ein Versicherungsunternehmen oder eine Bank ist der Posten des Chefs der Datenverarbeitung offensichtlich eine Schlüsselposition. Je nach Unternehmen gehören auch Spezialstellen – z. B. Stabsstellen – zu den Schlüsselpositionen. Auch wenn sie den Unternehmenserfolg kaum direkt beeinflussen und ihnen in der Regel wenig Personal unterstellt ist, sind sie für die Meinungsbildung (z. B. Marketing, Finanzen, Ausbildung usw.) gegebenenfalls von ausschlaggebender Bedeutung.

Dieses Bestimmen der Schlüsselpositionen und damit auch der Schlüsselpersonen hat in jedem Unternehmen individuell zu geschehen. Sinnvollerweise erstellen die entsprechenden Verantwortlichen *getrennt jeder für sich* eine derartige Liste von Schlüsselpositionen. Der darauffolgende Vergleich der verschiedenen Aufstellungen konzentriert die Diskussion und Auseinandersetzung richtigerweise nur noch auf die Differenzen und die Abgrenzung. Eine Richtschnur, ein Rezept oder eine Verhältniszahl zu geben, ist nicht möglich. Wird die Zahl zu klein gehalten, dann werden wesentliche Funktionen nicht erfasst und überwacht – der Nutzen dieser Analyse wird viel kleiner. Definiert man die Gruppe zu gross, dann wird es unübersichtlich. Bei grösseren Unternehmen sind Kategorien durchaus denkbar (z. B. Länderdirektoren) und in der Folge auch besser vergleichbar. Zu bemerken ist auch noch, dass selbstverständlich nicht alle Schlüsselpositionen gleich bedeutsam sind, doch schlägt sich dies in der Konsequenzenanalyse und in den Handlungsprioritäten nieder. Sind die Schlüsselpositionen bestimmt, so gilt es, sich Rechenschaft darüber zu geben, wie diese Schlüsselpositionen *derzeit besetzt* sind. Es geht also darum, den qualitativen Ist-Zustandes der Hauptführungsstruktur zuerfassen. Dazu ist eine Beurteilung der Schlüsselpositionen notwendig.

3.2.4

Die Beurteilung von Schlüsselpositionen

Der zweite Schritt der Schlüsselpersonen-Analyse besteht aus einer getrennten Einstufung für jede einzelne Schlüsselperson nach einem gleichen Verfahren. Die Beurteilung anderer Personen ist keinesfalls einfach. Zahllose Bücher wurden darüber geschrieben und ebenso viele Beurteilungssysteme entworfen (Lattmann, 1975). Wir plädieren für ein einfaches Verfahren, das einerseits nicht zu differenziert ist, aber andererseits die notwendigen Schlussfolgerungen zulässt. Wir betrachten ein Einstufungssystem für Schlüsselpersonen nicht in erster Linie als valides Beurteilungsmittel, sondern vielmehr als Diskussions- und Denkhilfe für die Arbeit der leitenden Führungskräfte.

Was in vielen Systemen infolge Differenzierung verlorengeht, ist die Vergleichbarkeit. Diese ist nur bei groben Kategorien möglich. Dieses Vergleichen muss unseres Erachtens unbedingt erhalten bleiben, da hier das menschliche Gehirn erstaunliche Resultate hervorbringt. In groben Vergleichen ist der Mensch durchaus in der Lage, viele Teilinformationen und Teileindrücke zu einem Gesamtbild zu vereinen. Diese Gesamtbeurteilung ist, wie die wissenschaftliche Forschung zeigt, sehr oft von einer durch kaum ein anderes Verfahren zu überbietenden Treffsicherheit (Guion, 1965; Blum und Naylor, 1968). Solche Gesamtbilder können ebenfalls mit guter Differenzierung mit anderen Gesamturteilen verglichen werden (Bass und Barrett, 1972). Die Beurteilung von Schlüsselpersonen darf in den wenigsten Fällen nur durch eine Person geschehen. Vielmehr ist analog zur Bestimmung der Schlüsselpositionen auch hier eine Grobbeurteilung durch mehrere Führungskräfte anzustreben. Direkt betroffene Vorgesetzte mögen sich gefühlsmässig wehren, dass Aussenstehende sehr oft wesentlich besser in der Lage sind, Wahrnehmungsverzerrungen zu widerstehen und «schwache Signale» (weak signals) (Ansoff, 1975, 1976, 1979) oder «weiche Informationen» richtig zu erfassen und zu gewichten.

Einzelne Informationen und Eindrücke – mögen sie auch noch so subjektiv erscheinen –, haben sehr oft den Charakter der sogenannten «kritischen Vorfälle» (Flanagan, 1965), die für eine Gesamtbeurteilung von unschätzbarem Wert sind. Bei einer globalen Beurteilung durch mehrere (3–7) Personen erhalten auch Einzelinformationen den Charakter

von Steinen im Mosaik. Die einzelne Information ist dabei nicht so wichtig wie das Gesamtbild, das «pattern» (Neisser, 1967, 1976; von Foerster, 1962, 1963, 1964, 1966). Wir schlagen daher einen möglichst einfach strukturierten Entscheidungs- und Einstufungsraster vor, in welchem die fachlichen und die Führungsfähigkeiten sowie das Alter berücksichtigt werden können.

Das Alter ist aus zwei Gründen unabdingbar: Einmal sind je nach Altersgruppe andere Entwicklungsmöglichkeiten oder Massnahmen möglich, und zweitens muss in diese Überlegungen zwangsläufig die Frage der Nachfolge oder des Potentials einbezogen sein. In vielen Planungssystemen wird vergessen, die Nachfolge für höhere Führungskräfte zu regeln. Vielmehr erfolgt der Ersatz von Schlüsselpersonen sehr oft durch die Beförderung anderer Schlüsselpersonen. Eine Veränderung im Schlüsselbereich zieht unter Umständen einen Rattenschwanz von Konsequenzen nach sich, wie wir später noch sehen werden.

Unser Entscheidungs- und Einstufungsraster sieht wie folgt aus:

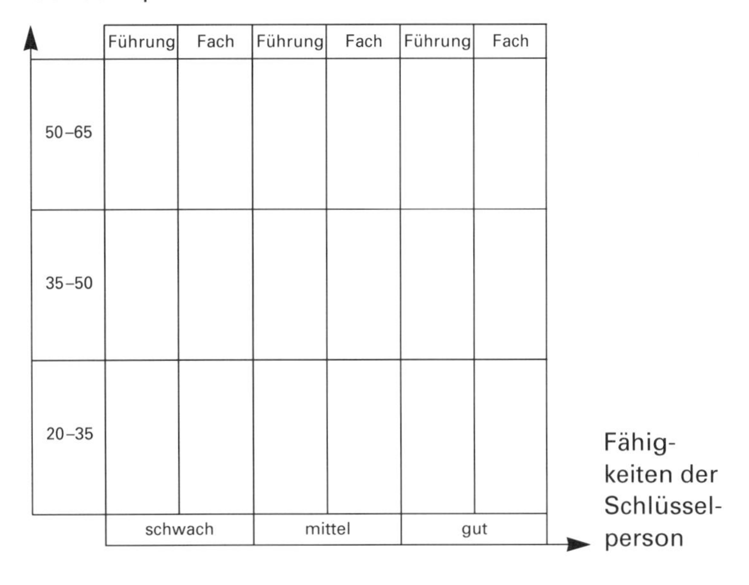

Auf den ersten Blick könnten sich Personal- und Beurteilungsspezialisten an der Einfachheit dieses Rasters stören. Die Praxis wie auch empirische Befunde zeigen aber immer wieder, dass die Einstufungsfähigkeit des Menschen bei Beurteilungsproblemen mit der Verfeinerung der Einstufungsskala nicht zunimmt. Weiter ist hier nochmals hervorzuheben, dass es sich nicht um ein Qualifikationssystem, sondern um eine Methode zur strategischen Gedankenführung handelt. Analog zur Beurteilung anderer strategischer Probleme (Markt, Szenarien, Produktemix, Wettbewerbsvorteile) ist auch hier die systematische Auseinandersetzung mit dem Problem bereits der Kern der Resultate. Auf ein besonderes Merkmal dieser Art von Überlegungen möchten wir hinweisen: den Zeitraum solcher Überlegungen. Insbesondere aktions- und aktivitätsorientierte Führungskräfte tun sich schwer damit, zu akzeptieren, dass der Analyse- und Planungshorizont für derartige Überlegungen für die Schlüsselpersonen im Minimum 3–5 Jahre beträgt. Einmal lassen sich Schlüsselpersonen nur durch Zufall rasch auf dem freien Markt finden, zweitens verbrauchen Vorbereitungs- und Ausbildungsmassnahmen für Nachfolger ebenfalls diese Zeitspanne, und drittens handelt es sich bei diesen Personen meistens um Leute, die längere Zeit im Unternehmen sind und auch noch längere Zeit im Unternehmen bleiben wollen. Im Gegensatz zu vielleicht kurzfristigen Marktüberlegungen ist die Auseinandersetzung mit der Besetzung der Schlüsselstellen vorrangig ein mittel- bis langfristiges Problem. Oft wollen sich Führungskräfte nicht festlegen, scheinbar um ihre Handlungsfreiheit zu bewahren. Die Realität besteht dann allerdings häufig darin, dass mangelnde längerfristige Planung die effektive Handlungsfreiheit einengt, da selbstverursachte kurzfristige Unstimmigkeiten zuviel Zeit beanspruchen.

Wir vertreten nachdrücklich nochmals den Standpunkt, dass Schlüsselpersonen wo immer möglich durch mehr als eine Person eingestuft werden sollten. Insbesondere sollte die Stimme desjenigen, dem die entsprechende Person unterstellt ist oder der sie zuletzt zur Beförderung vorgeschlagen hat, auf keinen Fall überbewertet werden. Die Filter und Wahrnehmungsverzerrungen (vgl. Abschnitt 3.3) sowie die psychologischen Barrieren sind oft derart stark, dass – so paradox dies klingen mag – die gesammelten Einstufungen einiger anderer (vielleicht nur am Rande davon betroffener) Vorgesetzter wesentlich aussagekräftiger und treffender sein können. Insbesondere dann, wenn der direkte Vorgesetzte eine gegenteilige Meinung vertritt als die anderen Führungskräfte, ist grösste Vorsicht am Platz. Dies sind die Fälle, wo der direkte Vorgesetzte auf seinen Informationsvorsprung, auf sein «objektiveres» Urteil pocht – die anderen hingegen nur Eindrücke, Gefühle und Bruchstückhaftes anführen können. Dies sind sehr oft genau die Gelegenheiten, wo Wahrnehmungsverzerrungen im täglichen Kontakt entstehen und Aussenstehende die «kritischen Vorfälle» und «schwachen Signale» (Ansoff, 1975, 1976, 1979) sehr präzis registrieren.

3.2.5

Analyse des Ist-Zustandes und der Konsequenzen

Zunächst sind einige generelle Überlegungen anzustellen. Eine getrennte Einstufung sowohl im Führungsbereich als auch im Fachbereich ist unbedingt notwendig, da oft besondere Stärken oder Schwächen nur in einem Bereich anzutreffen sind. Die Auswirkungen solcher Stärke/Schwäche-Kombinationen können aber je nach Alter der Schlüsselpersonen und je nach Aufgabenbereich völlig verschieden sein.

Grundätzlich gehen wir davon aus, dass Schlüsselpersonen in bestimmten Quadranten unseres Beurteilungsrasters liegen sollten. Wir gehen ebenfalls davon aus, dass wir uns eher dem «europäischen» Managementstil verpflichtet fühlen. Eine «Hire-and-fire»-Politik erscheint uns langfristig für wenig sinnvoll. Trotzdem vertreten wir eindeutig die Ansicht, dass sich die Unternehmen von Führungskräften oder Schlüsselpersonen, die im schwarz schraffierten Einstufungsbereich liegen, trennen sollten.

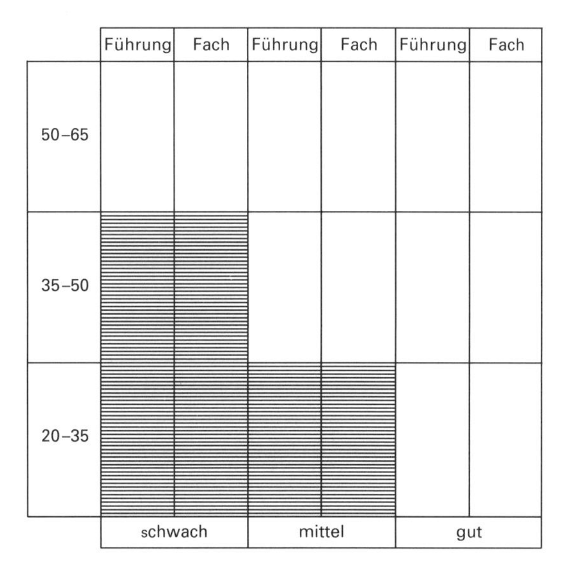

Hier hilft keine Ausbildung oder Schulung, hier hilft nur die sofortige ***Korrektur*** eines früheren ***Fehlentscheides***. Desgleichen neigen wir dazu, Führungskräfte, die im Führungsbereich als «schwach» einzustufen und fachlich nur «mittelmässig» sind und die Altersstufe von 40 Jahren erreicht haben, für Schlüsselpositionen als ungeeignet zu bezeichnen. Ob hier eine Trennung oder eine andere Massnahme möglich ist, wollen wir im Abschnitt 3.2.7 kurz betrachten.

Weiter können wir als Richtlinie festhalten, dass Führungskräfte oder Inhaber von Schlüsselpositionen, die keine besondere Stärke aufweisen und sowohl im Fach- als auch im Führungsbereich als «mittel» eingestuft werden, sich kaum für weitere Funktionen eignen. Von einer Beförderung ist abzusehen, da in der Regel Mittelmässigkeit durch eine Beförderung nicht besser, sondern eher schlechter wird.

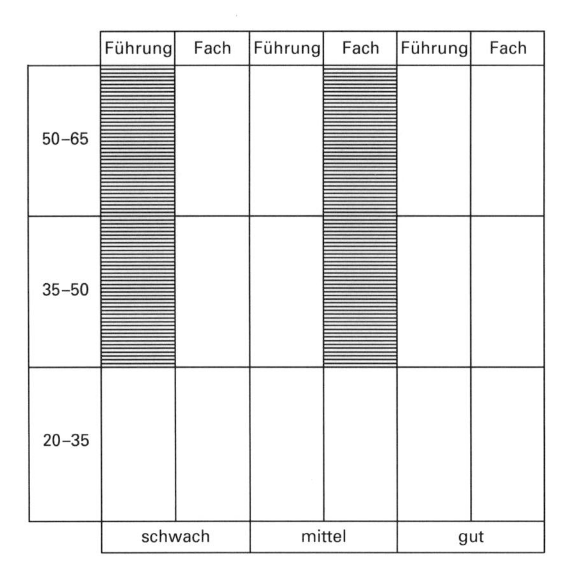

Personen der oberen Altersklasse mit Beurteilung Führung = schwach/Fach = mittel sollten keine Schlüsselpositionen einnehmen.

Der Einbezug des Alters der Personen bei der Grobeinstufung ist deshalb so wichtig, weil bestimmte Gesetzmässigkeiten oder Erfahrungen aus der Praxis bei Potentialbeurteilungen unbedingt berücksichtigt werden sollten.

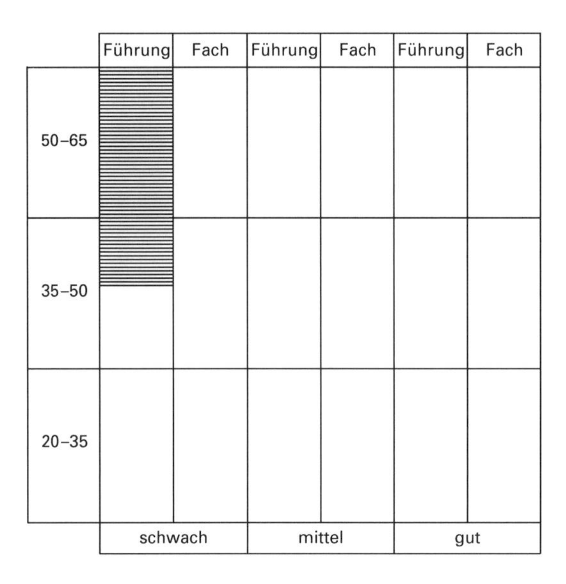

1. Hat die zu beurteilende Person etwa 45 Jahre überschritten und wird sie im Führungsbereich als «schwach» eingestuft, so ist mit grösster Wahrscheinlichkeit diese Schwäche nicht mehr zu korrigieren. Die Schwächen haben sich so verfestigt, dass sie zu Charaktermerkmalen geworden sind.
2. Hat die zu beurteilende Person etwa 45 Jahre überschritten und muss sie fachlich als «schwach» eingestuft werden, so ist (von kurzen Übergangsphasen infolge völlig neuer Tätigkeit o. ä. abgesehen) grösste Vorsicht am Platz.

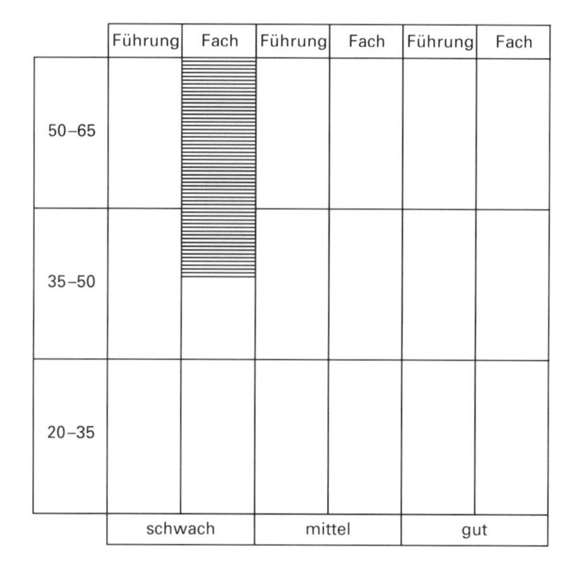

3. Führungskräfte oder Schlüsselpersonen mit einer Einstufung Fach = mittel/Führung = mittel sollten über 45 Jahren nicht mehr befördert werden. Sie bleiben höchstwahrscheinlich im besten Fall mittelmässig.

Das Kombinationsspiel kann beliebig verfeinert werden. Uns ging es bei diesen wenigen Beispielen nur darum aufzuzeigen, dass Bemühungen und sinnvolle Veränderungen nur in bestimmten Konstellationen Früchte tragen werden. Die Analyse und Diskussion von Einstufungen sind natürlich nur mit konkreter Information durchführbar.

Im Bereich des *Key-People*-Managements gilt der gleiche Grundsatz wie beim Überholen mit dem Auto im Strassenverkehr: «Im Zweifel nie!»

Hier liegt ein Unterschied zu vielen anderen unternehmerischen Entscheidungen oder auch zu sonstigen Beförderungen im Führungsbereich. Ernennungen, Einstellungen und Beförderungen sind immer mit einem Risiko behaftet. Im Bereich der Schlüsselpositionen ist es ratsam, nicht mehr Risiko einzugehen, als unbedingt notwendig ist. Die Konsequenzen einer Fehlentscheidung sind hier schwerwiegender.

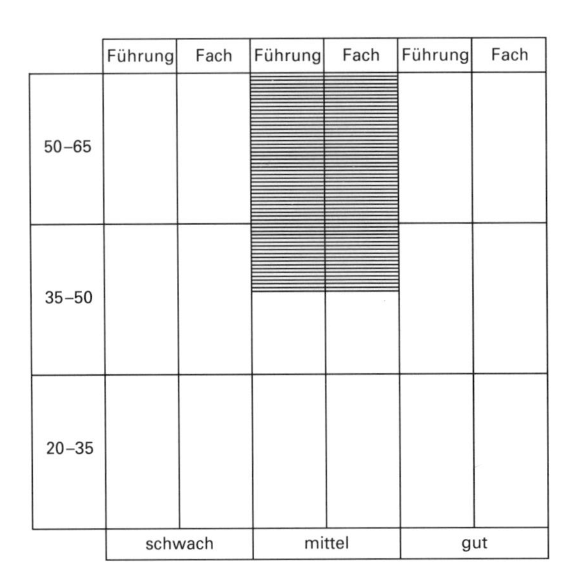

3.2.6

Bildliche Darstellung

Viele Entscheidungen oder Diskussionen in Führungsgruppen oder -gremien werden erschwert, weil die dazu notwendigen Informationen nicht so vorliegen, dass Führungskräfte damit arbeiten können. Insbesondere das Durchdenken und Abwägen von Alternativen und Konsequenzen – ein essentieller Teil der Diskussionen auf oberster Ebene – verlangt nach einer Informationsdarstellung, die einen Überblick über Ist-Zustand, Alternativen und Konsequenzen ermöglicht. Die Zusammenhänge zwischen Schlüsselposition/Beurteilung der Positionsinhaber/mögliche Nachfolger lassen sich durch eine Darstellung in Organigrammform übersichtlich zu gestalten. Dies könnte für eine bestimmtes Unternehmen wie folgt aussehen:

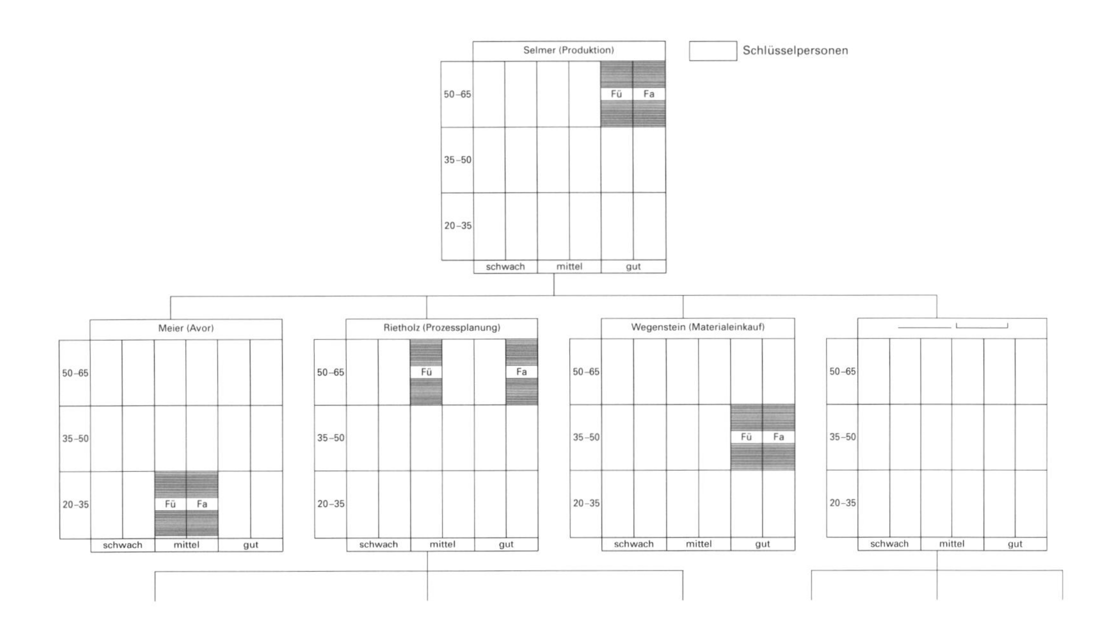

Eine Darstellung in Organigrammform mit der Alters- und Einstufungsinformation ermöglicht es, den Überblick über mögliche Alternativen (bei Pensionierung/Ersatz/Beförderung) und über Konsequenzen-Ketten zu haben. Das Problem der Konsequenzen-Ketten soll hier noch kurz erläutert werden:

Der Ersatz höherer Schlüsselpersonen erfolgt meistens durch Beförderung von Personen, die ihrerseits bereits Schlüsselfunktionen innehaben.

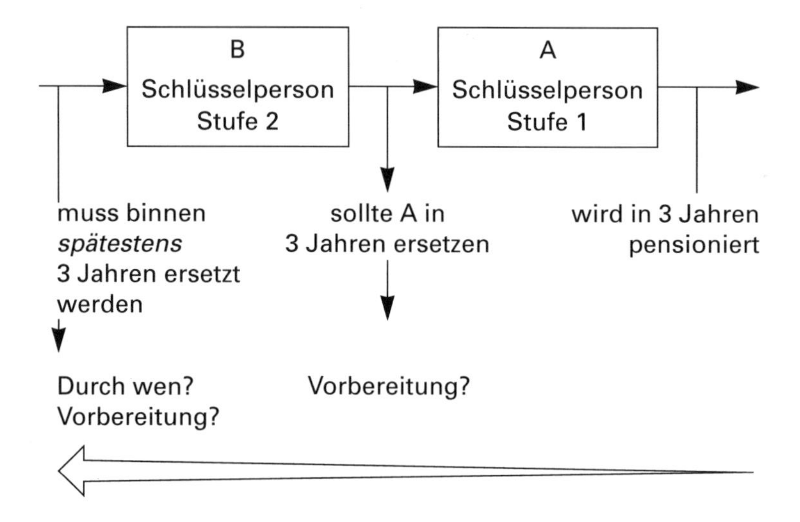

Diese Konsequenzen-Ketten werden in der Literatur und in der Praxis oft zu wenig beachtet. Sie haben zur Folge, dass der Zeitbedarf *nach unten zunimmt.* Stellenwechsel in Spitzenpositionen können zwar wohl an einem bestimmten Stichtag erfolgen («Drehung im Karussell»), doch werden in der Regel eine Einführungszeit und eine Vorbereitungszeit sinnvoll sein. Die verschiedenen Eiführungszeiten wirken nach unten kumulativ. Der Planungshorizont für eine sinnvolle Besetzung von Schlüsselpositionen dürfte demnach bei fünf Jahren liegen. Irrtümlicherweise wird oft mit dem Argument der Wahrung der Entscheidungs- und Handlungsfreiheit die Planungsperiode für die Besetzung von Schlüsselstellen zu kurz bemessen (im schlimmsten Fall gar von der Hand in den Mund gelebt). Dass dabei fast unbemerkt auf *tieferen Stufen aus «Sachzwängen» Schlüsselpositionen schwach oder falsch besetzt werden*, ist nur die logische Folge dieser Haltung. Diese kleinen

Fehlurteile wirken sich auch erst im Verlauf der Zeit aus. Wieviel Personal, Zeit oder Geld solche Fehlentscheidungen kosten, darüber legt man sich in den seltensten Fällen Rechenschaft ab.

3.2.7

Analyse der Handlungsalternativen

Bei der Bearbeitung von Handlungsalternativen gehen wir vom erhobenen Ist-Zustand (Beurteilung und Einstufung) aus. Es gilt folgende Fragen zu beantworten:

1. Erfüllt der Stelleninhaber seine derzeitige Funktion gut genug, so dass man ihn mit gutem Gewissen dort belassen kann? (Was würde geschehen, wenn er kurz-, mittel- oder langfristig auf diesem Posten bliebe?)

Kann diese erste Frage positiv beantwortet werden, dann ist der Stelleninhaber gegebenenfalls für weitere Funktionen vorsehbar.

Ist diese Frage jedoch mit «fraglich» oder gar negativ zu beantworten, dann drängt sich eine einfache Analyse möglicher Handlungsvarianten auf.

Die zweite Frage ist zweigeteilt:

2a) Besitzt der Stelleninhaber besondere Stärken? Welche?
2b) Sind beim Stelleninhaber besondere Schwächen festzustellen? Welche?

Diese Frage nach auffallenden Stärken und Schwächen ist deshalb so wichtig, weil nur auf Stärken aufgebaut und das Potential voll ausgeschöpft werden und die Minderung von Schwächen nur kombiniert mit Funktion und Alter realistisch beurteilt werden kann. Die Stärken deuten auf Entwicklungsmöglichkeit, die Schwächen auf Begrenzung hin. Schematisch dargestellt, ergeben sich für die Einstufung jeder Schlüsselperson folgende Gedankenschritte:

1. Grobeinstufung

	Führung	Fach	Führung	Fach	Führung	Fach
50–65						
35–50						
20–35						
	schwach		mittel		gut	

1. Erfüllt der Stelleninhaber seine Aufgaben in der derzeitigen Position gut?
   ☐ ja ☐ teilweise ☐ nein

2. Besitzt der Stelleninhaber besondere Stärken? Welche?

   ____

3. Sind beim Stelleninhaber besondere Schwächen festzustellen? Welche?

   ____

4. Welches sind die Ursachen der Schwächen?
   ☐ Persönlichkeit
   ☐ Erfahrung
   ☐ Wissen
   ☐ andere

5. Mögliche Förderungsmassnahmen zur Behebung der Schwächen:

   ____

6. Dauer der Förderungsmassnahme (bis wann sollte Vebesserung eingetreten sein):

   ____

7. Wahrscheinlichkeit, dass Förderungsmassnahme bei realistischer Betrachtung Erfolg haben wird:
   ☐ gross
   ☐ mittel
   ☐ klein

8. Entschluss/Beurteilung
   - ☐ weitere Beförderung möglich
   - ☐ auf der Stelle belassen, fördern aber nicht mehr befördern
   - ☐ auf der Stelle belassen, fördern, weitere Beförderung nach Entwicklung möglich
   - ☐ auf der Position belassen, zusätzliche Massnahmen treffen
   - ☐ nicht auf der Stelle belassen

Auf den ersten Blick könnte die Beantwortung dieser Fragen entweder als zu aufwendig oder zu schwierig betrachtet werden. Jedoch dürfte der Aufwand nur beim ersten Mal ins Gewicht fallen, denn es ist anzunehmen, dass einige Schlüsselpositionen gut besetzt sind und demzufolge die Beurteilung auch keine besonderen Probleme schafft. Die automatisch wirkende selektive Informationsaufnahme bei jedem Menschen kann ohne weiteres dazu führen, dass einzelne Führungskräfte, die an dieser Entscheidungsrunde mitwirken sollten, Informationslücken haben. Dieser Informationsnotstand spielt bei einer erstmaligen Einstufung gar keine so grosse Rolle, da ein erster Durchgang schwergewichtig auf eine Groberhebung des Ist-Zustandes hinausläuft und die Grundlagen für spätere Wiederholungen legt. Sind Führungskräfte einmal sensibilisiert worden, auf welche Informationen sie achten müssen, dann werden sie zukünftig mit dem gleichen Selektionsmechanismus Informationen für diese Beurteilungsprozesse aufnehmen.

Die Grobeinstufung liefert die Ausgangslage für die vertiefte Behandlung der Handlungsalternativen. Obschon auch bei einer positiven Beurteilung verschiedene Handlungsalternativen in Betracht zu ziehen sind, konzentrieren wir uns im folgenden auf die Problematik, die aus negativen Einstufungen oder markanten Schwächen von potentiellen oder effektiven Schlüsselpersonen resultieren. Die Literatur und die Praxis der Führungskräfte- oder Personalselektion konzentrieren sich häufig auf Neueinstellungen oder Neubeförderungen. Es ist eher wenig vorhanden, wenn es um die Beurteilung des derzeitigen Zustandes in der Führungsmannschaft, der daraus resultierenden Konsequenzen und der konkreten Handlungsmöglichkeiten geht.

Es handelt sich bei dieser Betrachtung um eine systematische «Bewirtschaftung», eine ständige Kontrolle und Pflege des wichtigsten Teils der Unternehmung.

Unseren weiteren Gedanken sei noch eine Überlegung vorausgeschickt: Auch wenn die Analyse des Ist-Zustandes ergibt, dass zum Teil Schlüsselpersonen mit sehr fraglichen Qualifikationen oder deutlichen Schwächen wichtige Positionen innehaben, so können wir davon ausgehen, dass die betroffene Person sehr selten die Hauptschuld trägt. Beförderungen werden von Verantwortlichen getätigt, viele rutschen («historisch bedingt») in bestimmte Positionen, manche Fehlbesetzungen werden von früheren Vorgesetzten «geerbt». Viele Fehlbesetzungen entstehen aus mangelnder Einsicht über die Bedeutung einer Position, aus Verlegenheit heraus (Zugzwang) oder auch im Sinne einer «Kumpel-Beförderung». Eine weitere Möglichkeit zu Fehlbesetzungen entsteht aus dem «Management-by-Feilschen»: Ein Kandidat wird von einer Direktion vorgeschlagen, die andere gibt ihr Einverständnis, wenn sie dafür an einem anderen Ort ihren Kandidaten plazieren kann.

Die Art und Weise, wie Fehlbesetzungen zustande kommen, ist unter Umständen für die Lösung des Problems bedeutend. Wir denken dabei nicht an den Betrofenen selbst, sondern an diejenigen, welche den «Sanierungsentscheid» zu fällen haben.

Fehlbesetzungen oder schwache Besetzungen sind an und für sich nichts Tragisches – sie sind Realität! Entscheidend ist vielmehr, dass nicht allzu viele solche Fälle existieren und die Unternehmen nicht ins Mittelmass gezogen wird. Noch entscheidender ist es, dass Fehlbesetzungen als solche erkannt werden. Und das wichtigste ist schliesslich, wie mit *erkannten Fehlbesetzungen umgegangen wird*, welche konkreten Überlegungen man nun anstellt und welche Schritte unternommen werden.

Im folgenden setzen wir uns exemplarisch mit realistischen Handlungsalternativen vor allem im Falle von schwach besetzten Schlüsselpositionen auseinander. Wir vertreten den Standpunkt, dass das Belassen erkannter Fehlbesetzungen in Schlüsselpositionen mit grosser Sicherheit nicht nur die teuerste Lösung ist (obwohl diese Kosten sehr selten ausgewiesen werden), sondern in vielen Fällen auch die unsozialste! Denn nur zu oft wird überhaupt nicht von den Mitarbeitern gesprochen, die unter solchen Vorgesetzten zu arbeiten haben. Es wird ebenfalls nicht darüber gesprochen, wie viele Mitarbeiter durch ihre Arbeit oder ihren Einsatz die Schäden solcher «Führung» ausmerzen und die verursachten Zusatzkosten hereinholen. In vielen Diskussionen steht lediglich der Betroffene im Vordergrund der Überlegungen. Im Hintergrund steht aber sehr oft das eigentliche Problem des Entscheidungsträgers, auf das wir im Abschnitt 3.3 eingehen werden.

3.2.7.1

Handlungsalternativen bei der Altersgruppe 20–35

Wie unter 3.2.5 erwähnt, erwägen wir für die junge Altersgruppe bei einer schlechten Einstufung nur einen Weg als vernünftig: die schnellstmögliche Trennung. Förderung und Ausbildung bringen hier wenig. Abwarten macht hier aus einem kleinen Problem ein grosses. Wir betonen nochmals, dass wir hier von potentiellen Schlüsselpersonen oder deren Nachfolgern sprechen. Für Beförderungen auf andere Positionen kann durchaus ein anderer Weg beschritten werden.

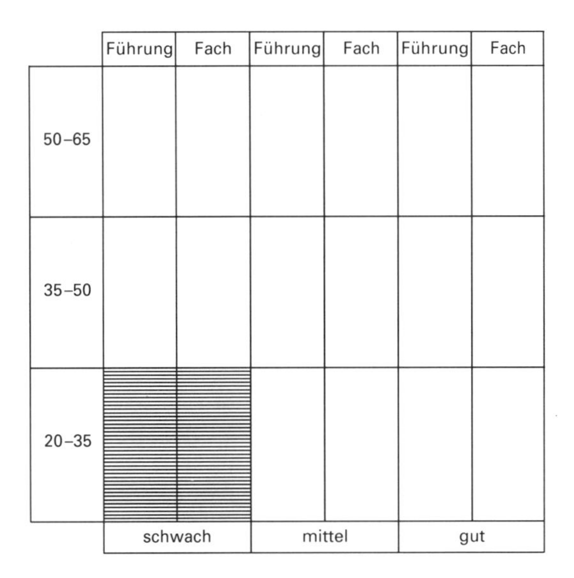

Die Gruppe der «mittel» bis «gut» eingestuften jüngeren Mitarbeiter gilt es zu fördern. Dabei ist nicht nur an eine solide Grundausbildung, sondern vielmehr an eine praktische Herausforderung zu denken, wie Job-Rotation, Projektarbeit, Stellvertretungen und Übertragung zusätzlicher

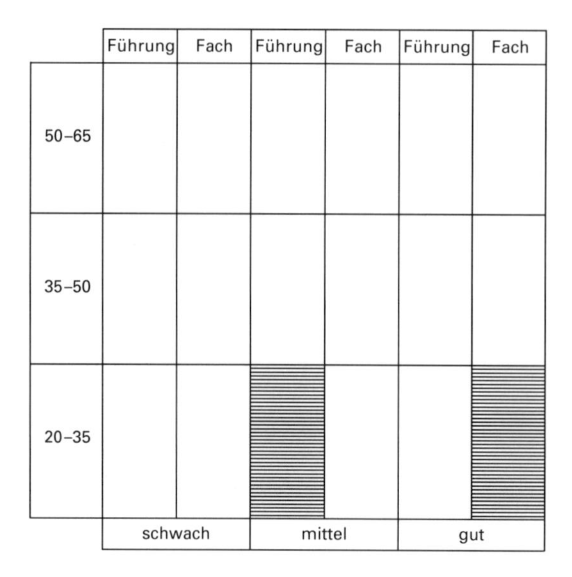

Aufgaben. In dieser Gruppe werden sinnvollerweise auch Potentialselektionsverfahren eingesetzt, wie z.B. das «Assessment-Center» (Kraut, 1972) und ähnliche Techniken.

Zusammengefasst gibt es in dieser Altersgruppe für Schlüsselpersonen zwei Marschrichtungen: sich von den «schwach» eingestuften Mitarbeitern trennen, die mittleren bis guten mit Ausbildung und praktischen Aufgaben fördern und das Potential frühzeitig erfassen.

3.2.7.2

Handlungsalternativen bei der Altersgruppe 35–50

Massnahmen bei dieser Altersgruppe lassen sich nicht mehr so einfach anwenden. Wie schon früher erwähnt, erachten wir im Bereich der Schlüsselpositionen bei einer schlechten Einstufung (z.B. Fach «mittel», Führung «schwach» oder umgekehrt) ebenfalls nur eine grundlegende Lösung als tragbar:

Trennung oder Zuweisung einer neuen Funktion, die keine Schlüsselposition ist. Hier gilt es, schon den Altersfaktor vermehrt zu berücksichtigen. Angenommen, ein Inhaber einer Schlüsselposition arbeitet seit seinem 25. Altersjahr in der Firma, so ist seine Situation mit 45 nicht mit den vorhergehenden Beispielen vergleichbar. Zum einen ist es wahr-

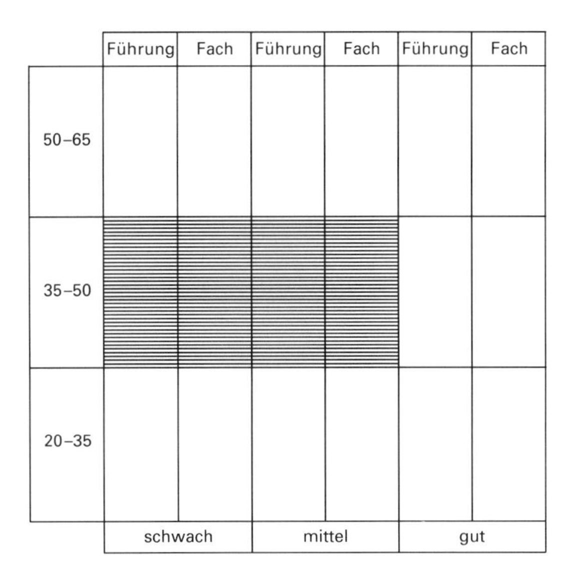

scheinlich nicht nur sein eigener Fehler, wenn er derzeit in einer Funktion ist, die er nicht mehr genügend gut bewältigt. Zum anderen steckt einiges an Wissen, Erfahrung und Firmen-Know-how in ihm, das für ihn und das Unternehmen vorteilhaft eingesetzt werden kann.

Die anderen Repräsentanten der Schlüsselpersonen in dieser Altersgruppe dürften eher eine Einstufung «mittel» bis «gut» oder extremer eine Mischung von «schwach» und «gut» (Führung oder Fach) aufweisen. Hier lohnen

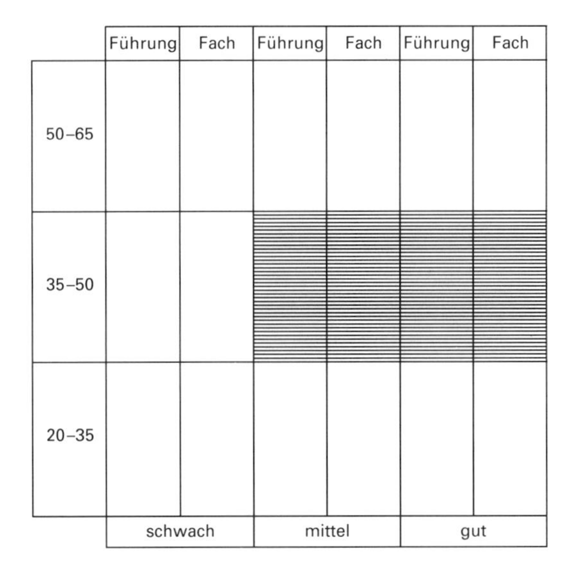

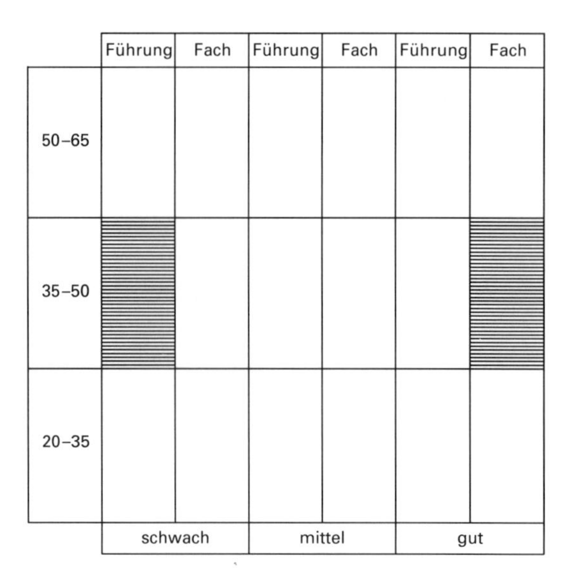

sich generelle und gezielte Förderungsmassnahmen. Auf dieser Stufe dürfte sich eine Vorbereitung auf eine bestimmte Funktion bezahlt machen. Etwas schwieriger ist der Fall einer extremen Einstufung, z. B. Führung «schwach»/Fach «gut». Diese Kombination lässt sich in der Praxis recht häufig beobachten, weil fachlich gut ausgewiesene Mitarbeiter in Führungspositionen hineinrutschen, deren Bedeutung erst zu einem späteren Zeitpunkt erkannt wird oder sich im Laufe der Zeit verändert hat. Die ebenfalls oft beobachtete Praxis – nämlich nichts zu tun – erweist sich auf die Dauer immer als Nachteil. Schwächen werden mit der Zeit ohne Zutun kaum besser. Im erwähnten Fall lassen sich grundsätzlich drei Massnahmen in Erwägung ziehen:

- Intensive Massnahme im Führungsbereich
- Organisatorische Intervention
- Zuweisung neuer Funktion

Eine intensive Massnahme im Führungsbereich drängt sich insbesondere bei jenen Führungskräften auf, die durch ihr Verhalten Personalfluktuation verursachen. Eine derartige Massnahme hat nur dann eine reelle Wirkungschance, wenn die Ausgangslage vor Durchführung der Massnahme (z. B. externe Verhaltenstrainings) mit der betroffenen Person klar analysiert wird und Sinn und Zweck des Vorgehens ebenfalls deutlich gemacht werden.

Bei Führungskräften mit Führungsschwächen, aber besonderen fachlichen Fähigkeiten lässt sich – sofern ihr Kommunikations- und Kontaktverhalten angemessen ist –, die Lösung durch organisatorische Regelungen finden. So kann beispielsweise die Personalführung offiziell dem Stellvertreter übertragen werden.

Ist weder der erste noch der zweite Weg möglich, dann ist die Frage nach der mittelfristigen Auswirkung zu stellen und gegebenenfalls auch hier eine Zuweisung einer neuen Funktion (z. B. ohne Personalführung) anzustreben. Vor Illusionen und zu langem Zögern sei gewarnt. Eine frühe Klärung ist oft für alle Seiten die weitaus humanere und betriebswirtschaftlich vernünftigere Lösung (Knecht, 1981).

3.2.7.3

Handlungsalternativen bei der Altersgruppe 50–65

In dieser Altersgruppe werden wir bei Schlüsselpersonen die Einstufungen «gut»/«gut» oder «mittel»/«gut» häufig antreffen. Es sind dies schliesslich die Entscheidungsträger eines Unternehmens. Gezielte Förderung auf eine Funktion hin ist bei dieser Gruppe genauso wichtig wie bei anderen. Vermehrt ins Gewicht fällt hier vielleicht das Bedürfnis, regelmässig mit Neuerungen auch aus anderen Bereichen konfrontiert zu werden, da Schlüsselpersonen in höherer

	Führung	Fach	Führung	Fach	Führung	Fach
50–65						
35–50						
20–35						
	schwach		mittel		gut	

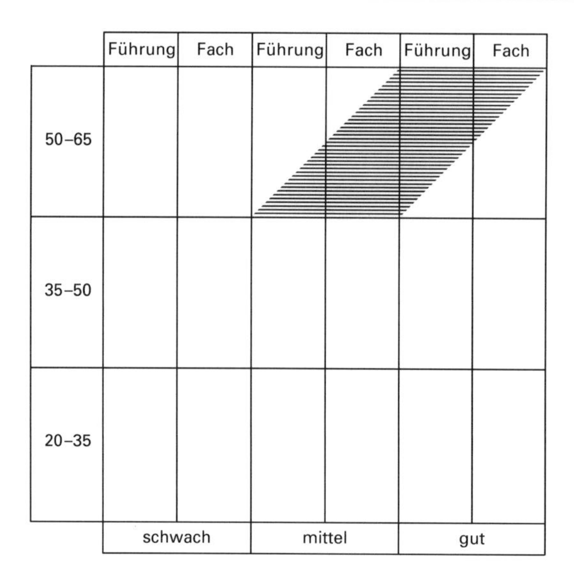

Stellung mehr als andere bereichsübergreifende Probleme lösen müssen.

Wesentlich schwieriger ist die Lösung der Probleme, wenn Schlüsselpersonen in dieser Altersgruppe insgesamt «schwach» eingestuft werden müssen oder markante Schwächen aufweisen. Denn einmal handelt es sich bei dieser Altersgruppe meist um langgediente Führungskräfte oder Mitarbeiter, die in höhere Schlüsselpositionen hineingewachsen, aber der Aufgabe nicht mehr gewachsen sind.

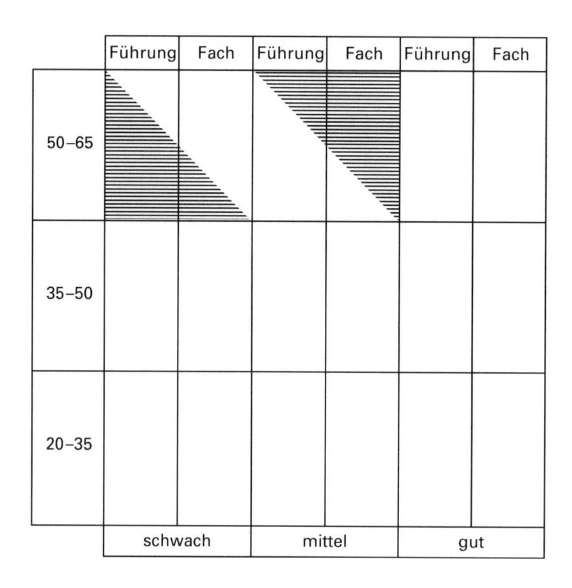

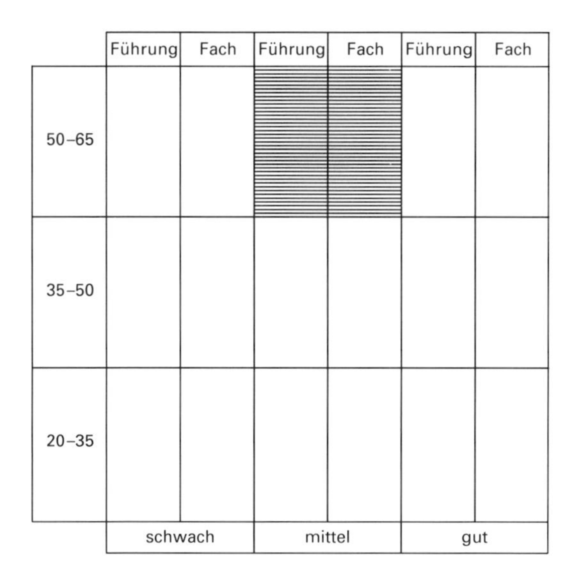

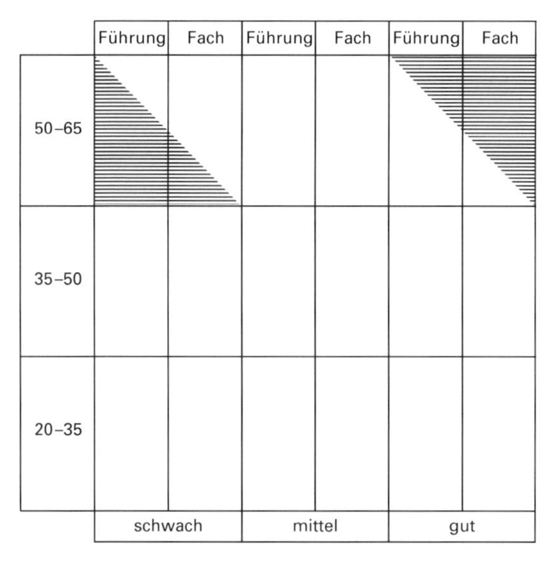

Zweitens sind in dieser Altersgruppe meistens Kollegen der obersten Leitung – man kennt sich (zu) gut, ein Handeln wird schwieriger.

Wie auch in anderen Altersgruppen entstehen aber hier für die Unternehmung gravierende Probleme, wenn Mängel vorab im Führungsbereich und dort besonders im zwischenmenschlichen Kontakt liegen. Dies erschwert eine Lösung des Problems erheblich. Führt man sich vor Augen, was schlechte Führung bewirken kann, so wird die Tragweite der Problematik sichtbar. Schlechte Führung setzt sich in der Regel auf den unteren Stufen fort. Gute Nachwuchskräfte

In höhere Positionen hineinwachsen.

verlassen den Bereich. Wichtige Entscheidungen für die Zukunft werden nicht oder falsch getroffen. Sind solche Stelleninhaber um die 60 Jahre alt, so wird oft mit dem Hinweis auf die baldige Pensionierung nichts unternommen. Dies ist in den wenigsten Fällen die richtige Lösung: Die Auswirkungen auf die unterstellten Führungskräfte und Mitarbeiter werden vergessen, die verpassten Marktchancen zu gering eingestuft und der Verlust an Glaubwürdigkeit der obersten Leitung unterschätzt. Vielmehr lohnt es sich auch hier, alle Möglichkeiten, die sich bieten, sachlich zu evaluieren. In dieser Altersgruppe schliessen wir der Einfachheit halber die Extremvariante (sofortige Trennung) einmal aus. Grundsätzlich bleiben folgende Handlungsvarianten:

- Nichtstun (Warten auf die Pensionierung)
- Vorzeitige Pensionierung
- Übertragung besonderer Aufgaben

Obschon dies nicht gern gehört wird, möchten wir die Behauptung aufstellen, dass bei Schlüsselpersonen mit einer Einstufung «schwach»/«mittel» (Führung/Fach oder umgekehrt) die Lösung «Warten auf Pensionierung» immer die teuerste Lösung ist, sofern dieser Zeitabschnitt die Grenze von zwei Jahren überschreitet. Es ist die teuerste Lösung, weil folgende Effekte kumuliert auftreten: Einmal schwächt es das Ansehen und somit auch die Wirkung der obersten Führung. Appelle zum Sparen oder ehrgeizige Zielsetzungen werden nur ernstgenommen, wenn auch sichtbare Handlungen dies untermauern. Diese Handlungen sind in solchen Fällen deshalb nötig, weil die mangelnde Qualifikation solcher Schlüsselpersonen im Betrieb schon längst bekannt ist. Das Abwarten seitens der obersten Leitung wird mit mangelndem Mut zur Konsequenz oder Nichterkennen gleichgesetzt – beides ist nicht vorteilhaft. Die «Signal-Wirkung» der Führungs*handlungen* (nicht Verlautbarungen!) der obersten Führungsebene kann nicht hoch genug veranschlagt werden, wie dies Untersuchungen zeigen (Peters und Watermann, 1983). Zweitens ist der negative Einfluss solcher Schlüsselstelleninhaber im personellen Bereich stark. Solche Personen hinterlassen jeweils nach ihrem Abgang eine personelle Situation (Zusammensetzung, Qualifikation der un-

teren Führungskräfte und Mitarbeiter), die es auch einem qualifizierten Nachfolger unter Umständen verunmöglichen, mittelfristig brauchbare Ergebnisse herbeizuführen. Weitere Aktionen mit dem «eisernen Besen» sind oft die (von den Betroffenen unverschuldete!) logische Folge.

Die vorzeitige Versetzung in den Ruhestand ist lediglich für zwei Personen eine unangenehme Massnahme: für denjenigen, den es betrifft, und für denjenigen, der es entscheiden und dem Betroffenen mitteilen muss. Für alle anderen, insbesondere für die unterstellten Mitarbeiter, ist es eine soziale Lösung, und betriebswirtschaftlich betrachtet dürfte dies mit einer Schattenrechnung nachvollziehbar die günstigste sein.

Die Betreuung mit Spezialaufgaben (d.h. Neuunterstellung des Personals, Neudefinition des Aufgabenbereichs) kann besonders dort angebracht sein, wo das Fachwissen oder die Erfahrung diesen Aufwand rechtfertigen.

Zusammenfassend können die Handlungsalternativen wie folgt charakterisiert werden: Bei bestimmten Konstellationen ist das Abwarten oder Hoffen auf Besserung die schlechteste und teuerste Lösung. Je älter die entsprechenden Personen sind, desto schwieriger ist es, eine gerechte Massnahme zu verwirklichen. Viele Fehlbesetzungen werden «geerbt» oder entwickeln sich im Laufe der Zeit aus Unachtsamkeit. Was not tut, ist die Einsicht, dass gute Führung auch unangenehme Aufgaben beinhaltet. Eine klare Situation hat bei den wichtigsten Schlüsselbereichen erste Priorität.

3.3

Die Entscheidung – Hemmungen der Führungskräfte

Auf die konkrete Planung und Durchführung von Massnahmen im Bereich der Besetzung von Schlüsselpositionen wollen wir im Rahmen dieser Ausführungen nicht näher eingehen. Doch scheint uns ein Problemkreis einer näheren Betrachtung wert: die Entscheidung. Sehr oft sind zwar Probleme oder Missstände den obersten Führungskräften bekannt, aber es wird nichts unternommen. Es mag hilfreich sein, die wichtigsten «Entscheidungshemmer») zu kennen.

3.3.1

Abneigung gegen längerfristiges Planen

Viele Führungskräfte auf oberster Stufe sind eher Macher («Innovatoren» oder «Reagierer», Kirsch, 1981). Ihre strategische Grundhaltung wird von Kirsch mit dem Motto beschrieben: «Der den Augenblick ergreift, das ist der rechte Mann». Ein Analysieren und ein längerfristiges Planen liegt ihnen von ihrer Persönlichkeit her nicht. Solche Führungskräfte lassen denn auch oft (unbewusst) Krisensituationen entstehen, um dann wieder aus dem vollen schöpfen zu können. Einige Untersuchungen deuten auch darauf hin, dass die Strategie des «Durchwurstelns» (Lindblom, 1964) den meisten Menschen eigen ist und dass systematisches Arbeiten und Planen gelernt werden muss. Nur die Einsicht, dass es wohl kaum ein Gebiet gibt, welches für eine erfolgreiche Unternehmensführung unbedingt mittelfristige Gedanken und Entscheidungen erfordert, kann dazu verhelfen. Es geht schliesslich auch darum, Führungskräfte auf allen Stufen für ihre Hauptfunktion freizuhalten und nicht als Feuerwehrleute für selbstverursachte Brandherde im Betrieb herumrennen lassen. Dafür sind sie zu teuer.

3.3.2

Abneigung gegen Konfrontation

Jede unangenehme Entscheidung im personellen Bereich muss einmal gefällt und – was noch viel schwieriger ist – mitgeteilt werden. Die Hemmung, solche Gespräche zu führen, ehrt einerseits den Vorgesetzten. Nur abgebrühten, gefühlslosen Machern bereitet dies keine Schwierigkeiten. Die Mehrzahl der Führungskräfte aller Stufen verbreitet lieber frohe Botschaften als negative Entscheidungen.

Es ist noch ein weiteres Element, das Führungskräfte zögern lässt: Genau wie andere strategische Entscheidungen in der Unternehmensführung müssen sie sehr oft auf Grund «weicher» Informationen gefällt werden. Selten sind viele harte Fakten vorhanden, die einem Mitarbeiter ohne Widerrede «aufgetischt» werden können. Im Gegensatz zu Markt- oder Produktentscheidungen mit längerfristigen Auswirkungen muss sich der Vorgesetzte bei Personalentscheidungen dem Betroffenen stellen. Er wird mit Fragen, sehr oft auch mit Vorwürfen konfrontiert. Zudem ist – wie erwähnt – seine Informationsbasis für Begründungen oft schmal. Kein Wunder, dass sich die Führungskräfte vor solchen Situationen gerne drücken. Diese Problematik kann entschärft werden, indem sich Führungskräfte bewusst werden, dass die meisten strategischen Entscheidungen auf Grund vager und oft unklarer Information gefällt werden müssen. Der oft humoristisch angeführte Ausweg, eine Kommission zu gründen, um bessere Entscheidungsgrundlagen zu erhalten, ist bei strategischen Entscheidungen nur Ausdruck von Unbehagen.

3.3.3

Abneigung, eigene Fehler einzugestehen

In der Entscheidungstheorie (Kirsch, 1970) und psychologischen Literatur zu diesem Thema (Brehm und Cohen, 1962; Festinger, 1957; Biddle, 1964) finden wir den Begriff der «kognitiven Dissonanz». Die kognitive Dissonanz ist, kurz beschrieben, ein empfundener Stress (Spannung, unangenehmes Gefühl), wenn eine Handlung oder eine Entscheidung nicht zum gewünschten oder erwarteten Ergebnis führt. Das Individuum versucht in der Regel diesem Stress auszuweichen. Dieses Ausweichverhalten geschieht meistens unbewusst. Die häufigste Form dieses Verhaltens äussert sich darin, dass Informationen, die das Problem betreffen, auf eine ganz andere Art wahrgenommen oder aufgenommen werden. Man spricht in diesem Zusammenhang auch vom Phänomen der selektiven Wahrnehmung (Festinger, 1957, 1964; Jones & Gerhard, 1967; Zajonc, 1968). Dieser psychologische Vermeidungsmechanismus führt dazu, dass oft negative Informationen nicht mehr oder nur verzerrt aufgenommen werden, mit anderen Worten: die Realität nicht mehr gesehen wird. Es leuchtet ein, dass der kognitive Stress und das damit verbundene Ausweichverhalten um so grösser sein werden, je länger der negative Zustand schon dauert oder je mehr Prestige in einer Fehlentscheidung investiert wurde. In diesem Lichte ist es auch einfacher, die Fehlentscheidungen anderer zu korrigieren, als die eigenen zu sehen.

Diese Problematik muss Führungskräften bewusst sein. Eine realistische Einstellung zu Personalentscheidungen ist wichtig. Jede Potentialbeurteilung und jede Beförderung ist auch bei genauer Abklärung ein Risiko. Risikoentscheidungen auf Grund weniger Informationen können sich unter Umständen als falsch erweisen. Nicht das Resultat einer falschen Entscheidung ist in der Führung das eigentliche Problem, sondern das Nichterkennen solcher Tatsachen.

3.4

Die Weiterentwicklung von Schlüsselpersonen (Key-People-Development)

Schlüsselpersonen sind definitionsgemäss für die Unternehmung von vitaler Bedeutung. Es lohnt sich daher, im Bereich des Management-Developments besondere Anstrengungen für diese Gruppe zu unternehmen und gegebenenfalls mit Einzelmassnahmen zu operieren. Die untenstehende Darstellung zeigt die Bereiche, wo regelmässig etwas für diese Personengruppe getan werden muss:

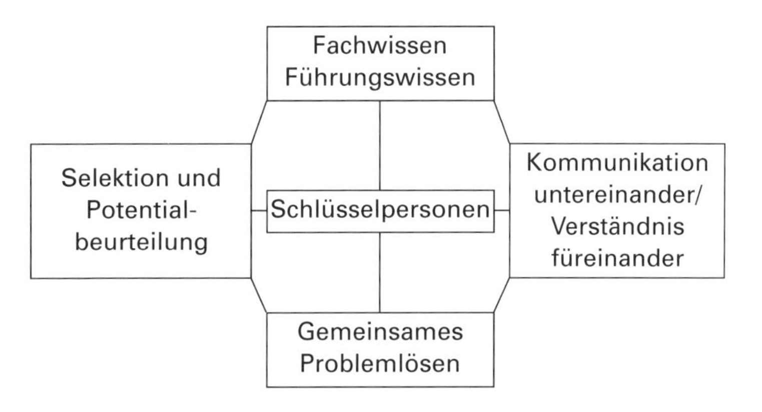

Die Weiterbildung im Fach- und Führungsbereich ist selbstverständlich. Wir können sogar davon ausgehen, dass gute Schlüsselleute dies aus eigenem Antrieb tun werden. Was hier im Vordergrund steht, ist nicht unbedingt stellenbezogenes Wissen, sondern vielmehr gemeinsames Management-Know-how. Schlüsselpersonen sollten zum zweiten unbedingt in gemeinsame Problemlösungsverfahren einbezogen werden (Stiefel, 1982). Das Lösen aktueller geschäftlicher Probleme im Rahmen von Problemlösungssitzungen oder Workshops bringt beispielsweise drei Resultate hervor:

- Breit abgestützte und von allen akzeptierte Lösungen aktueller Probleme,
- Entwicklung der beteiligten Personen (eine Form der Ausbildung),
- Basis für die Schlüsselpersonen-Analyse und Potentialbeurteilung.

Es mag angezeigt sein, die Kommunikationsfähigkeit insbesondere bei jungen Schlüsselpersonen gezielt zu fördern, damit nicht zu früh «Diskussionsrituale» oder «Diskussionsmuster» entstehen können. Die offene, im «Klartext» geführte Sach- und Fachdiskussion und Problemlösung bedarf der Übung.

Und schliesslich ist es notwendig, dass analog zum Planungsprozess (Umweltanalyse, Stärken/Schwächenanalyse, Zielsetzungen usw.), die *Beurteilung der Schlüsselpersonen,* deren *Entwicklung und die Entwicklung der potentiellen Nachfolger jährlich auf der Traktandenliste der obersten Geschäftsleitung stehen* (Knecht, 1981).

Das hier erläuterte einfache Analyseverfahren kann natürlich auch für eine Grobbeurteilung aller Führungskräfte in einem Unternehmen oder dezentralisiert pro Bereich beigezogen werden. Dies darf aber nicht die Aufgabe der höchsten Führungsebene sein, sondern dies ist die Aufgabe der Linienführungskräfte auf den verschiedenen Stufen. Bei Schlüsselpersonen ist die Situation anders. Die *Wahl der Schlüsselpersonen ist eine strategische Unternehmensentscheidung,* die an keine Linie und keine Stabsabteilung delegiert werden kann.

4

Die Entwicklung der Organisationsentwicklung

Peter Müri

Wer aus der Nähe verfolgt, was sich unter dem Titel «Organisationsentwicklung» heute tut, erhält ein eigenartiges und widersprüchliches Bild.

Trebesch (1982) legt eine Sammlung von 50 Definitionen für Organisationsentwicklung (OE) vor und zieht daraus den Schluss: «Organisationsentwicklung ist *kein* eindeutig abgrenzbares Gebiet, *kein* Modell oder einheitliches Konzept.»

Wer das Geschehen in der tatsächlichen OE-Szene betrachtet, dem bietet sich jedoch ein anderes Bild: Es wird um eine Theorie gerungen, es werden Leitsätze geprägt, Professionalisierungskriterien gesucht, und es wird die fehlende wissenschaftliche Abstützung beklagt.

Diese Widersprüchlichkeit löst sich beim Studium der Primär- und Sekundärliteratur zugunsten der ersten Aussage auf:

1. OE ist nicht eine Methode, nicht *eine* Theorie oder *ein* Denkmodell, vielmehr ein *Methodenarsenal mit zahlreichen theoretischen Hintergründen.*
2. OE ist ein *interdisziplinäres Arbeitsfeld*, das keiner etablierten Wissenschaftsrichtung und auch nicht einer Profession zugeordnet werden kann.
3. OE ist an Erleben und Vollzug geknüpft und hat viel mit Einstellung, Haltung, Verständnishorizont zu tun. Sie ist keine Technik, keine Methodik, sondern eine Philosophie oder, präziser gefasst, eine Epistemologie, d.h. eine bestimmte Art und Weise, eine Organisation oder eine Institution zu sehen und zu verstehen.

Eine Erkenntnislehre lässt sich allerdings in der Praxis schlecht an den Mann bringen. Deshalb ist auch das Bestreben der OE-Fachleute verständlich, OE in ein Regelsystem zu packen und mit Methodenkatalogen dingfest zu machen. Das dadurch gewonnene Profil erleichert zwar die Verbreitung der Idee, verzerrt aber den OE-Gedanken und engt ihn auf ein *Dogma* ein. In gleicher Weise würde man die Persönlichkeitsentwicklung – ein anderes Entwicklungsfeld –

vergewaltigen, wenn man sie auf die Methode der Psychoanalyse reduzierte.

Die Vertreter der OE könnten der Idee der OE besser dienen, wenn sie die Suche nach einer Definition und nach der OE-Theorie aufgäben. Die Wissenschaftler würden dann auch den Vorwurf der Unwissenschaftlichkeit (Wübbenhorst u. a., 1982) zurücknehmen müssen, der nur deshalb haltbar ist, weil sich die OE etwas *anmasst, was sie nicht ist.* Dann allerdings müsste sich die OE auch konsequenterweise *primär als Anwendungsfeld* und nicht als Disziplin der Humanwissenschaften deklarieren.

Die OE gerät mit dem künstlichen Zwang zur Theoriebildung und Methodendefinition unweigerlich in das Fahrwasser der Entdecker neuer Anwendungsgebiete. Die Pioniere der Gruppenentwicklung haben ihre erste Methode der

Gruppenforschung ebenso einseitig zur Kardinalmethode «Gruppendynamik» erhoben. In der Familientherapie sind ähnliche Dogmatisierungstendenzen zu beobachten.

Dabei müsste die Untersuchung eines Forschungsgegenstandes wie derjenige der Organisation und ihrer Entstehung und Entwicklung, wenn auch unter einem neuen Aspekt, nicht sogleich die Etablierung einer neuen Forschungsdisziplin notwendig machen. Im Gegenteil, der Entwicklung des Forschungszweiges wird mit einer Normensetzung Zwang angetan und damit ein verbindliches Lehrgebäude geschaffen, dessen Vermeidung gerade ein Kennzeichen der OE-Methodik ist. Das von der OE in ihrer praktischen Arbeit hochgehaltene Prinzip der möglichst grossen Struktur-«Freiheit» wendet die OE für sich selbst paradoxerweise gerade nicht an. Wenn der OE ein Selbstverständnis im Sinne einer Epistemologie nicht genügt, hat das unter anderem seine zeitgeschichtlichen Gründe, die nur aus der Krise der Institutionen in den letzten Jahrzehnten zu verstehen sind. Die OE-Vertreter glauben, eine Mission erfüllen zu müssen angesichts der verfehlten Führung, Steuerung und Entwicklung vieler Organisationen. Sie bieten Alternativen an, und zwar in einer Art und Weise, die der OE-Idee den Charakter einer «Bewegung» verleiht, im Auftreten gewissen epochal-typischen Alternativbewegungen nicht unähnlich. Die OE ist in diesem Sinne eine Antwort auf folgende typischen Erscheinungen in den Organisationen:

1. Die Organisation, vorab das Unternehmen, ist lange Zeit als ein technologisches und bürokratisches System betrachtet worden, das nur mittels strenger sachorientierter Ordnungsprinzipien gesteuert werden kann. Der Hochblüte der technologisch orientierten Managementsysteme folgte die ernüchternde Feststellung, dass die sozialen Prozesse so nicht erfasst werden konnten. Dazu gehören Wertvorstellungen, Verhaltensweisen, Leitbilder, Normen, Beziehungsnetze, informelle Informationen und informelle Machtverteilungen usw., die für die Entwicklung einer Organisation ebenso bedeutend sind.
   Der OE ist das Verdienst zuzusprechen, den unsichtbaren Teil der Organisation, oft Organisationskultur genannt, bewusst gemacht und konsequent in die Organisationsgestaltung einbezogen zu haben.
2. Die Redimensionierung der vergangenen Jahre wurde mit einem enormen Effort durch den Einsatz von Hilfsmitteln und Verfahren bewältigt, die alle aber nicht das

halten konnten, was sie versprochen haben. Die Mittel sind oft schlecht genutzt worden, gelangten nicht zur beabsichtigten Wirkung und haben die Entfremdung zwischen Organisationsmitgliedern und Organisation, bzw. ihren Aufgaben und Zielen noch gefördert.
Hier bietet die OE als Hilfe die prozessuale Einführung von Neuerungen anstelle der Einpflanzung nicht gewachsener, fremder Systemelemente an.
3. Viele Organisationen erreichen in der Wachstumsphase einen Grad von Überorganisation, die von der Umwelt vermehrt geforderte Flexibilität beeinträchtigt und der Entstehung von bürokratischen Verhältnissen Vorschub leistet. Die hierarchischen Strukturen konnten auch durch «mündige» Mitarbeiter mit der Einführung des kooperativen Führungsstils nicht aufgebrochen werden.
4. Der in der Industrialisierung angelegte Konflikt zwischen Menschlichkeit und Wirtschaftlichkeit verschärfte sich in der Rezession.
OE verspricht hier ein neues Gleichgewicht durch Anhebung der Qualität des Arbeitslebens bei Erhaltung der Leistungsfähigkeit der Organisation.
5. Die Förderung der Organisation hat sich lange Zeit auf die Förderung des Individuums konzentriert und dabei ausser acht gelassen, dass der einzelne nur lernen kann, wenn das Umfeld mitlernt. Die OE führt mit dem Gruppenlernen und Organisationslernen neue Formen ein.
6. Der Versuch, die Organisation durch Wissensvermittlung, Leitbildschaffung, Richtliniensetzung mit der Umwelt in Auseinandersetzung zu bringen, ist zu oft misslungen, weil an der Realität vorbeigeschult oder nur auf kognitiver Ebene trainiert wurde, so dass der Transfer in den Organisationsalltag ausblieb.
Die OE bezieht das Geschehen auf der Beziehungsebene mit ein, behandelt den Arbeitsgang störende Kommunikations- wie Kooperationsprobleme und Konflikte stets auf dem Vordergrund wirklicher Problemstellungen der Gesamtorganisation.

Das sind nur einige von vielen Leiden und Schwierigkeiten, die in Organisationen heute zu beobachten sind und die aufzufangen sich die OE zur Aufgabe macht. Aus der Entstehungsgeschichte der Organisationsentwicklung wird mithin verständlich, dass sie sich bemüht, eine Theorie, einen Rahmen, eine Geschichte zu haben. Nur zwingt sie sich damit in ein Prokrustes-Bett. Denn wer sich so als «Bewegung» gebärdet, muss seine *Wertvorstellungen* deklarieren, die Ziele konkretisieren und letztlich *Politik* betreiben. Die internen Auseinandersetzungen in OE-Kreisen haben denn auch neuerdings solche Fragen zum Gegenstand.

So wird von ethischen Dilemmata gesprochen, von der Notwendigkeit, dass Werte des OE-Beraters mit den Wertprioritäten der Organisation übereinstimmen sollten, oder von den in der OE als «graue Eminenz wirksamen diffusen Werten» (Hantschk, 1982), die es zu benennen und analysieren gilt.

Aus denselben Gründen wird nach einem Orientierungsrahmen gesucht, welcher die OE-Beratungskompetenz umschreibt. Die Ziele werden wiederholt deklamiert und damit zementiert, wie folgende Zitate zeigen (Trebesch, 1982):

- «gleichzeitige Verbesserung der Leistungsfähigkeit der Organisation und der Qualität des Arbeitslebens»;
- «Ziel ist Effektivität unter Einbezug des Faktors Mensch»;
- «bessere Aufgabenerfüllung im Sinne höherer Zielerreichungsgrade bei den Formalzielen, wobei der Mitarbeiter als Vermögens- und nicht als Kostenfaktor angesehen wird»;
- «Wirtschaftlichkeit und soziale Effizienz».

Derartige Festschreibungen stempeln die OE zur «psychologischen oder sozialwissenschaftlichen Schule» ab. OE wird zur Ideologie, zum Glaubensbekenntnis.

Ob damit der Idee gedient ist, die Entwicklung einer Organisation aus den eigenen Ressourcen und aus eigener Kraft mit auswechselbaren Vorgehensweisen und unterschiedlichen Ansätzen zu fördern, bleibt fraglich. Ich meine, wenn OE sich als Anwendungsfeld einer neuen Epistemologie versteht, wird sie sich freier und kreativer entfalten und damit letztlich mehr bewirken können.

Sie muss sich dann nicht veranlasst fühlen, in der Wertelandschaft vorab Abgrenzungen vorzunehmen, sie muss nicht mit festen Standpunkten in einen Organisationsprozess eintreten, sie muss nicht OE-gemässes von -nichtgemässem Verhalten unterscheiden, wie dies zum Beispiel ein schweizerisches Unternehmen mit folgenden Worten tut und sich damit unnötige Probleme und Konflikte aufhalst: «Die Anteile an OE-Gedanken und -Methoden sind jedoch aus den verschiedensten Gründen nicht in jedem Projekt gleich gross. Mit anderen Worten, dieser Anteil hängt unter anderem davon ab, wieviel Partnerschaftlichkeit und lebendige Lernmöglichkeit bzw. wie wenig starre Struktur- und Machtdemonstration der Formalhierarchie die Arbeit von Organisationsmitgliedern bestimmen ...» (Mundwiler und Fröhlich, 1982).

Wer mit Organisationen arbeitet, wird zwar nie um die Frage der Machtverteilung herumkommen, aber er sollte die Machtverteilung nicht im voraus in Gewichtung und Zuschreibung präjudizieren. So ist meiner Meinung nach eine OE fragwürdig, die sich als Ziel setzt (bevor sie in der Organisation zur Wirkung gelangt), zum Beispiel die Hierarchie abzubauen, die Arbeitsplätze zu humanisieren, alle konfliktbeladenen Beziehungen zu klären, nur die Hier-und-Jetzt-Prozess-Analyse anzuwenden. Sie nimmt als conditio sine qua non eine Wertsetzung vorweg, welche die Organisation selbst zu leisten hätte.

Wie soll sich ein Organismus entfalten können, wenn die Akzente in den fundamentalsten Antinomien schon gesetzt sind, etwa zwischen Menschlichkeit und Wirtschaftlichkeit, zwischen Mitarbeiter- und Organisationsinteressen, zwischen formellem und informellem Beziehungsnetz, zwischen Gegenwartsbetrachtung und Vergangenheitsverständnis? Solche unauflösbaren Gegensätze sollten gerade zum Gegenstand der Analyse, der Prävention und Intervention im Sinne der organischen Entwicklung der Organisation gemacht werden.

Damit ist nicht einer irrealen Werte-Neutralität oder einem unkontrollierten Methoden-Chaos das Wort geredet, sondern die sich heimlich wieder einschleichende Subjekt-Objekt-Spaltung und die Lehrer-Schüler- oder Experten-Laien-Beziehung wird entlarvt, welche dem systemischen, ganzheitlichen Entwicklungsverständnis der Organisation als sich selbst steuernder Organismus widerspricht.

Wenn wir die methodische Vorgabe der OE auf die einfache Forderung der Autoorganisation beschränken, entstehen genügend Merkmale einer OE-Strategie, um sie von technologisch-orientierten Verfahren wie die der Organisationsplanung, der Managemententwicklung usw. abzuheben.

1. Der Organisations-Entwicklungshelfer – wie er sich immer definiert als Prozessbeobachter, Moderator, Interventionist, change agent, Projektmanager –, ist im zu entwickelnden System als Teil eingebunden und bildet auch als aussenstehender Berater mit der Organisation ein Klienten-Berater-System. Seine Rolle und Interventionsstrategie wachsen aus dem System heraus und werden von der Entwicklungsphase, vom Entwicklungsschritt und den Verhältnissen bestimmt.
2. Träger und Gestalter der Entwicklung sind die Organisationsmitglieder selbst, das heisst vor allem jene, welche für die Organisation die Verantwortung tragen. In Unternehmungen werden oft Innovationen in Stabsabteilungen geplant und verantwortet. Selbstentwicklung setzt die massgebliche Mitwirkung von Linieninstanzen ein und reduziert die Funktion von Stäben zu Beratern und Prozessförderern.
3. Der Entwicklungsprozess vollzieht sich in der Aktion und wird aus der Aktion evolutionär geplant und gesteuert (Aktionsforschung). Berater und Organisation müssen sich überraschen lassen können. Die Organisation stützt

wird aus der Aktion evolutionär geplant und gesteuert (Aktionsforschung). Berater und Organisation müssen sich überraschen lassen können. Die Organisation stützt sich auf ihre eigene Diagnose und arbeitet ohne alles bestimmende Modelle und Theorien, sondern schafft sie möglichst aus der Situation selbst. Demgemäss gibt es keine Experten, die über richtig oder falsch entscheiden, über objektiv und subjektiv. Alle methodischen Tabus und Vorschriften fallen dahin. Ob ein Ansatz gewählt wird, der sich am individuellen Verhalten orientiert, an den sozialen Beziehungen oder an der Struktur (klassische Unterscheidung von methodischen Ansätzen) (Sievers, 1977), muss von der Situation und dem zu lösenden Problem her von der Organisation jeweils immer wieder neu entschieden werden. Damit ist auch gesagt, dass die OE keinen festen Ablauf kennt.

Phasenmodelle wie zum Beispiel Kontakt, Vorgespräch, Vereinbarung, Datensammlung, Datenfeedback, Diagnose, Massnahmenplanung, Massnahmendurchführung und Kontrolle oder Orientierungsphase, Zukunftskonzeption, Situationsdiagnose, operative Zielsetzung, experimentelle Projekte, Realisierung, Auswertung usw. sind höchstens grobe Gerüste und keineswegs OE-typisch, sondern in anderen Anwendungsfeldern in gleicher Weise vorzufinden wie in der Therapie, Beratung, Problemlösung oder im Projektmanagement.

4. Es sind grundsätzlich in einem OE-Prozess alle Denk- und Lernmethoden zugelassen, wobei wiederum die Materie und die Situation zu bestimmen hat, welcher die Priorität zukommt.

   Jedenfalls kann nicht *nur* das rechtshemisphärische, kreative Denken oder *nur* das linkshemisphärische, logisch-analytische Denken oder *nur* das Gruppenlernen oder *nur* das individuelle Lernen, *nur* emotionale oder nur kognitive Bezüge, *nur* das zirkuläre, systemische Erfassen oder *nur* das naturwissenschaftliche Vorgehen, Geltung haben. Entwicklung bedeutet Nutzung aller Potentiale und aller Ressourcen, dabei können sich gerade sich scheinbar ausschliessende Verfahren optimal ergänzen. Veränderung setzt voraus, dass ich ein Phänomen aus immer wieder neuen Blickwinkeln betrachte, in immer wieder neue Zusammenhänge setze, dass ich es in seinem Kontext und in seiner inneren Struktur erfasse und dass bei der Erfassung Klarheit besteht, dass sich die Gegebenheit im nächsten Augenblick verändern kann, weil je-

ist und dauernd mit unter- und übergeordneten Systemen in Verbindung steht, zu erklären als ein in einem Prozess befindliches Ganzes oder als ein das Ganze umgreifender Prozess. Diese Aussage gilt allerdings nicht nur für das Gebilde «Organisation», sondern ebenso für die Gruppe, für das Individuum, für die Gesellschaft überhaupt, das heisst für alle Teile des sozialen Mikro- und Makrokosmos, somit auch für die Persönlichkeits- und Gruppenentwicklung (Vester, 1980; Ferguson, 1982; Capra 1983).

Da jeder Berater in OE-Prozessen seine ihm entsprechenden Methoden bevorzugen wird, seine persönliche Werteproblematik wie jedes andere Organisationsmitglied einbringt, bestehen in der Praxis zahlreiche Formen von Interventionsstrategien, Abläufen und Werthorizonten. Oft ist dabei die Herkunft der Methoden gar nicht mehr erkennbar.

Immerhin lassen sich in der OE-Szene einige Quellen ausmachen, die auch noch in den nächsten Jahren die OE-Landschaft kennzeichnen werden. Sie basieren auf folgenden klassischen Fachrichtungen:

- die in den USA von NTL (National Training Laboratory) kommende Gruppendynamik;
- die vor allem an der Universität Michigan entwickelte Methode der Befragung;
- die vom Niederländischen Institut gepflegte «pädagogische» Richtung;
- der am Tavistock Institut in London hervorgebrachte soziotechnische Ansatz;
- der von der Kybernetik angeregte weit verbreitete Management-System-Ansatz;
- der systemische Ansatz (Häfele, 1990; König 1994).

Es scheint uns für die Zukunft der Organisationsentwicklung wichtig zu sein, alle jene Fachleute auf das Feld der OE einzulassen, welche von ihrer Seite her neue Elemente einbringen können, kommen sie nun aus der Psychologie, Pädagogik, Soziologie, Betriebswirtschaft und Betriebswissenschaft oder aus der Philosophie. Gerade jene Leute, die für die Entwicklung von Organisationen verantwortlich sind wie Planer, Organisatoren, Top-Manager, führende Kräfte von Institutionen, sollten nicht draussen gelassen, sondern mit dem Grundverständnis von OE vertraut gemacht werden.

Diese Offenhaltung eines Forschungsgebietes schliesst nicht aus, dass für Beratungsfunktionen in OE-Prozessen besondere Qualifikationen erwartet und erfüllt werden müssen. Hier dürften gerade die Psychologen besonders günstige Voraussetzungen mitbringen, und die angewandte Psychologie könnte hier noch wichtige Impulse zur Weiterentwicklung liefern.

Literaturverzeichnis

Ansoff, I. H., Managing Strategic Surprise by Response to Weaks Signals. California Management Review, Winter 1975, Vol. XVII, Nr. 2.

Ansoff, I. H., Die Bewältigung von Überraschungen – Strategische Reaktionen auf schwache Signale. Zeitschr. f. Betriebswirtschaftl. Forschung, 28, 1976.

Ansoff, I. H., Weaks Signals from the Unknown. International Management, October, 1979.

Antoni, C., Gruppenarbeit in Unternehmen. Konzepte, Erfahrungen, Perspektiven. Weinheim: Beltz, 1994.

Bagley, D. S.; Reese, E. J., Beyond Selling – Die neue Dimension im Verkauf. Freiburg: VAK-Verlag, 1990.

Baitsch, Ch., Was bewegt Organisationen? Frankfurt: Campus, 1993.

Bandler, R.; Grinder, J., Neue Wege der Kurzzeit-Therapie. Neurolinguistische Programme. Paderborn: Junfermann, 1981.

Barnes, G. et al., Transaktionsanalyse seit Eric Berne. Berlin: Institut für Kommunikationstherapie,
Band 1, 1979, Schulen der Transaktionsanalyse, Theorie und Praxis
Band 2, 1980, Was werd' ich morgen tun?
Band 3, 1981, Du kannst Dich ändern.

Bass, B. H.; Barrett, G. V., Man, Work and Organizations. Boston: 1972.

Bateson, G., Steps to an Ecology of Mind. London: Granada Publ., 1972.

Beer, S., Kybernetik und Management. Frankfurt: Fischer, 1967.

Beer, S., Decision and Control. London: Wiley, 1966.

Berne, E., Spiele der Erwachsenen. Hamburg: Rowohlt, 1967.

Berne, E., Transactional Analysis in Psychotherapie. New York: Ballantine Books, 1973.

Biddle, B. J., Roles, Goals and Value Structures in Organizations. In: Cooper, W.W., Leavitt, H.J. and Shelly II, M.W., (Ed.), New Perspectives in Organization Research. New York/London: Wiley, 1964.

Bisesi, B. J., Strategies for Successful Leadership in Changing Times. Sloan Management Review, Vol. 25, Nr.1, 1983.

Blake, R.; Mouton, J., The new managerial Grid. Houston, Texas: Gulf Publishing Comp., 1978.

Blake, R. R., Adams McCanse, A., Das GRID-Führungsmodell. Düsseldorf: Econ, 1992.

Blum, M. L.; Naylor, J.C., Industrial Psychology, its theoretical and social foundations. New York: Wiley, 1968.

Bradford, P., Stock, O., Horwitz, M., How to diagnose Group Problems. Group Development, National Training Lab., 1961.

Brehm, J. W.; Cohen, A. R., Explorations in Cognitive Dissonance. New York/London: Wiley, 1962.

Bühl, W. L., Konflikt und Konfliktstrategie. München: Nymphenburger Verlagshandlung, 1972.

Buchner, D., Manager Coaching. Wie individuelle Ressourcen programmiert werden. Paderborn: Junfermann, 1993.

Capra, F., Wendezeit. Bern, München, Wien: Scherz, 1983.

Covey, S. R., Die sieben Wege zur Effektivität. Frankfurt: Campus, 1992.

Dilts, R.; Bandler, R.; Grinder, J., Strukturen subjektiver Erfahrung. Paderborn: Junfermann, 1985.

Dilts, R., Identiät, Glaubenssysteme und Gesundheit. Paderborn: Junfermann, 1991.

Dilts, R. et al., Know how für Träumer. Paderborn: Junfermann, 1994.

Doppler, K., Lauterburg, Ch., Change Management. Den Unternehmenswandel gestalten. Frankfurt: Campus, 1994.

Drucker, P., The Changing World of the Executive. New York: Time Books, 1982.

Dusay, J. M., Egograms. How I see you and you see me. New York: Harper and Row, 1977.

English, F., Transaktionsanalyse. Hamburg: Isko-Press, 1980.

English, F., Es ging doch gut, was ging denn schief? München: Kaiser, 1982.

Fatzer, G., Organisationsentwicklung für die Zunkunft. Köln: EHP, 1993.

Ferguson, M., Die sanfte Verschwörung. Basel: Sphinx, 1982.

Festinger, L., A Theorie of Cognitive Dissonance. Evanston, Ill.: Stanford Univ. Press, 1957.

Festinger, L., Conflict, Decision and Dissonance. Stanford, Calif.: Stanford Univ. Press, 1964.

Flanagan, J. C., L'incident critique en selection professionnelle, une approche methodique. In: Techniques modernes de choix des hommes. Paris: Edition d'organisation, 1965, p. 183–203.

French, W. L.; Bell jr., C. H., Organisationsentwicklung. Bern: Haupt, 1977.

Gälweiler, A., Unternehmenssicherung und Strategische Planung. Zeitschrift für Betriebswirtschaftliche Forschung, 28, 1976.

Glasl, F., Konfliktmanagement. Bern: Haupt, 1994.

Gordon, Th., Managerkonferenz: Effektives Führungstraining. Hamburg: Hoffmann und Campe, 1979.

Guion, R. M., Personnel Testing. New York: Wiley, 1965.

Hablitz, H., Stingelin, U., Die transaktionale Analyse in der innerbetrieblichen Aus- und Weiterbildung. Studienarbeit IAP: Zürich, 1990.

Häfele, W., Systemische Organisationsentwicklung. Frankfurt: Lang, 1990.

Halpern, H., Abschied von den Eltern. Hamburg: Isko-Press, 1978.

Hantschk, I., Die grauen Eminenzen: Werte der OE. Zeitschrift der Gesellschaft für Organisationsentwicklung (GOE), 4, 1982, S. 45 ff.

Hayek, F. A., Law, Legislation and Liberty. Vol. III: The Political Order of a Free People. London: Routledge and Kegan, 1979.

Hersey, P.; Blanchard, K. H., Management of organizational behavior: utilizing human resources. Englewood Cliffs: Prentice-Hall, 1969.

Herzberg, F.; Mausner, B.; Snyderman, B., The motivation to work (2nd ed.). New York: Wiley, 1969.

Hofstätter, P. R., Gruppendynamik. Hamburg: Rowohlt, 1957.

James, M.; Jongeward, D., Spontan leben. Hamburg: Rowohlt, 1974.

James, M.; Savary, L., A New Self. Massachusetts: Addison Wesley, 1977.

Jones, E. E.; Gerhard, H. B., Foundations of Social Psychology. New York: Wiley, 1967.

Kahler, T.; Capers, H., The Miniscript. Transactional Analysis Journal, 4, 1974, 1, S. 26 ff.

Kälin, K., Müri, P., Führen mit Kopf und Herz. Thun: Ott, 1995 (4. Auflage).

Kälin, K.; Burkhardt, K.; Mastronardi-Johner G.; Sager, O., Captain oder Coach? Neue Wege im Management. Thun: Ott, 1995.

Kälin, K., Transaktionsanalyse und Führung. In: Kieser, A., Reber, G.; Wunderer R., Handwörterbuch der Führung. Stuttgart: Schäffer-Poeschel, 1995 (S. 2039–2054).

Kälin, K., Leben oder gelebt werden. Management-Kompetenz im Umgang mit sich selbst. In: Thommen, J.-P., Management Kompetenz. Die Gestaltungsansätze des NDU/Executive MBA der Hochschule St. Gallen. Zürich: Versus, 1995 (S. 271–281).

Karpman, S., Fairly Tales and Script Drama Analysis. Transactional Analysis Bulletin, 7, 1968, 26, S. 39–43.

Kast, F. E.; Rosenzweig, J. E., Organization and Management, a Systems Approach. New York: Mac Graw-Hill, 1970.

Katzenbach, J. R.; Smith, D. K., Teams. Der Schlüssel zur Hochleistungsorganisation. Wien: Ueberreuter, 1993.

Kirsch, W., Unternehmungspolitik: Von der Zielforschung zum strategischen Management. München: 1981.

Kirsten, R. E., Konfliktfreie Gesprächsführung. Hamburg: Polymedia, 1978.

Knecht, H., Management Development im Bankbetrieb. Bern: Haupt, 1981.

Knoepfel, H. K., Die Beziehung zwischen Chef und Mitarbeitern. Bern: Huber, 1979.

Kobi, J.-M., Management des Wandels. Bern: Haupt, 1994.

König, E., Systemische Organisationsberatung. Weinheim: Deutscher Studien Verlag, 1994.

Kraut, A. I., A Hard Look at Management Assessment Centers and Their Future. Personnel Journal, 1972, May, 317–326.

Krieg, W., Entwicklung eines integrierten Führungsinstrumentariums – Synergie zwischen Theorie und Praxis. In: Malik, F. (Hrsg.), Praxis des Systemorientierten Managements. Bern: Haupt, 1979.

Krüger, W., Konfliktsteuerung als Führungsaufgabe: Positive und negative Aspekte von Konfliktsituationen. München: Moderne Industrie, 1973.

Lattmann, Ch., Leistungsbeurteilung als Führungsmittel. Bern: Haupt, 1975.

Leavitt, H., Grundlagen der Führungspsychologie. München: Moderne Industrie, 1974.

Lindblom, C. E., The Science of «Muddling Through». In: Leavitt, H.; Pondy, L. R. (Eds.), Readings in Managerial Psychology. Chicago: Univ. of Chicago Press, 1964.

McGregor, D., Der Mensch im Unternehmen. Düsseldorf: Econ, 1970.

Meier, W., Durchsetzen von Strategien. Zürich: Verlag Industrielle Organisation, 1983.

Mundwiler, R.; Fröhlich, S., OE-Erfahrungen bei der Swissair. Zeitschrift der Gesellschaft für Organisationsentwicklung, 1, 1982, S. 42.

Müri, P., Dreidimensional führen mit Verstand, Gefühl und Intuition. (2 Bände). Thun: Ott, 1995.

Neel, A. F., Handbuch der psychologischen Theorien. München: Kindler, 1974.

Neisser, U., Cognitive Psychology. New York: Appleton-Century-Croft, 1967.

Neisser, U., Cognition and Reality. San Francisco: Freeman Press, 1976.

Novey, T. B., TA for Management. Sacramento: Jalmar Press, 1976.

Parikh, J., Managing Your Self. Wiesbaden: Gabler, 1994.

Peccei, A. (Hrsg.), Das menschliche Dilemma: Zukunft und lernen. Zürich: Molden, 1979.

Pedler, M., Das lernende Unternehmen. Frankfurt: Campus, 1994.

Peters, T., Das Tom Peters Seminar. Frankfurt: Campus, 1995.

Peters, Th. J.; Watermann, R. H., Auf der Suche nach Spitzenleistungen. München: Moderne Industrie, 1983.

Pümpin, C., Management strategischer Erfolgspositionen. Bern: Haupt, 1982.

Rautenberg, W.; Rogoll, R., Werde, der du werden kannst. Freiburg: Herder, 1980.

Reddin, J., Das 3-D Programm zur Leistungssteigerung des Managements. München: Moderne Industrie, 1977.

Rogoll, R., Nimm dich, wie du bist. Freiburg: Herder, 1976.

Rosenstiel, L.; von Molt, W.; Rüttinger, B., Organisationspsychologie. Stuttgart: Kohlhammer, 1972.

Rüttinger, R.; Kruppa, R., TA-Manual. München: Preisinger, 1981.

Schlegel, L., Grundriss der Tiefenpsychologie. Band 5: Die Transaktionale Analyse nach Eric Berne und seinen Schülern. München: Francke, 1979.

Schlegel, L., Die Transaktionale Analyse. Tübingen: Francke, 1987.

Schlegel, L., Handwörterbuch der Transaktionsanalyse. Freiburg: Herder, 1993.

Sievers, B. (Hrsg.), Organisationsentwicklung als Problem. Stuttgart: Klett, 1977.

Spitz, R., Vom Säugling zum Kleinkind. Stuttgart: Klett, 1967.

Sprenger, R. K., Das Prinzip Selbstverantwortung. Wege zur Motivation. Frankfurt: Campus, 1995.

Staples, W. D., Think like a Winner! – Der Weg zur Spitzenleistung. Paderborn: Junfermann, 1993.

Stewart, I.; Joines, V., Die Transaktionsanalyse. Eine neue Einführung in die TA. Freiburg: Herder, 1990.

Stiefel, R. Th., Problemorientierte Management-Andragogik. München: Ölschläger, 1982.

Tannen, D., Job-Talk. Wie Frauen und Männer am Arbeitsplatz miteinander reden. Hamburg: Kabel, 1995.

Trebesch, K., 50 Definitionen der OE – und kein Ende. Zeitschrift der Gesellschaft für Organisationsentwicklung, 2, 1982, Seite 37 ff.

Ulrich, H., Die Unternehmung als produktives soziales System. Bern: Haupt, 1970.

Ulrich, H., Entwicklungstendenzen der Managementlehre. In: Brauchlin, E. (Hrsg.), Methoden der Unternehmungsführung. Bern: Haupt, 1981.

Vester, F., Neuland des Denkens. Stuttgart: Deutsche Verlags-Anstalt, 1980.

von Foerster, H., Perception of Form in Biological and Man-Made Systems. In: Zagorski, E. J., Trans. I.D.E.A. Symp. Urbana: Univ. of Illinois, 1962, S. 10–37.

von Foerster, H., Form: Perception, Representation and Symbolization. In: Permann N. (Ed.), Form and Meaning. Chicago: Soc. Typographic Arts, 1964, S. 21–54.

von Foerster, H., From Stimulus to Symbol. In: Kepes, G. (Ed.), Sign, Image, Symbol. New York: Braziller, 1966, S.42–61.

Vopel, K. W., Themenzentriertes Teamtraining. Band 1–4. Salzhausen: Iskopress, 1994.

Wagner, A., Besser führen mit Transaktionsanalyse. Wiesbaden: Gabler, 1987.

Watzlawick, P.; Beavin, J. H.; Jackson, D. D., Menschliche Kommunikation. Bern: Huber, 1969.

Watzlawick, P., Anleitung zum Unglücklichsein. München: Piper, 1983.

Weinert, A. B., Lehrbuch der Organisationspsychologie. München: Urban & Schwarzenberg, 1981.

Whitmore, J., Coaching für die Praxis. Frankfurt: Campus, 1994.

Wübbenhorst, K. L. u.a., OE, Grundlagen, Ansätze und Kritik. Die Unternehmung, 4, 1982, S. 279

Zajonc, R. B., Thinking: Cognitive Organization and Processes. In: Sills, D. L. (Ed.), International Encyclopedia of the Social Sciences. Vol. 15. New York: Free Press, 1968.

Stichwortverzeichnis

Autoren

Hans Bernhard, Dr. phil.

Studien in angewandter Psychologie und Soziologie an der Universität Zürich.
Mitarbeiter im Personal- und Ausbildungsbereich verschiedener Unternehmen sowie am Institut für Angewandte Psychologie Zürich in der Unternehmensberatung.
Seit 1976 Unternehmensberater und Trainer in Zürich.
Zusatzausbildung zum GORDON-Management, Verkaufstrainer und Supervisor.
Tätigkeitsgebiete: Beratung und Training in unternehmensbezogenen Kommunikationsfragen bezüglich Zusammenarbeit, Führung und Verkauf. Durchführung von Eignungs- und Förderungsabklärungen von Führungskräften und Assessment-Centers.

Karl Blöchliger, Dr. phil.

Studien in angewandter Psychologie und Verhaltensforschung an den Universitäten Zürich und München.
Mitarbeiter am Institut für Angewandte Psychologie Zürich als Managementtrainer.
Mitarbeiter am Institut für Organisationspsychologie und Managemententwicklung in Emmenbrücke als Managementtrainer und Organisationsberater.
Seit 1979 selbständiger Berater für Organisations- und Managemententwicklung.
Zusatzausbildung in Gruppendynamik und in Organisationsentwicklung.
Tätigkeitsgebiete: Organisationsberatung, Organisationsentwicklungskonzepte, Beratungen, Seminare für Persönlichkeitsentfaltung.

Rolf Fink, lic. mag. oec. HSG

Studien an der Hochschule St. Gallen und Abschluss als Handelslehrer.
Leiter der EDV-Organisation der Maschinenfabrik Rieter in Winterthur.
Leiter der Programmierung und Analyse von Anwendungsapplikationen im Rechnungswesen, IBM Schweiz.
Trainer in der Personnel- und Management-Development-Abteilung der IBM Schweiz.

Seit 1984 Leiter der Abteilung Personnel- und Management-Development der IBM Schweiz.
Seit 1992 Personalchef im IBM Research Laboratory Zürich.

Ueli Frischknecht

Ausbildung in Controlling und Treuhand. 1980 Gründung der eigenen Unternehmensberatungs-Firma im Bereich Controlling, Recht, Supervision und Coaching.
Zusatzausbildungen in humanistischer Psychologie, Meditation, Bioenergetik, Neuro-Linguistischem Programmieren.
Seit 1989 Mitinhaber und Ausbildungstrainer der NLP-Akademie Schweiz.

Karl Kälin, Dr. phil., dipl. psych.

Studien in angewandter Psychologie an der Universität Zürich und am Institut für Angewandte Psychologie Zürich.
Mitarbeiter und Leiter der Personnel- und Management-Development-Abteilung der IBM Schweiz.
Dozent und Projektleiter am Management Zentrum der Hochschule St. Gallen.
Seit 1977 selbständiger Trainer und Berater für Management- und Mitarbeiterschulung.
Zusatzausbildung in Transaktionsanalyse und NLP.
Tätigkeitsgebiete: Führungskräfte- und Mitarbeiterentwicklung, Teamentwicklung, Coaching.

Peter Müri, Dr. phil., dipl. psych.

Studien in angewandter Psychologie und Soziologie an der Universität Zürich und am Institut für Angewandte Psychologie Zürich.
Mitarbeiter am Institut für Angewandte Psychologie und an der akademischen Berufsberatung Zürich.
Personalleiter der Bank Leu AG, Zürich.
Seit 1972 selbständiger Unternehmensberater. ASCO-Mitglied.
Zusatzausbildung in Gruppendynamik, Transaktionsanalyse, Gestalttherapie, integrativer Beratung und Organisationsentwicklung.
Tätigkeitsgebiete: Unternehmensberatung nach den Methoden der Organisationsentwicklung, Entwicklung von Führungsteams, Managementtrainings, Organisations-Analysen und -Beratung, Eignungsabklärungen von Führungskräften.

Bruno Peyer, lic. mag. oec. HSG

Nach Abschluss des Lehrerseminars Unterrichtspraxis.
Dann Ausbildung am Heilpädagogischen Seminar und Übernahme einer Sonderschule.
Psychologiestudium am Institut für Angewandte Psychologie Zürich und an der Universität Zürich.
Zusatzausbildung in Psychotherapie.
Seit 1979 Seminarleiter und Lehrer für Psychologie und Pädagogik am Seminar Schiers.

Eugen W. Schmid, Dr. oec.

Studien in Betriebswirtschaft, Soziologie und Betriebspsychologie an der Hochschule St. Gallen.
Assistent des Generaldirektors der Philips Schweiz.
Dozent und Projektleiter am Managementzentrum der Hochschule St. Gallen.
Ausbildungsleiter der Zürcher Kantonalbank. Mehrjähriger Lehrauftrag für Betriebswirtschaft an der Universität St. Gallen.
Leiter Aus- und Weiterbildung der Gesamtbank SKA.